Ullstein

DAS BUCH

Man schreibt das Jahr 1800, es ist Ende September, und England führt im siebten Jahr Krieg gegen Frankreich und dessen Verbündete. Es hatte Siege und Niederlagen gegeben, tapfere Männer und Narren, Meutereien und Triumphe. Richard Bolitho, manchmal halsstarrig, andererseits aber unorthodox, gehörte zu den siegreichen Männern. Erst vor drei Jahren hatte man ihn zum Kommodore einer Handvoll Schiffe ernannt und ins Mittelmeer geschickt, um die Absichten der Franzosen auszukundschaften. Sein Erfolg war inzwischen schon Geschichte. Jetzt war Bolitho, als frisch beförderter Konteradmiral, ein Flaggoffizier mit großer Verantwortung. Sein Geschwader sollte in der Ostsee operieren, und zwar zugleich gegen die Dänen, die Russen und die Franzosen. Besonders die Befreiung englischer Handelsschiffe bei Gotland und der Angriff auf Kopenhagen werden zu Bewährungsproben der härtesten Art.
Der fünfzehnte Roman aus der berühmten Bolitho-Serie.

DER AUTOR

Alexander Kent kämpfte im Zweiten Weltkrieg als Marineoffizier im Atlantik und im Mittelmeer und erwarb sich danach einen weltweiten Ruf als Verfasser spannender Seekriegsromane. Seine marinehistorische Romanserie um Richard Bolitho machte ihn zum meistgelesenen Autor dieses Genres neben C. S. Forester. Seit 1958 sein erstes Buch *(Schnellbootpatrouille)* erschien, hat er über fünzig Titel veröffentlicht, von denen die meisten bei Ullstein vorliegen. Sie erreichten eine Gesamtauflage von 24 Millionen und wurden in 14 Sprachen übersetzt. – Alexander Kent, dessen wirklicher Name Douglas Reeman lautet, lebt in Surrey, ist Mitglied der Royal Navy Association und Governor der Fregatte *Foudroyant* in Portsmouth, des ältesten noch schwimmenden britischen Kriegsschiffs.

Alexander Kent

Galeeren in der Ostsee

Konteradmiral Bolitho vor Kopenhagen

Roman

Ullstein

Ullstein Buchverlage GmbH & Co. KG,
Berlin
Taschenbuchnummer: 20072

Titel der Originalausgabe:
The Inshore Squadron
Aus dem Englischen
von Fritz Wentzel

Ungekürzte Ausgabe
10. Auflage September 1999

Umschlagentwurf:
Hansbernd Lindemann
Umschlaggemälde:
© Musée de la Marine, Paris

Printed in Germany 1999
Druck und Verarbeitung:
Ebner Ulm
ISBN 3 548 20072 9

Gedruckt auf alterungs-
beständigem Papier mit
chlorfrei gebleichtem Zellstoff

Die Deutsche Bibliothek –
CIP-Einheitsaufnahme

Kent, Alexander:
Galeeren in der Ostsee : Konteradmiral
Bolitho vor Kopenhagen ; Roman /
Alexander Kent. [Aus dem Engl. von
Fritz Wentzel]. – Dt. Erstausg., 10. Aufl. –
Frankfurt/M ; Berlin : Ullstein, 1999
(Ullstein-Buch ; Nr. 20072 : Maritim)
ISBN 3-548-20072-9
NE: GT
Vw: Reeman, Douglas [Wirkl. Name]
→ Kent, Alexander

Vom selben Autor
in der Reihe
der Ullstein Romane:

Die Chronologie der Bolitho-Romane

Die Feuertaufe (24614)
Strandwölfe (23693)
Kanonenfutter (24311)
Zerfetzte Flaggen (23192)
Klar Schiff zum Gefecht (23932)
Die Entscheidung (24477)
Bruderkampf (23219)
Der Piratenfürst (23587)
Fieber an Bord (23930)
Des Königs Konterbande (23787)
Nahkampf der Giganten (23493)
Feind in Sicht (20006)
Der Stolz der Flotte (24485)
Eine letzte Breitseite (24606)
Galeeren in der Ostsee (20072)
Admiral Bolithos Erbe (23468)
Der Brander (23927)
Donner unter der Kimm (23648)
Die Seemannsbraut (22177)
Mauern aus Holz, Männer aus Eisen
(22824)
Das letzte Riff (23783)
Dämmerung über der See (23921)
Dem Vaterland zuliebe (24181)
Unter dem Georgskreuz (24409)

Außerdem 26 moderne
Seekriegsromane und 3 Romane
um die Blackwood-Saga.

Inhalt

Für Winifred
in Liebe

Ein nebliger Morgen im frühen April;
gespenstisch gleiten die Schiffe voran.
Da schlägt eine Glocke vier Glasen an.
Auf einmal ist's rundherum totenstill,
und auch der Kühnste hält einen Augenblick
den Atem an.

The Battle of the Baltic
von Thomas Campbell

I Die Auserwählten

Admiral Sir George Beauchamp streckte seine dürren Hände dem prasselnden Kaminfeuer entgegen und rieb die Innenflächen langsam gegeneinander, um die Blutzirkulation zu beleben.

Seine kleine, etwas gebückte Gestalt wirkte in dem schweren Uniformrock mit den großen goldenen Epauletten zerbrechlich, aber in seinem Wesen und dem Ausdruck seiner Augen war keine Schwäche zu entdecken.

Die Fahrt von London nach Portsmouth im Herbstregen und auf tief ausgefahrenen Straßen war lang und ermüdend gewesen. Und die eine Nacht, die Beauchamp sich im *George Inn* am Portsmouth Point ausruhen wollte, war durch einen heftigen Sturm gestört worden, der selbst den Solent mit weißen Wellenköpfen bedeckt hatte und alle Schiffe – mit Ausnahme der größten – irgendwo unter Land Schutz suchen ließ.

Beauchamp wandte dem Feuer den Rücken zu und musterte seinen Privatraum, denselben, den er immer bezog, wenn er nach Portsmouth kam, wie viele bedeutende Admirale vor ihm. Der Sturm hatte nachgelassen, und die dicken Glasfenster glänzten wie Metall im warmen Sonnenlicht, eine Täuschung, denn auf der anderen Seite der soliden Wände war es kalt und nahezu schon winterlich.

Der kleine Admiral stieß einen tiefen Seufzer aus, was er sich nie erlaubt hätte, wenn jemand bei ihm gewesen wäre. Es war Ende September des Jahres 1800 und England im siebten Kriegsjahr mit Frankreich und dessen Verbündeten.

Manchmal schon hatte Beauchamp seine Altersgenossen beneidet, die sich auf allen Weltmeeren mit ihren Flotten, Geschwadern, Flottillen herumtrieben. Aber bei einem Wetter wie diesem war er mehr als zufrieden mit seinem Posten in der Admiralität, wo sein scharfer Verstand ihm viel Anerkennung als Planer und Stratege eingebracht hatte. Beauchamp hatte mehr als einen Flaggoffizier seines Postens enthoben und anderen, jungen Leuten, deren Fähigkeiten und Erfahrungen bisher übersehen worden waren, sein Vertrauen geschenkt.

Sieben Jahre Krieg. Er wendete den Gedanken im Geiste noch einmal hin und her. Es hatte Siege und Niederlagen gegeben, tapfere Männer und Narren, Meutereien und Triumphe. Gute Schiffe hatte man nahezu verschrotten lassen, bis der Feind unmittelbar vor den Toren stand. Beauchamp hatte es alles miterlebt. Und er hatte neue Führergestalten emporsteigen gesehen, die die Stelle der Versager und Tyrannen einnahmen: Collingwood und Troubridge, Hardy und Saumarez, und Horatio Nelson natürlich, der Liebling des Volkes.

Beauchamp gedachte seiner mit einem dünnen Lächeln. Nelson – das war ein Mann, wie das Land ihn brauchte, die Personifikation des Sieges. Aber er konnte sich nicht vorstellen, daß der Held vom Nil es am Schreibtisch in der Admiralität aushalten würde, so wie er: bei endlosen Sitzungen, die Ängste des Königs und der Parlamentarier zerstreuend, die Zaghaften zu entschlossenem Handeln antreibend. Nein, entschied er, Nelson würde keinen Monat in Whitehall durchhalten, nicht länger jedenfalls als er, Beauchamp, an Bord eines Flaggschiffs. Beauchamp war über sechzig und sah auch so aus. Manchmal fühlte er sich noch viel älter.

Es klopfte diskret an die Tür, und sein Sekretär schaute vorsichtig herein. »Sind Sie bereit, Sir George?«

»Ja.« Es klang wie ›selbstverständlich‹. »Er soll heraufkommen.«

Beauchamp hörte nie auf zu arbeiten, und von Zeit zu Zeit freute es ihn zu beobachten, wie seine Planungen Früchte trugen, wie die von ihm zu Führerschaft und Befehlsgewalt Auserwählten sich entwickelten und seinen eigenen strengen Maßstäben gerecht wurden.

Wie sein Besucher zum Beispiel. Beauchamp sah zur polierten Tür hinüber, die das Sonnenlicht auf eine Karaffe mit Rotwein und zwei schön geschliffene Gläser zurückwarf.

Richard Bolitho, manchmal halsstarrig, andererseits aber unorthodox, war einer von Beauchamps Erfolgen. Erst vor drei Jahren hatte er ihn zum Kommodore einer Handvoll Schiffe ernannt und ins Mittelmeer geschickt, um die Absichten der Franzosen auszukundschaften. Das Ergebnis war inzwischen schon Geschichte: Bolithos entschlossenes Handeln und das spätere Erscheinen von Nelson mit einer ganzen Flotte hatte zur »Battle of the Nile« * geführt, bei der die französischen Geschwader und Napoleons Hoffnungen auf eine Eroberung Ägyptens und Indiens zerstört worden waren.

*Seeschlacht von Abukir (Anm. d. Übers.)

Jetzt war Bolitho hier, als frisch beförderter Konteradmiral, ein Flaggoffizier mit großer Verantwortung, aber auch mit vielen Zweifeln belastet.

Der Sekretär öffnete die Tür.

»Konteradmiral Richard Bolitho, Sir.«

Beauchamp streckte die Hand aus und lächelte. Dabei empfand er wieder die übliche Mischung von Freude und Neid. Bolitho sah blendend aus in seinem neuen goldbestickten Rock, dachte er, doch der schnelle Aufstieg hatte den Menschen Bolitho nicht verändert. Das gleiche schwarze Haar mit der rebellischen Locke über dem rechten Auge, der gerade Blick und gesammelte Gesichtsausdruck, der den Abenteurer verbarg und die Bescheidenheit des Mannes, die Beauchamp erkannt hatte.

Bolitho bemerkte den prüfenden Blick und lächelte.

»Schön, Sie wiederzusehen, Sir.«

Beauchamp machte eine Geste zum Tisch hin.

»Schenken Sie uns bitte ein Glas ein. Ich bin etwas zu steif dazu.«

Bolitho beobachtete seine Hand, als er die Karaffe über die Gläser hielt. Sie war ruhig und fest, obwohl sie angesichts der inneren Erregung, die er im Augenblick spürte, hätte zittern können. Als er sich vor kurzem im Spiegel betrachtet hatte, war es ihm geradezu unwahrscheinlich vorgekommen, daß er den großen und entscheidenden Schritt vom Stabs- zum Flaggoffizier getan hatte. Jetzt war er Konteradmiral, einer der jüngsten, die es je gegeben hatte, aber abgesehen von der Uniform mit ihren glitzernden Schulterstücken und dem einen Stern darauf, fühlte er sich nicht anders als bisher. Hätte nicht etwas Besonderes mit ihm geschehen müssen? Er hatte immer angenommen, daß schon der Aufstieg von der Offiziersmesse zur Kommandantenkajüte einen Mann veränderte. Wieviel mehr noch der Schritt von dort bis zu dem Anrecht, seine eigene Flagge setzen zu können. Dazwischen lagen doch Welten!

Aber nur im Verhalten anderer hatte er eine Veränderung bemerkt. John Allday, sein Bootssteurer, hörte gar nicht mehr auf, vor Freude zu strahlen. Und wenn er früher bei Besuchen in der Admiralität die Belustigung seiner Vorgesetzten gesehen hatte, sobald er seine Pläne entwickelte, so hörten sie jetzt aufmerksam zu, anstatt ihm – wie früher – brüsk über den Mund zu fahren. Sie stimmten zwar nicht immer mit ihm überein, aber sie ließen ihn ausreden. Das war wirklich eine Veränderung.

Beauchamp schaute ihn über das Glas hinweg an. »Nun, Bolitho, Sie haben erreicht, was Sie wollten, und ich auch.« Er warf einen flüchtigen Blick auf das nächstliegende Fenster, das sich durch die Wärme im Raum beschlagen hatte. »Ein eigenes Geschwader. Vier Linienschiffe, zwei Fregatten und eine Korvette. Sie werden Ihre Befehle von Ihrem vorgesetzten Admiral bekommen, aber es wird Ihre Sache sein, wie Sie diese Befehle in die Tat umsetzen.«

Sie stießen mit ihren Gläsern an, jeder plötzlich in Gedanken versunken.

Für Beauchamp war es ein neues Geschwader, eine Waffe, die sich in das Gesamtkonzept der Kriegsführung einfügen ließ. Für Bolitho bedeutete es unendlich viel mehr. Beauchamp hatte alles getan, um ihm zu helfen; selbst bei der Auswahl seiner Kommandanten. Mit einer Ausnahme kannte er sie alle, die meisten hatten schon mit ihm zusammen oder unter ihm gedient. Mit einigen war er seit Jahren befreundet.

Bolitho schaute sich flüchtig im Raum um. Es war dasselbe Zimmer, in dem er vor neunzehn Jahren sein erstes selbständiges Kommando erhalten hatte, und in mancher Beziehung war das der Tag in seinem Leben, an den er sich am besten erinnern konnte. Hier hatte er Thomas Herrick kennengelernt, der sein Erster Offizier und getreuer Freund geworden war. Auf demselben Schiff hatte er John Neale angetroffen, damals ein zwölf Jahre alter Seekadett. Neale gehörte jetzt seinem Geschwader an, als Kommandant einer Fregatte.

»Erinnerungen, Bolitho?«

»Aye, Sir. An Schiffe und Gesichter.«

Das enthielt alles. Bolitho war – wie Neale – als Zwölfjähriger zur See gegangen. Nun war er Konteradmiral – ein Traum hatte sich erfüllt. Zu oft hatte er dem Tod ins Auge geschaut, zu oft waren andere neben ihm gefallen, da gewöhnte man es sich ab, über den nächsten Monat, das nächste Jahr hinaus Pläne zu schmieden.

»Ihre Schiffe sind alle versammelt, Bolitho.« Es war eine Feststellung. »Also wollen wir keine Zeit verlieren. Gehen Sie in See mit ihnen, exerzieren Sie, wie Sie es gelernt haben, und so lange, bis die Leute Sie zum Teufel wünschen. Aber eisenhart müssen die Kerle dabei geworden sein.«

Bolitho lächelte zustimmend. Er wäre lieber heute als morgen ausgelaufen. An Land hielt ihn nichts mehr. Er war in Falmouth gewesen, hatte sein Haus und sein Gut besucht. Es hatte ihn – wie jedesmal – innerlich bewegt, daß das Haus auf irgend etwas zu warten schien. Mehrmals hatte er im Schlafzimmer vor ihrem Porträt gestanden. Er hatte ihre Stimme vernommen, ihr Lachen gehört. Und er hatte sich nach dem Mädchen gesehnt, das er geheiratet und kurz darauf durch einen tragischen Unfall verloren hatte: Cheney. Er hatte ihren Namen ausgesprochen, als ob er ihr Bild damit lebendig machen könnte. Und als er weggegangen war, um nach London zu fahren, hatte er sich in der Tür noch einmal umgedreht, um ein letztes Mal ihr Gesicht zu sehen: ihre meergrünen Augen, die der See unterhalb von Pendennis Castle glichen, ihr wehendes Haar, das die Farbe junger Kastanien hatte. Und es war, als hätte auch sie ihm nachgeschaut.

Er schüttelte die wehmütigen Gedanken ab und erinnerte sich des einzigen erfreulichen Erlebnisses während dieser Tage, als Herrick mit seiner alten *Lysander* nach England zurückgekehrt war. Herrick hatte, ohne lange zu zögern, die Witwe Dulcie Boswell geheiratet, die er am Mittelmeer kennengelernt hatte.

Bolitho hatte die Reise zu der kleinen normannischen Kirche am Wege nach Canterbury bereitwillig unternommen. Die Kirchenbänke waren mit Herricks Freunden und Nachbarn gefüllt gewesen, dazwischen leuchtete viel Blau und Weiß von den Uniformen seiner Marinekameraden.

Bolitho hatte sich irgendwie ausgeschlossen gefühlt; dies Gefühl lastete noch schwerer auf ihm, als er sich seiner eigenen Hochzeit in Falmouth erinnerte, bei der Herrick sein Trauzeuge gewesen war.

Als die Kirchenglocken zu läuten begannen, als Herrick sich vom Altar abwandte und – die Hand seiner Braut auf dem goldbestickten Ärmelaufschlag – dem Ausgang zuschritt, war er bei Bolitho kurz stehengeblieben und hatte schlicht gesagt: »Daß Sie hier sind, hat diesen Tag für mich vollkommen gemacht.«

Nun drängte sich Beauchamps Stimme wieder dazwischen. »Ich hätte gerne noch mit Ihnen gegessen, aber ich muß mit dem Hafenadmiral reden. Außerdem haben auch Sie sicher noch viel zu tun. Ich bin Ihnen aus vielen Gründen zu Dank verpflichtet, Bolitho.« Dabei zog ein scheues Lächeln über sein Gesicht.

»Nicht zuletzt dafür, daß Sie meinen Vorschlag für Ihren Flaggleutnant angenommen haben. Ich bin seiner hier in London etwas überdrüssig.«

Bolitho dachte, daß es wohl noch einige Gründe mehr für diese Bitte gegeben hatte, aber er äußerte sich nicht dazu. Statt dessen sagte er: »Ich verabschiede mich also, Sir. Und vielen Dank, daß Sie mich gerufen haben.« Beauchamp antwortete nur mit einem Achselzucken. Es schien, als koste ihn schon das eine physische Anstrengung. »Es war das mindeste, was ich für Sie tun konnte. Sie kennen Ihre Befehle. Wir haben Ihnen keine bequeme Seereise ausgesucht, aber dafür hätten Sie sich auch kaum bedankt, eh?« Er lachte in sich hinein. »Halten Sie die Augen offen, es könnte Verdruß geben.« Damit sah er Bolitho fest an. »Mehr sage ich nicht. Aber Ihre Taten, Ihre Auszeichnungen, so wohlverdient sie waren, haben Ihnen auch einige Feinde gemacht. Ich warne Sie.« Er streckte die Hand aus. »Nun hinaus mit Ihnen, und beherzigen Sie, was ich gesagt habe.«

Bolitho verließ den Raum und ging an einer ganzen Reihe Leute vorbei, die darauf warteten, bei dem grimmigen kleinen Admiral vorgelassen zu werden, um sich Rat zu holen, Unterstützung zu erbitten oder auch nur, um neue Hoffnung zu schöpfen.

Am Fuß der Treppe, nahe einer überfüllten Kaffeestube, wartete Allday auf ihn. Wie immer. Er würde sich nie ändern. Mit demselben breiten Grinsen auf dem biederen Gesicht, wie stets, wenn er vergnügt war. Er hatte etwas zugenommen in letzter Zeit, dachte Bolitho, aber er stand wie ein Fels. Bolitho lachte in sich hinein. In jedem anderen Fall hätte der Hausdiener einen einfachen Bootssteurer nach hinten in die Küche oder – wahrscheinlicher noch – in die Kälte hinausgeschickt. Nicht jedoch Allday. Der sah in seinem blauen Rock mit den vergoldeten Knöpfen, den neuen Kniebundhosen und blanken Lederstiefeln Zoll für Zoll wie der Bootssteurer eines Admirals aus.

Allday hatte drei Jahre gebraucht, um sich an die Anrede ›Sir‹ zu gewöhnen. Vorher hatte er Bolitho einfach mit ›Captain‹ angeredet. Nun mußte er sich an einen Konteradmiral gewöhnen. Erst am Morgen, als sie vom Hause eines Freundes, bei dem Bolitho ein paar Tage zu Besuch gewesen war, nach Portsmouth aufgebrochen waren, hatte Allday fröhlich gesagt: »Macht nichts, Sir. Bald werden Sie ›Sir Richard‹ sein, und auch daran werde ich mich gewöhnen!«

Nun half ihm Allday in seinen langen Bootsmantel und sah zu, wie er sich den Dreispitz fest auf das schwarze Haar drückte.

»Dies ist ein großer Augenblick, nicht wahr, Sir?« Er wiegte den Kopf. »Wir haben einen langen Weg zurückgelegt.«

Bolitho sah ihn mit Wärme an. Allday fand stets das treffende Wort. Wann und wo auch immer, bei Sturm oder Flaute. In schwierigen Lagen und Todesgefahr: Allday war immer da. Bereit zu helfen, seinen Witz ebenso wie seinen Mut einzusetzen. Er war ein wirklicher Freund, wenn er es auch manchmal darauf anlegte, Bolitho zu reizen.

»Aye. Irgendwie kommt es mir vor, als beginne alles noch einmal von vorne.«

Bolitho betrachtete sich kurz im Wandspiegel neben dem Eingang, genau wie damals, als er als frisch gebackener Kommandant der Fregatte *Phalarope* hier herausgekommen war. Damals war er jünger gewesen als der jüngste Kommandant seines jetzigen Geschwaders.

Er dachte plötzlich an das Landhaus, in dem er zu Besuch gewesen war, und erinnerte sich an eines der Dienstmädchen, ein hübsches Mädchen mit flachsblonden Haaren und schmucker Figur. Er hatte Allday mehrmals mit ihr zusammen gesehen, und der Gedanke beunruhigte ihn. Allday hatte sein Leben oft genug riskiert und Bolithos mehr als einmal gerettet. Nun ging es wieder hinaus, und Allday mußte wegen seiner hartnäckigen Anhänglichkeit mit.

Bolitho spielte mit dem Gedanken, ihm eine Chance zu geben, ihn nach Falmouth zu schicken, wo er in Frieden leben, am Ufer spazierengehen und mit anderen ehemaligen Seeleuten sein Bier trinken konnte. Allday hatte mehr als seine Pflicht für England getan. Es gab unzählige andere, die nie ihr Leben riskiert hatten, die nie bei Sturm oben in einem Mast herumgeklettert waren oder an den Kanonen gestanden hatten, wenn die Luft voll Eisen war.

Er schaute in Alldays Gesicht und entschied sich anders. Es würde ihn verletzen und ärgern. Er selber hätte genauso empfunden. Bolitho sagte: »Manche Väter werden auf den Seemann scharf sein, der ihren Töchtern zu nahegetreten ist, nicht wahr, Allday?« Ihre Blicke trafen sich. Es war ein Spiel, das beide sehr gut beherrschten.

Allday grinste. »Ganz meine Meinung, Sir. Es wird Zeit für eine kleine Veränderung.«

Kapitän Thomas Herrick trat unter dem Überhang der Hütte hervor und blieb – die Hände auf dem Rücken verschränkt – stehen, um sich in dem feuchten kalten Wind, der die Decks übersprühte, wieder seelisch und körperlich an das Schiff zu gewöhnen.

Der Vormittag war fast vorüber, und mit geübtem Blick sah Herrick, daß die Seeleute, die an Deck, auf den Laufbrücken oder oben auf den Rahen bei der Arbeit waren, sich langsamer als sonst bewegten. Sicher waren sie in Gedanken schon beim Mittagessen, bei ihrer Rum-Ration, bei der kurzen Erholungspause, die sie mit ihren Kameraden in den vollgefüllten unteren Decks verbringen würden.

Herrick ließ seinen Blick über das breite Achterdeck schweifen, über den stocksteif dastehenden Midshipman der Wache, der sich der Anwesenheit seines Kommandanten offenbar bewußt war, über die sauber ausgerichteten Kanonen, überall hin. Er hatte sich noch immer nicht an das neue Schiff gewöhnt. Sein altes Schiff, die *Lysander*, 74 Kanonen, hatte er nach vielen Monaten ununterbrochenen Dienstes heimgebracht. Die Jahre, Sturmschäden und schwere Wunden aus vielen Gefechten hatten ihre tiefen Spuren in dem alten Schiff hinterlassen. Herrick war nicht überrascht gewesen, als er den Befehl erhielt, seine Besatzung auszuzahlen und seine *Lysander* bei der Marinewerft abzuliefern. Er hatte viel erlebt und durchgemacht auf diesem Schiff, und bei vielen Gelegenheiten hatte er auch etwas über sich selber dabei gelernt, über seine Möglichkeiten und seine Grenzen. Als Flaggkapitän von Kommodore Richard Bolitho hatte er mehr Arten der Pflichterfüllung kennengelernt, als er für möglich gehalten hatte.

Die *Lysander* würde nie wieder in einer Schlachtlinie stehen. Zu viele Beschädigungen hatten ihren Tribut gefordert, aber ihre vielen Dienstjahre würden wahrscheinlich ohne Lohn bleiben. Sie mochte ihre Tage als Vorratsschiff oder – schlimmer noch – als schwimmendes Gefängnis beenden.

Ihre Besatzung war nun über die ganze Flotte verteilt und stillte den nie endenden Bedarf an guten Leuten. Herrick hatte es vorausgesehen und sich mehr als einmal gefragt, wie seine eigene Zukunft wohl aussehen werde. Zu seiner Überraschung hatte man ihm dieses Schiff gegeben: Seiner Britischen Majestät Linienschiff *Benbow*, 74 Kanonen, funkelnagelneu aus der Hauptmarinewerft in Devonport. Es war das erstemal, daß Herrick auf einem Neubau Dienst tat, ihn sogar befehligte.

Seit Monaten war er nun schon an Bord, arbeitend und sich sorgend, während die Werft ihren Teil tat, und die *Benbow* wuchs und wuchs, bis sie schließlich ihren gegenwärtigen Zustand erreicht hatte.

Alles war noch neu und unerprobt: dies galt nicht zuletzt für die Männer, die sich in ihrem Achtzehnhundert-Tonnen-Rumpf zusammengefunden hatten. Herrick hatte jede Unze Erfahrung gesegnet, die er seinem langsamen Emporklettern auf der Leiter des Erfolges und der Beförderung verdankte.

Glücklicherweise war es ihm möglich gewesen, einige seiner alten Recken von der *Lysander* bei sich zu behalten, einige vom Stamm der erfahrenen Maate und Deckoffiziere, die man sogar jetzt, nach der gerade hinter ihnen liegenden Sturmnacht, auf dem Oberdeck herumbrüllen hören konnte, weil sie sich – genau wie der Kommandant – ihrer Verantwortung und dessen, was die nächste Stunde bringen würde, bewußt waren.

Herrick schaute zur Spitze des Besanmastes empor und fühlte, wie ihm dabei der Gischt ins Gesicht sprühte. Sogar vor Anker konnte es in Spithead sehr bewegt sein. Bald würde die Flagge eines Konteradmirals vom Besan wehen. Sie würden wieder zusammen sein. Mit anderen Aufgaben, mit größerer Verantwortung, aber sie hatten sich bestimmt nicht verändert.

Herrick trat an die Finknetze * und schaute zur verschwommenen Uferlinie hinüber. Sogar ohne Fernglas konnte er den Portsmouth Point sehen, seine Gebäude, die so eng zusammengerückt waren, als fürchteten sie, über die Felskante in die See zu stürzen. Da war die Kirche von Thomas à Beckett, und irgendwo weiter links der alte *George Inn.*

Er kletterte auf einen Poller und schaute hinab auf das gurgelnde Wasser, das an der kräftigen, schwarz und gelb gemusterten Bordwand vorbeiströmte. Boote tanzten auf und nieder, Ladegeschirr hob und senkte sich, um in letzter Minute noch Vorräte an Bord zu hieven, Brandy für den Schiffsarzt, Wein für die Offiziere der Seesoldaten – kleine Annehmlichkeiten, von denen man nicht wußte, wie lange sie vorhalten mußten.

*Netzkästen beiderseits über der Bordwand zur Aufnahme der Hängematten als Splitterschutz im Gefecht

Die letzten Monate hatten Herrick nicht nur viel abgefordert, sondern ihn auch vielfältig belohnt. Von einem kleinen Seeoffizier ohne Beziehung oder Vermögen hatte er sich zu einem Mann entwickelt, der Wurzeln geschlagen hatte. Mit Dulcie hatte er Geborgenheit und ein Glück gefunden, wie er es sich nicht einmal erträumt hatte, und zu seiner größten Überraschung – das war typisch für ihn – hatte er eines Tages entdeckt, daß er mit einer Frau lebte, die, wenn auch nicht gerade reich, so doch recht wohlhabend war.

Dulcie hatte in der Nähe des Schiffes gewohnt, so lange die letzten Ausrüstungsarbeiten noch dauerten: Rahen aufbringen, das stehende Gut teeren und durchsetzen, Segel anschlagen, Kanonen an Bord hieven, vierundsiebzig Stück, und viele Meilen langes Tauwerk, Hunderte von Blöcken und Taljen, von Körben, Fässern und sonstigen Gegenständen, die einen nackten Schiffsleib in die modernste, am meisten begehrte und wahrscheinlich schönste Schöpfung des Menschen verwandelte. Die *Benbow* war jetzt ein Kriegsschiff, ja mehr als das, sie war das Flaggschiff dieses kleinen Geschwaders, das hier auf Spithead-Reede lag.

»Ihr Glas, bitte, Mr. Aggett!« rief er scharf.

Herrick hatte sich Namen schon immer gut merken können. Den Charakter ihrer Träger kennenzulernen, dazu brauchte er länger.

Der Midshipman der Wache flitzte über das Achterdeck und überreichte ihm das große Teleskop des Signaloffiziers. Herrick richtete es durch die Steuerbordnetze und über die anderen Schiffe hinweg auf die nebligen Buckel der Insel Wight. Dann studierte er mit fachkundigem Blick sorgsam jedes Schiff. Die anderen drei Zweidecker glänzten fast im trüben Licht, und ihre geschlossenen Stückpforten hoben sich wie Schachbrettmuster von der kabbeligen See ab. *Indomitable*, Kapitän Charles Keverne. Bei jedem Schiffsnamen trat sein Kommandant vor Herricks geistiges Auge. Keverne war Bolithos Erster Offizier auf der großen Prise *Euryalus* gewesen. *Nicator*, Kapitän Valentine Keen. Sie hatten zusammen auf einem Schiff irgendwo auf den Weltmeeren gedient.

Die *Odin*, ein kleinerer Zweidecker mit nur vierundsechzig Kanonen. Herrick lächelte trotz seiner vielen Sorgen. Ihr Kommandant war Francis Inch. Er hätte nie geglaubt, daß der eifrige Inch mit seinem Pferdegesicht es so weit bringen würde. Noch weniger, als er das für sich selber erwartet hatte.

Die beiden Fregatten, *Relentless* und *Styx*, ankerten weiter achteraus, und die kleine Korvette *Lookout* zeigte ihre kupferbeschlagene Unterseite, als sie vor ihrer Ankertrosse heftig hin- und herdümpelte.

Insgesamt war es ein gutes Geschwader. Den meisten Offizieren und Mannschaften fehlte zwar Erfahrung, aber ihr jugendlicher Eifer würde das bald wettmachen. Herrick seufzte. Er war dreiundvierzig und alt für seinen Dienstgrad, aber er war zufrieden, wenn er auch gerne ein paar Jahre von seinem Lebensalter abgestrichen hätte.

Füße stampften über das Achterdeck, und er sah Henry Wolfe, den Ersten Offizier, mit großen Schritten auf sich zukommen. Herrick konnte sich nicht vorstellen, wie er in den letzten Monaten der Ausrüstung der *Benbow* ohne Wolfe hätte zurechtkommen sollen. Wolfe sah außergewöhnlich aus: sehr groß, über sechs Fuß, schien er Schwierigkeiten zu haben, seine langen Arme und Beine unter Kontrolle zu halten. Sie waren genauso lebhaft in Bewegung wie der ganze Mann. Er hatte Fäuste wie Schmiedehämmer und Füße so groß wie Drehbassen. Das Ganze wurde gekrönt von einem leuchtend roten Haarschopf, der unter seinem Dreispitz wie zwei Vogelschwingen hervorflatterte.

Wolfe bremste ab und berührte kurz seinen Hut. Er holte mehrmals tief Luft, als könne er seine Energie, die nicht unbeträchtlich war, nur auf diese Weise zügeln.

»Alles klar, Sir!« Er hatte eine rauhe, tonlose Stimme, die den nahe dabeistehenden Midshipman zusammenzucken ließ. »Ich habe alles an seinen Ort gebracht und für alles auch einen Platz gefunden. Geben Sie uns noch ein paar Leute, und wir werden mit jedem Wetter fertig.«

»Wieviel mehr?« fragte Herrick.

»Zwanzig gute Seeleute oder fünfzig Idioten!«

Herrick hakte da ein. »Sind die Leute, die gestern von den Preßkommandos gebracht wurden, brauchbar?«

Wolfe rieb sich das Kinn und beobachtete einen Matrosen, der an einem Backstag herunterglitt.

»Das übliche, Sir. Ein paar Lümmel und ein paar Galgenvögel, aber auch einige gute Leute. Sie werden hineinpassen, wenn der Bootsmann sie sich erst vorgenommen hat.«

Eine Talje quietschte, und einige in Segeltuch eingeschlagene

Kisten wurden angehievt und über die Laufbrücke an Deck geschwenkt. Herrick sah, wie Ozzard, Bolithos Diener, die Kisten in Empfang nahm und mit Hilfe einiger Seeleute nach achtern brachte.

Wolfe folgte seinem Blick und bemerkte: »Keine Bange, Sir. Die *Benbow* wird Sie nicht enttäuschen.« In seiner unverblümten Art setzte er hinzu: »Es ist für mich was Neues, unter einer Admiralsflagge zu fahren, Sir. Ich nehme gern jeden Rat an, den Sie für angebracht halten.«

Herrick musterte ihn ruhig und sagte nur: »Admiral Bolitho duldet keine Nachlässigkeiten, Mr. Wolfe, genausowenig wie ich. Aber ein anständigerer Mann ist mir nie begegnet, und auch kein tapferer.« Er ging wieder nach achtern und fügte in anderem Ton hinzu: »Rufen Sie mich bitte, sowie Sie das Admiralsboot sichten.«

Wolfe blickte ihm nach und bemerkte zu sich selber: »Und es gibt auch keinen besseren Freund für dich, möchte ich wetten.«

Herrick begab sich in seine Kajüte und registrierte auf dem Weg dahin viele geschäftige Gestalten, wie auch Essensdüfte und den starken Geruch nach jungem Holz, Teer, frischen Farben und neuem Tauwerk. Alles war neu auf diesem Schiff, vom Kiel bis zu den Mastspitzen. Und es war seines.

Vor dem Türvorhang hielt er kurz an und beobachtete seine Frau, die am Tisch in der Kajüte saß. Sie hatte ein angenehmes, ebenmäßiges Gesicht und Haare im gleichen Braun wie er selber. Sie war Mitte Dreißig, aber Herrick hatte ihr sein Herz geschenkt wie ein Jüngling einem Engel.

Der Offizier, mit dem sie gerade gesprochen hatte, stand auf und schaute zur Tür.

Herrick nickte ihm zu. »Keine Eile, Adam, Sie werden jetzt noch nicht an Deck benötigt.«

Adam Pascoe, Dritter Offizier der *Benbow*, war froh über die Unterbrechung. Nicht, daß es ihm unangenehm gewesen wäre, mit der Frau seines Kommandanten zu plaudern, ganz und gar nicht. Aber er war sich, genau wie Herrick, an diesem Tage besonders bewußt, was es für ihn und sie alle heute und in Zukunft bedeutete, wenn die Flagge seines Onkels hier an Bord gesetzt wurde.

Pascoe hatte schon auf der *Lysander* unter Herrick gedient. Er hatte als Unterleutnant angefangen und war dann, durch Beförderung oder Tod seiner Vorgesetzten, zum Vierten Offizier aufgestiegen. Jetzt, als Dritter Offizier der *Benbow*, war er immer noch sehr jung, gerade zwanzig. Innerlich war er hin- und hergerissen zwischen dem Wunsch, bei Richard Bolitho zu bleiben oder sich auf ein kleineres, unabhängiges Schiff, eine Fregatte oder Korvette, versetzen zu lassen.

Herrick beobachtete ihn und erriet, was Pascoe dachte.

Ein gutaussehender Junge, dachte er selbst, schlank und sehr dunkel, Bolitho ähnlich, mit der Unruhe eines noch nicht eingerittenen Jungpferdes. Sein Vater, wenn er noch lebte, wäre stolz auf ihn gewesen.

Pascoe sagte: »Ich gehe jetzt lieber zu meiner Division, Sir. Ich möchte nicht, daß heute was schiefläuft.« Er verbeugte sich leicht zu der Dame hin. »Wenn Sie mich bitte entschuldigen wollen, Ma'am.«

Allein mit seiner Frau, sagte Herrick nachdenklich: »Ich mache mir manchmal Sorgen um ihn. Er ist noch ein Knabe und hat doch schon mehr Blutvergießen und Scheußlichkeiten gesehen als die meisten in diesem Geschwader.«

Sie antwortete: »Wir sprachen gerade über seinen Onkel. Er hält sehr viel von ihm.«

Herrick ging hinter ihrem Stuhl vorbei und legte ihr die Hand auf die Schulter. ›Großer Gott, ich muß dich bald verlassen‹, dachte er. Laut sagte er: »Die Wertschätzung ist gegenseitig, Liebste. Aber im Krieg hat ein Offizier des Königs seine Pflichten.«

Sie griff nach seiner Hand und drückte sie gegen ihre Wange.

»Unsinn, Thomas! Du sprichst mit mir und nicht mit einem deiner Seeleute!«

Er beugte sich über sie und fühlte sich zur gleichen Zeit unbeholfen und als ihr Beschützer. »Du wirst gut auf dich aufpassen, wenn wir fort sind, nicht wahr, Dulcie?«

Sie nickte kräftig. »Ich gebe auf alles acht. Und ich sehe auch darauf, daß deine Schwester bis zu ihrer Hochzeit mit allem versorgt ist. Wir werden bis zu deiner Rückkehr eine Menge zu besprechen haben.« Sie stockte. »Wann mag das sein?«

Durch sein neues Kommando und seine unerwartete Heirat hatte Herrick den Kopf so voll gehabt, daß er kaum weiter über den Tag hinaus gedacht hatte, an dem er sein Schiff von Plymouth nach Spithead zum Treffpunkt mit dem übrigen Geschwader bringen sollte.

»Es geht nordwärts, glaube ich. Mag ein paar Monate dauern.« Liebevoll drückte er ihre Hand. »Keine Angst, Dulcie, mit der Flagge unseres Dick im Masttopp sind wir in guter Hut.«

Eine Stimme gellte über ihnen: »Klar Deck überall! Ehrenwache antreten!«

Pfiffe und Kommandolaute schrillten durch die Decks, und Füße stampften über Holzplanken, als die Seesoldaten nach oben stürzten und sich an der Fallreepspforte aufstellten.

Es klopfte kräftig an die Tür, und Midshipman Aggett meldete atemlos, während seine vom Wind geröteten Augen sich auf das halb aufgegessene Stück Kuchen auf dem Tisch richteten: »Meldung vom Ersten Offizier, Sir: Das Admiralsboot hat eben von der Pier abgelegt.«

»Sehr gut, ich komme.«

Herrick wartete, bis der Junge gegangen war. »Gleich werden wir mehr wissen, Liebste.«

Er nahm seinen Säbel aus der Wandhalterung und befestigte ihn am Gürtel. Dann stand er auf und marschierte durch die Kajüte, wobei er das Halstuch und seinen Rock mit den weißen Aufschlägen zurechtzupfte.

»Thomas, Liebster, ich bin stolz auf dich.«

Herrick war kein großer Mann, aber als er jetzt die Kajüte verließ, um seinen Admiral zu empfangen, fühlte er sich wie ein Gigant.

Richard Bolitho saß kerzengerade auf dem Hecksitz seines Admiralsbootes und beobachtete die vor Anker liegenden Schiffe, die mit jedem Schlag der Riemen näher kamen, ohne daß er sich bewußt wurde, was jetzt auf seinem Flaggschiff oder gar auf dem übrigen Geschwader vorging.

Als er in das Boot eingestiegen war, hatte er unter den Kuttergästen einige seiner alten Leute von der *Lysander* wiedererkannt. Für sie ging es jetzt abermals hinaus, wahrscheinlich hatten sie in der Zwischenzeit nicht einmal Familie und Heimat gesehen.

Allday saß dicht neben Bolitho und beobachtete aufmerksam, wie die weiß gemalten Riemen sich hoben und senkten wie blankpolierte Spinnenbeine. Ein Leutnant führte das Kommando im Boot, der jüngste Offizier der *Benbow*, und er fühlte sich unter Alldays kritischem Blick ebenso unbehaglich wie wegen der Anwesenheit des Admirals.

Bolitho war fest in seinen Bootsmantel eingewickelt, der sogar noch seinen Hut umhüllte, damit er nicht über Bord geweht wurde.

Er musterte den an der Spitze liegenden Zweidecker; als das Schiff langsam im überkommenden Gischt Umriß und Gestalt annahm, rief er sich in Erinnerung, was er von ihm wußte.

Ein Linienschiff dritter Klasse*, etwas größer als die *Lysander*. Sieht blendend aus, dachte er und schätzte, daß Herrick ebenso beeindruckt hatte sein müssen. Er sah die Galionsfigur aus dem Schiffsleib ragen; es schien, als wolle sie mit ihrem erhobenen Säbel seinem Boot ein Zeichen geben. Sie trug den Namen von Vizeadmiral Sir John Benbow, gestorben 1702, nachdem er sein Bein durch ein Kettengeschoß verloren hatte, aber nicht eher, bis er der Hinrichtung seiner Kommandanten beigewohnt hatte, die in der Schlacht feige gekniffen hatten. Es war eine schöne Galionsfigur, dem toten Admiral sicher ähnlich. Würdevoll blickend, mit wehendem Haar und einem schimmernden Brustharnisch, wie man ihn zu jener Zeit getragen hatte. Der alte Izod Lambe aus Plymouth, einer der Besten seines Faches, hatte sie geschnitzt, obwohl er – wie es hieß – blind war.

Wie viele Male hatte es Bolitho in dieser Zeit gereizt, schnell einmal von Falmouth herüberzukommen, um Herrick bei den letzten Arbeiten zuzuschauen. Aber Herrick hätte das vielleicht als einen Mangel an Vertrauen gedeutet. Mehr als einmal hatte Bolitho jetzt schon zur Kenntnis nehmen müssen, daß das einzelne Schiff ihn direkt nichts mehr anging. Er schwebte darüber wie seine Flagge. Ein freudiger Schauer lief ihm über den Rücken, als er die übrigen Einheiten seines Geschwaders musterte; vier Linienschiffe, zwei Fregatten und eine Korvette. Ingesamt fast dreitausend Offiziere, Seeleute und Soldaten, und alles, was darin inbegriffen war.

Das Geschwader mochte neu sein, aber von den Gesichtern waren ihm viele altvertraut. Er dachte an Keverne und Inch, an Neale und Keen, und an den jungen Kommandanten der Korvette, Matthew Veitch. Er war Herricks Erster Offizier gewesen. Admiral Sir George Beauchamp hatte sein Versprechen gehalten. Jetzt war es an ihm, sich zu bewähren.

* Linienschiffe wurden nach Größe und Kanonenzahl in vier Klassen eingeteilt; die schwerste erste Klasse waren Dreidecker von ca. 2800 Tonnen mit über 100 Kanonen (Anm. d. Übers.)

Mit Männern, die er kannte und denen er vertraute, mit denen er so viel erlebt und geteilt hatte.

Trotz der augenblicklichen Erregung lächelte er bei dem Gedanken an die Reaktion seines neuen Flaggleutnants, als er versucht hatte, ihm seine Gefühle deutlich zu machen.

Der Leutnant hatte gesagt: »Aus Ihrem Mund klingt es sehr bedeutend. Wie schon der Dichter sagt: ›Wir Auserwählten‹.«

Vielleicht war er damit der Wahrheit näher gewesen, als er ahnte.

Das Admiralsboot drehte auf, fiel in ein Wellental hinab und wurde wieder hochgehoben, als der Leutnant auf die glitzernde Bordwand des Flaggschiffs zuhielt.

Dann waren sie längsseits. Rote Uniformröcke und weiße Kreuzbänder, das Blau und Weiß der Offiziersröcke, die Menge der Seeleute dahinter. Und über ihnen, wie um sie zu beschützen und einzuhüllen, die drei großen Masten und die Rahen, die Masse der Wanten, Stage und des laufenden Guts, ein unfaßbares Gewirr für jede Landratte, aber Bürge der Geschwindigkeit und Beweglichkeit eines Schiffes. Mit der *Benbow* war jedenfalls zu rechnen.

Die Riemen federten wie auf einen Schlag in die Senkrechte, und der Bugmann hakte in die Kette des Rüsteisens ein.

Bolitho übergab Allday seinen Mantel und drückte den Hut fest in die Stirn.

Alles ging ganz ruhig vonstatten; abgesehen von dem Tidenstrom zwischen dem Schiff und dem dümpelnden Boot wirkte die Szene fast friedlich.

Auch Allday war aufgestanden und hatte seinen Hut abgenommen. Nun stand er wartend da, bereit Bolitho zu helfen, wenn er den Absprung aufs Fallreep verpassen sollte.

Bolitho faßte Fuß und zog sich zur Einlaßpforte hoch.

In diesem Augenblick nahm er laute Befehle war, die Geräusche präsentierter Waffen und den Einsatz der Spielleute, die das ›Heart of Oak‹ intonierten.

Wie durch einen Schleier sah er Gesichter, die auftauchten und sich näherten, als er das Deck betrat. Und während die Bootsmannsmaatenpfeifen und die Kommandorufe verstummten, nahm Bolitho seinen Hut ab und salutierte nach achtern, zur Flagge hin, und dann vor dem Kommandanten des Schiffes, als er auf ihn zuschritt, um ihn zu begrüßen.

Herrick nahm ebenfalls seinen Hut ab und schluckte heftig. »Willkommen an Bord, Sir!«

Beide schauten nach oben, als die Flaggleine vom Signalgasten straff geholt wurde.

Da war es, Symbol und Aussage: Bolithos eigene Flagge wehte nun vom Besanmast wie ein Banner.

Die Nächststehenden hätten gern ein besonderes Zeichen gesehen, als der jungendliche Admiral seinen Hut wieder aufsetzte und ihrem Kommandanten die Hand reichte.

Aber das war alles, was sie zu sehen bekamen. Denn was Bolitho und Herrick in diesem Augenblick miteinander verband, war für jeden anderen unsichtbar.

II Das Flaggschiff

Bei Anbruch des nächsten Tages hatte der Wind abermals beträchtlich zugenommen, und der Solent war wieder mit zornigen Wellenkämmen bedeckt. An Bord des Flaggschiffes, wie auch auf den übrigen Schiffen von Bolithos kleinem Geschwader, war es recht ungemütlich, denn die Fahrzeuge dümpelten stark und zerrten an ihren Ankertrossen, als wären sie entschlossen, auf Grund zu treiben.

Als das erste schwache Licht den glitzernden Schiffsleibern Farbe verlieh, saß Bolitho in seinem Arbeitsraum im Heck der *Benbow* und las noch einmal seine sorgfältig formulierten Instruktionen durch. Gleichzeitig versuchte er, die Gedanken von den bei Tagesanbruch an Deck üblichen Geräuschen loszureißen. Er wußte, daß Herrick seit Beginn der Dämmerung oben war und daß es die Vorbereitungen zum Ankerlichten auf der *Benbow* und den anderen Schiffen nur durcheinandergebracht hätte, wenn er hinaufgegangen und sich zu ihnen gesellt hätte.

Die Lage konnte sich jeden Augenblick verschlechtern. Der Krieg hatte schlimme Lücken unter Schiffen, Material und erfahrenen Leuten hinterlassen. Am meisten aber fehlte es an geübten Mannschaften. Auf einem neuen Schiff, in einem neugebildeten Geschwader, war dieser Mangel für Bolithos Kommandanten und Offiziere besonders schlimm.

Bolitho mußte einfach an Deck gehen. Um einen klaren Kopf zu bekommen, um das Fluidum seiner Schiffe zu spüren, um ein

Teil des Ganzen zu sein.

Ozzard schaute nach ihm und glitt leise über den mit schwarzweiß gewürfeltem Segeltuch bespannten Fußboden, um ihm Kaffee nachzuschenken.

Bolitho wußte noch immer nicht viel mehr über seinen Diener als damals, da er ihn auf Herricks *Lysander* kennengelernt hatte. Selbst in seiner adretten blauen Jacke und der gestreiften Hose ähnelte er eher dem Sekretär eines Anwaltbüros als einem Seefahrer. Es hieß, er sei nur dadurch dem Galgen entronnen, daß er sich zur Flotte gemeldet hatte, aber hier hatte er sich durch Zuverlässigkeit und seine zurückhaltende Intelligenz vielfach bewährt.

Die andere Seite seiner Fähigkeiten war zutage getreten, als Bolitho ihn mit auf seinen Besitz in Falmouth genommen hatte. Die Fülle der Gesetze und Steuervorschriften war mit jedem Kriegsjahr komplizierter geworden, und Ferguson, Bolithos einarmiger Verwalter, hatte zugeben müssen, daß die Bücher nie besser in Ordnung gewesen waren, als nachdem Ozzard sich ihrer angenommen hatte.

Der Ehrenposten vor dem Kajütvorhang stieß seine Muskete kurz aufs Deck und meldete: »Ihr Schreiber, Sir!«

Ozzard flitzte zur Tür, um Bolithos Neuerwerbung, Daniel Yovell, einzulassen. Ein munterer Mann mit einem roten Gesicht und dem breiten Dialekt der Leute von Devon, ähnelte er mehr einem Bauern als einem Schiffsschreiber, aber seine Handschrift, rund wie der ganze Mann, war gut; außerdem war er unermüdlich gewesen, als Bolitho ihm seine Befehle bei der Übernahme des Geschwaders diktiert hatte.

Der Schreiber legte seine Papiere auf den Tisch und schaute unauffällig auf die beiden Heckfenster. Sie waren mit Wasserspritzern und angetrocknetem Salz bedeckt und ließen die anderen Schiffe wie Schemen erscheinen, unwirklich und verzerrt.

Bolitho blätterte in den Papieren. Schiffe und Männer, Kanonen und Pulver, Lebensmittel und sonstige Vorräte, die für Wochen, vielleicht für Monate reichen mußten.

Yovell sagte bedächtig: »Ihr Flaggleutnant ist an Bord gekommen, Sir, in der kleinen Jolle.« Er verbarg ein Grinsen. »Nun muß er sich erst etwas Trockenes anziehen, bevor er nach achtern kommt.« Das schien ihn zu amüsieren.

Bolitho lehnte sich im Stuhl zurück und starrte zu den Decksbalken auf. Es kostete viel Papier, ein Geschwader in Marsch zu bringen. Taljen knarrten auf dem Hüttendeck über ihm, und Blöcke quietschten im Gleichklang mit trampelnden Füßen. Verzweifelte Maate drohten und fluchten im Flüsterton, wohl wissend, daß das Oberlicht der Admiralskajüte offenstand.

Die andere Tür zur Kajüte öffnete sich lautlos, und Bolithos Flaggleutnant trat leichtfüßig über das Süll. Nur ein feuchter Schimmer auf seinem braunen Haar zeugte noch von seiner bewegten Überfahrt, ansonsten war er – wie stets – untadelig gekleidet.

Er war sechsundzwanzig Jahre alt, hatte trügerisch sanfte Augen und einen Gesichtsausdruck, der zwischen Leere und leichter Verwirrung wechselte.

Der Ehrenwerte Leutnant Oliver Brown, den ihm abzunehmen Admiral Beauchamp Bolitho gebeten hatte, besaß das Aussehen eines Aristrokraten, der eine gehobene Lebensart gewohnt war. Er war nicht der Typ eines Offiziers, den man an Bord eines Kriegsschiffes erwartet hätte.

Yovell machte ein flüchtige Verbeugung. »Guten Morgen, Sir. Ich habe Ihren Namen schon auf die Liste der Offiziersmesse gesetzt.«

Der Flaggleutnant warf einen kurzen Blick auf das Abrechnungsbuch und sagte ruhig: »Aber Browne mit einem ›e‹ hinten.«

Bolitho lächelte. »Mögen Sie eine Tasse Kaffee?« Er beobachtete, wie Browne seine Kuriertasche auf den Tisch legte, und setzte hinzu: »Was Neues?«

»Nein, Sir. Sie können in See gehen, sobald Sie soweit sind. Keine weiteren Befehle von der Admiralität.« Er setzte sich vorsichtig hin. »Ich wünschte, wir kämen in wärmeres Klima.«

Bolitho nickte. Seine Befehle lauteten, daß er sein Geschwader einige fünfhundert Seemeilen nordwärts an die Westküste Dänemarks führen und sich dort mit jenem Teil der Kanalflotte treffen sollte, der vor dem Eingang zur Ostsee patrouillierte, und das bei jedem Wetter und unter allen Bedingungen. Sobald er mit dem Admiral dieses Verbandes Verbindung aufgenommen hatte, würde er weitere Befehle erhalten. Er hoffte, genügend Zeit zu haben, um sein Geschwader in Form zu bringen, bevor er seinen neuen Vorgesetzten traf.

Gerne hätte er gewußt, wie seine Offiziere darüber dachten. Sicherlich ähnlich wie Browne, nur daß sie mehr Grund hatten zu murren. Die meisten von ihnen waren seit Jahren im Mittelmeer oder angrenzenden Gewässern gewesen. Für sie mußte Dänemark und die Ostsee im Winter ein schlimmer Tausch sein.

Yovell schob Bolitho die Papiere mit der Geduld eines Dorfschulmeisters zur Unterschrift hin. Dazu sagte er: »Die anderen Abschriften werde ich bis zum Auslaufen fertig haben, Sir.« Dann ging er, wobei sich seine rundliche Gestalt den Schiffsbewegungen wie eine große Kugel anpaßte.

»Ich denke, damit läuft alles.« Bolitho schaute in Brownes ausdrucksloses Gesicht. »Oder?« Er war es noch nicht gewohnt, Gedanken wie Zuversicht oder Zweifel mit anderen zu teilen.

Browne lächelte höflich. »Wir haben heute vormittag Kommandantensitzung, Sir. Wenn der Wind so bleibt, können wir danach jederzeit auslaufen, hat mir der Master * versichert.«

Bolitho stand auf und lehnte sich auf die Brüstung der hohen Fenster. Es war beruhigend, daß sie den alten Grubb an Bord hatten. Als Sailing Master der *Lysander* war er so etwas wie eine legendäre Figur gewesen. Allein mit Signalen aus seiner Batteriepfeife hatte er – während um ihn herum Blut über das Deck strömte – das Schiff so dirigiert, daß es die feindliche Schlachtlinie durchbrach. Ein Brocken von einem Mann, so breit wie drei andere, mit ziegelrotem, vom Wind wie vom Alkohol gegerbtem Gesicht. Was er nicht von seemännischen Erfahrungen in tropischen Orkanen oder im Eismeer wußte, das brauchte man nicht zu wissen.

Herrick war beglückt gewesen, als er Grubb wieder als Navigator bekam. Er hatte gesagt: »Ich bezweifle jedoch, daß er davon Notiz genommen hätte, wenn die Entscheidung anders ausgefallen wäre.«

»Gut«, sagte Bolitho nun. »Machen Sie ein entsprechendes Signal für das Geschwader. Bei vier Glasen zur mir an Bord.« Er lächelte. »Sie warten sowieso darauf.«

Browne raffte seine Sammlung verschiedener Papiere und Signale zusammen und zögerte, als Bolitho ihn plötzlich fragte: »Dieser Admiral, mit dem wir zusammentreffen sollen. Kennen Sie ihn?«

Er war erstaunt, wie leicht ihm das von den Lippen ging. Früher hätte er eher nackend einen Tanz auf der Hütte aufgeführt, als ei-

* Master oder Sailing Master: der für die Navigation verantwortliche Deckoffizier, zum Unterschied vom Quartermaster, dem für die Steuerung verantwortlichen Unteroffizier, der die Rudergänger beaufsichtigt. (Anm. d. Übers.)

nen Untergebenen nach dessen Ansichten über einen Vorgesetzten zu fragen. Aber man hatte ihm gesagt, er müsse einen Flaggleutnant haben, der in der Marine-Diplomatie bewandert war, also wollte er das nutzen.

»Admiral Sir Samuel Damerum ist lange Jahre als Flaggoffizier in Indien gewesen und zuletzt in Westindien, Sir. Man hatte erwartet, daß er in ein höheres Amt in Whitehall berufen würde, sogar Sir George Beauchamps Posten wurde genannt.«

Bolitho sah ihn mit großen Augen an. Das war eine andere Welt als die seinige.

»Und das hat Ihnen Sir George Beauchamp alles erzählt!«

Doch Sarkasmus war an Browne verschwendet. »Natürlich, Sir. Als Flaggleutnant muß ich solche Dinge wissen.« Er machte eine wegwerfende Gebärde. »Statt dessen bekam Admiral Damerum sein jetziges Kommando. Er ist gut beschlagen in Angelegenheiten des Handels und seines Schutzes. Ich weiß allerdings nicht, was diese Kenntnisse mit Dänemark zu tun haben.«

»Machen Sie bitte weiter.«

Bolitho setzte sich wieder und wartete, daß Browne den Raum verließ. Er bewegte sich leicht und elegant wie ein Tänzer. Oder mehr noch: wie ein Fechter, ein Duellant, dachte Bolitho grimmig. Es war ganz Beauchamp, ihm einen erfahrenen Adjutanten zu geben und diesen Mann damit gleichzeitig vor unerfreulichen Nachforschungen zu retten.

Er dachte über Damerum nach. Den Namen hatte er langsam auf der jährlichen Beförderungsliste der Marine aufsteigen sehen; ein einflußreicher Mann, aber offenbar immer am Rande der Ereignisse, nie da, wo gekämpft und gesiegt wurde.

Vielleicht waren seine Kenntnisse des Handels der Grund für sein jetziges Kommando. Seit Beginn dieses Jahres hatte es unerwartete Spannungen zwischen Britannien und Dänemark gegeben.

Sechs dänische Handelsschiffe, begleitet von der *Freya*, einer Fregatte mit vierzig Kanonen, hatten es abgelehnt, sich von einem britischen Geschwader anhalten und nach Konterbande durchsuchen zu lassen.

Dänemark war in einer schwierigen Lage. Nach außen hin galt es als neutral, aber es hing nichtsdestoweniger von seinem Handel ab. Vom Handel mit seinen mächtigen Nachbarn, Rußland und Schweden, ebenso wie mit Britanniens Feinden.

Das Ergebnis dieses Zusammentreffens war hart und ärgerlich gewesen. Die dänische Fregatte hatte Warnschüsse auf die britischen Schiffe abgefeuert, aber nach einer halben Stunde harten Kampfes hatte sie die Flagge streichen müssen. Die *Freya* und ihre sechs Schützlinge waren in die Downs eingebracht worden, aber nach eiligen diplomatischen Verhandlungen hatten die Briten sich der demütigenden Aufgabe gegenübergesehen, die *Freya* auf ihre Kosten ausbessern zu lassen und mit ihrem Konvoi nach Dänemark zurückzuschicken.

Der Friede zwischen Britannien und Dänemark, zwei seit jeher befreundeten Nationen, war bewahrt worden.

Vielleicht hatte Damerum seine Hand bei der ursprünglichen Konfrontation im Spiel gehabt und wurde nun mit seinem Geschwader zur Strafe in See gehalten. Oder vielleicht glaubte die Admiralität auch, daß die ständige Anwesenheit ihrer Schiffe vor den Ostseezugängen, Bonapartes Hintertür, wie die *Gazette* sie genannt hatte, weitere Pannen verhindern würde.

Es klopfte kurz an die Tür, und Herrick trat, seinen Hut unter den Arm geklemmt, in die Kajüte. »Setzen Sie sich, Thomas.«

Bolitho betrachtete seinen Freund mit Wärme. Dasselbe derbe, runde Gesicht, dieselben klaren blauen Augen wie damals, als sie hier in Spithead einander auf ihrem ersten Schiff begegnet waren. Es gab wohl schon ein paar graue Tupfer auf seinem Haar, die aussahen wie Rauhreif auf einem Gebüsch, aber sonst war es immer noch der alte Herrick.

Herrick seufzte tief. »Die brauchen anscheinend immer länger, um fertig zu werden, Sir.« Er schüttelte den Kopf. »Einige haben offenbar zwei linke Hände. Da wird mit viel zu vielen Verordnungen und Verboten vor den Preßkommandos herumgewedelt. Wir brauchen gute Seeleute, aber dann heißt es: ›Hände weg von Indienfahrern, Küstenschiffern und Bootsleuten‹. Verdammt noch mal, Sir, es ist doch auch deren Krieg.«

Bolitho lächelte. »Das haben wir schon ein paarmal festgestellt, Thomas.« Er deutete mit weit ausholender Gebärde auf den Raum mit seinen grünen Lederstühlen und dem soliden Mobiliar. »Hier ist alles sehr behaglich. Sie haben an der *Benbow* ein schönes Schiff.«

Herrick war störrisch wie immer. »Es sind die Männer, die Schlachten gewinnen, Sir. Nicht die Schiffe.« Verbindlicher fügte er hinzu: »Aber es ist ein stolzer Augenblick, das muß ich zugeben. Die *Benbow* ist ein gutes Schiff und schnell für ihre Größe. Wenn wir das nächste Mal in See gehen, werde ich mehr Munition nach achtern stauen lassen und damit vielleicht noch einen Knoten mehr herausholen.« Seine Blicke schweiften weit weg, verloren in die ständigen Überlegungen eines Kommandanten, wie er sein Schiff am besten trimmen konnte.

»Was macht Ihre Frau? Wird sie direkt nach Kent fahren?«

Herrick sah ihn an. »Aye, Sir. Sobald wir außer Sicht sind, sagt sie.« Ein Lächeln huschte über sein Gesicht. »Bei Gott, ich bin ein Glückspilz.«

Bolitho nickte. »Ich auch, Thomas, daß ich Sie wieder als Flaggkapitän habe.« Er beobachtete eine Unsicherheit auf Herricks Gesicht und erriet, was kam.

»Es mag ungebührlich klingen, Sir, aber haben Sie nie daran gedacht ... Ich meine, wollen Sie nicht überlegen ...«

Bolitho hielt seinem Blick stand und antwortete ruhig: »Wenn ich Cheney zurückholen könnte, mein Lieber, würde ich den rechten Arm dafür geben. Aber eine andere heiraten?« Er schaute zur Seite, denn es gab ihm einen schmerzhaften Stich, als er sich an Herricks Gesicht erinnerte, wie der ihm damals die Nachricht von Cheneys Tod überbracht hatte. »Ich dachte, ich würde darüber hinwegkommen, mich von ihr lösen. Der Himmel weiß, Thomas, daß Sie alles getan haben, mir zu helfen. Manchmal bin ich nahezu daran, zu verzweifeln ...« Er unterbrach sich. Was war mit ihm los? Aber als er Herrick anschaute, sah er nur Verständnis in dessen Zügen. Und Stolz, etwas mit ihm teilen zu können, das er wahrscheinlich länger als jeder andere gewußt hatte.

Herrick stand auf und stellte seine Kaffeetasse auf den Tisch. »Ich gehe jetzt besser wieder an Deck. Mr. Wolfe ist ein guter Seemann, aber es fehlt ihm die leichte Hand im Umgang mit den neuen Leuten.« Er zog eine Grimasse. »Weiß Gott, er jagt sogar mir manchmal Angst ein.«

»Wir sehen uns bei vier Glasen wieder, Thomas.« Bolitho drehte sich um und sah eine Möwe pfeilschnell am Fenster vorbeistreichen. »Was ist mit Adam? Ich habe ihn nur kurz gesprochen, als ich an Bord kam. Überhaupt gibt es noch viele Fragen.«

Herrick nickte. »Aye, Sir. Hoher Rang stellte höhere Anforderungen. Wenn Sie den jungen Adam gestern eingeladen hätten, hätten die anderen in der Masse etwas über Bevorzugung gemunkelt, was Sie selber nicht mögen. Aber er hat Sie vermißt. Ich glaube, er sehnt sich nach einer Fregatte, doch fürchtet er, uns beide damit zu kränken. Sie besonders.«

»Ich werde ihn bald zu mir rufen. Wenn alle an Bord so beschäftigt sind, daß sie keine Zeit mehr zum Tratschen haben.«

Herrick grinste. »Das ist bestimmt sehr bald der Fall. Nach der ersten richtigen Nordsee-Brise sind sie dazu viel zu erschöpft.«

Noch lange, nachdem Herrick gegangen war, saß Bolitho still auf der grünen Lederbank unter dem Heckfenster. So machte er sich mit dem Schiff vertraut, obwohl er nicht direkt an dem teilnehmen konnte, was über ihm und vor der Tür geschah.

Füße stampften und Blöcke quietschten. Er wurde unruhig, sobald er die Geräusche als das Aufheißen eines Bootes, sein Einschwenken über die Laufbrücke und Abfieren auf das Bootsrack neben den anderen Booten erkannte.

Viele Leute waren an der Arbeit, von ihren Deckoffizieren und Maaten angeleitet und vorangetrieben. Es fehlte an erfahrenen Matrosen. Auf jede Wache und auf den Gefechtsstationen waren nur einige davon verteilt. Sie konnten allenfalls dafür sorgen, daß die neuen und unerfahrenen Leuten keine allzugroßen Gefahren heraufbeschworen.

Freiwillige waren in Devonport an Bord gekommen und einige sogar hier in Portsmouth: ehemalige Seeleute, die genug vom Leben an Land hatten, Männer, die vor dem Gericht, vor Gläubigern oder gar vor dem Galgen davongelaufen waren.

Der Rest, von den Preßkommandos an Bord geschleppt, war noch verstört, deprimiert, zu plötzlich eingefangen in eine Welt, die sie kaum kannten, allenfalls aus der Entfernung. Dies also war es, was sie sich unter einem Schiff des Königs, das unter vollen Segeln stolz aufs weite Meer hinausfuhr, vorgestellt hatten. Und das war die harte Wirklichkeit: überfüllte Wohndecks und der Stock des Bootsmanns.

Es war Herricks Aufgabe, sie mit seinen eigenen Methoden zu einer Mannschaft zusammenzuschweißen. Zu einer Besatzung, die tapfer ihren Mann stand und sich – wenn nötig – mit einem Hurra auf den Feind stürzte.

Bolitho sah sein Spiegelbild in den nassen Scheiben. ›Und meine Aufgabe ist es, das Geschwader zu führen.‹

Allday trat ein und betrachtete ihn nachdenklich. »Ich habe Ozzard gesagt, daß er Ihren besten Uniformrock bereitlegt, Sir.« Er lehnte sich nach Luv, als das Deck sich plötzlich schieflegte.

»Endlich ›mal‹ 'ne Abwechslung, anstatt immer mit Franzmännern zu kämpfen. Ich denke, es werden demnächst die Russen oder Schweden sein.«

Bolitho sah ihn zornig an. »›Mal 'ne Abwechslung‹? Ist das Ihr einziger Kommentar?«

Allday strahlte. »Politik ist natürlich wichtig, Sir. Für die Admirale, für das Parlament und so weiter. Aber für den armen Seemann?« Er schüttelte den Kopf. »Alles, was er sieht, sind die Mündungen der feindlichen Kanonen, die ihm ihr Feuer entgegenspeien, ihm mit eisernem Kamm einen Scheitel ziehen. Es kümmert ihn nicht groß, welche Flagge sie führen.«

Bolitho mußte erst einmal tief Luft holen. »Kein Wunder, daß die Mädchen auf Ihre Überredungskünste hereinfallen, Allday. Fast hätten Sie mich überzeugt.«

Allday lachte in sich hinein. »Ich bringe Ihre Frisur noch einmal in Ordnung, Sir. Wir werden uns überhaupt künftig etwas zusammennehmen müssen, mit einem Mr. Browne an Bord.«

Bolitho lehnte sich zurück und wartete. Er würde nicht nur mit Browne zurechtkommen müssen. Allday erriet sicher, wie viele Sorgen er sich machte, bis sie alle in See waren. Und er würde dafür sorgen, daß er nicht allein blieb, bis die Kommandanten kamen, ihm ihre Aufwartung zu machen. Gegen Allday gewann man nur schwer.

Von der Schiffsglocke vorn auf dem Backsdeck erklangen zwei Schläge. Fünf Uhr nachmittags, und die Kommandantensitzung lag hinter ihnen. Sekunden später kam Herrick abermals in Bolithos Kajüte.

Bolitho streckte die Arme nach seinem Uniformrock aus und erlaubte Ozzard, ihn noch einmal zurechtzuzupfen und dafür zu sorgen, daß der Zopf korrekt auf dem goldbestickten Kragen lag.

Allday stand am Schott und nahm – nach einem Augenblick des Überlegens – einen der Säbel von seinem Ständer.

Er glitzerte trotz des nur matten Lichts, war schön geformt und verziert und zeigte, wenn man ihn aus der Scheide zog, eine ebenso vollkommene Klinge. Es war ein Ehrensäbel, gestiftet von der Bevölkerung Falmouths. Ein Geschenk in Anerkennung dessen, was Bolitho im Mittelmeer geleistet hatte.

Herrick beobachtete die kleine Szene. Einen Augenblick vergaß er den Kummer, daß er Dulcie so schnell hatte verlassen müssen, und die hundert Dinge, die seine Aufmerksamkeit an Deck verlangten. Er wußte, was Allday dachte, und war gespannt, wie er es aussprechen würde.

Der Bootssteurer fragte etwas linkisch: »Dieser, Sir?« Er ließ den Blick zum zweiten Säbel wandern. Der war altmodisch und gerade, aber ein Teil Bolithos und seiner Vorfahren.

Bolitho lächelte. »Lieber nicht. Es wird gleich regnen, und ich möchte nicht, daß die schöne neue Waffe Schaden nimmt.« Er wartete, während Allday den anderen Säbel holte, und hakte ihn in seinen Gurt ein. »Und außerdem«, er blickte von Allday zu Herrick, »möchte ich heute alle alten Freunde um mich haben.«

Dann tippte er Herrick auf die Schulter: »Wir gehen zusammen an Deck, nicht wahr, Thomas? Wie früher.«

Ozzard sah den beiden Offizieren nach und flüsterte bedauernd: »Ich weiß nicht, warum er diesen alten Säbel nicht wegwirft oder wenigstens zu Hause läßt.«

Allday machte sich nicht die Mühe, ihm zu antworten, sondern schlenderte hinter Bolitho her, um seinen vorschriftsmäßigen Platz auf dem Achterdeck einzunehmen.

Aber er dachte dabei über Ozzards Bemerkung nach. Wenn Richard Bolitho sich jemals von diesem alten Säbel trennte, dann hatte seine Hand bestimmt nicht mehr die Kraft, ihn zu fassen.

Bolitho marschierte hinaus, hielt vor dem Steuerruder und ließ seinen Blick über die angetretenen Offiziere und Mannschaften schweifen. Er spürte den Wind schmerzhaft in den Augen und die kalte Luft an seinen Beinen.

Wolfe schaute zu Herrick hinüber, tippte an seinen Hut, unter dem die roten Haare flatterten, als wollten sie davonfliegen.

»Alle Ankertrossen sind kurzgeholt, Sir«, sagte er mit seiner rauhen, tonlosen Stimme.

Herrick meldete Bolitho ebenso förmlich: »Das Geschwader ist bereit, Sir.«

Bolitho nickte. Er war sich des Augenblicks bewußt, der Gesichter um ihn herum, die ihm zumeist unbekannt waren, und des Schiffes, dessen Decksplanken sie alle trugen.

»Dann setzen Sie das Signal für alle, bitte.« Er zögerte, wandte sich um und schaute über die Netze hinweg auf den nächstliegenden Zweidecker, die *Odin*. Dem armen Inch hatte es fast die Sprache verschlagen vor Freude, ihn wiederzusehen.

Er setzte abrupt hinzu: »Anker lichten!«

Browne war schon mit den Signalgasten an der Arbeit und trieb einen verdattert dastehenden Midshipman an, der ihm eigentlich hätte behilflich sein sollen.

Ein paar spannungsgeladene Augenblicke noch, die rauhen Befehle vom Vorschiff, als das Gangspill immer mehr von der tropfnassen Ankertrosse einholte.

»Anker ist los, Sir!«

Bolitho mußte die Hände wie mit Schraubstöcken auf dem Rücken festhalten, um seine Erregung zu zügeln, als eines der Schiffe nach dem anderen loskam und unter Massen von wild schlagender, dann sich füllender Leinwand heftig überholend Fahrt aufnahm.

Die *Benbow* bildete keine Ausnahme. Es schien eine Ewigkeit zu dauern, bis das erste Durcheinander behoben war. Als ihre Rahen dann gebraßt waren, ihre Untersegel und die Marssegel sich bauschten und schließlich wie metallene Brustharnische vom Mast abstanden, steuerte sie sich auf ihren ersten Schlag ein, der vom Land wegführte.

Spritzwasser fegte über die Luv-Laufbrücke und hinter der wild blickenden Galionsfigur empor. Männer legten auf den Rahen aus oder zerrten in Gruppen an Brassen, Fallen oder Schoten, wobei sie ihr Körpergewicht voll einsetzen mußten. Wolfe hatte seine Flüstertüte ununterbrochen am Mund. »Mister Pascoe, jagen Sie Ihre Anfänger gefälligst noch einmal rauf! Es ist eine einzige Schweinerei da oben!«

Einen Augenblick sah Bolitho seinen Neffen sich umdrehen und nach achtern schauen. Als Dritter Offizier hatte er das Kommando über den Fockmast und war damit so weit vom Achterdeck entfernt, wie es nur ging.

Bolitho nickte ihm kurz zu und sah, daß Pascoe genauso antwortete, wobei ihm das schwarze Haar ins Gesicht wehte. Es kam Bolitho vor, als sähe er sich selber im gleichen Alter.

»Mr. Browne, signalisieren Sie dem Geschwader, es soll dem Flaggschiff in Kiellinie folgen.« Er sah, daß Herrick ihn beobachtete, und fügte hinzu: »Die Fregatten und unsere Korvette werden wissen, was sie zu tun haben, ohne daß ich es ihnen ausdrücklich befehle.«

Herricks salzüberkrustetes Gesicht verzog sich zu einem Lächeln. »Das werden sie, Sir.«

Hart am Wind liegend und gischtübersprüht, bemühten sich die

Fregatten, ihre vorgeschriebenen Positionen vor dem Verband zu erreichen, von wo aus sie über ihre schwerfälligeren Gefährten wachen konnten.

Bolitho ging zur Backbordseite und schaute zum Land zurück. Da lag es, grau und formlos; Einzelheiten ließen sich in dem schlechter werdenden Wetter kaum noch erkennen.

Wie viele Leute mochten das Auslaufen des Geschwaders wohl beobachten? Herricks Frau, Admiral Beauchamp, all die alten verkrüppelten Seeleute, die als Strandgut des Krieges an Land geworfen waren? Einst hatten sie die Marine verflucht, aber manchem von ihnen mochte nun ein Kloß im Halse stecken, als sie die Schiffe davonsegeln sahen.

Bolitho hörte Wolfe spöttisch sagen: »Mein Gott, schauen Sie sich den Menschen an! Nur Haut und Knochen. Sein Rock sieht aus wie das Hemd des Zahlmeisters auf einer Handspake.«

Bolitho drehte sich um und sah eine dünne, schlotternde Gestalt zum Niedergang eilen und nach unten verschwinden. Sein Gesicht war kalkweiß wie ein Totenschädel.

Herrick senkte die Stimme. »Das ist Mr. Lovey, der Schiffsarzt, Sir. Ich hoffe, daß ich nicht einmal auf dem Operationstisch liegen und zu diesem Gesicht aufschauen muß.«

Bolitho sagte: »Da stimme ich Ihnen zu.«

Er nahm ein Fernrohr von einem der Midshipmen und richtete es auf die anderen Schiffe. Sie arbeiteten sich auf ihre Positionen in der Linie, wobei ihre Segel teilweise killten oder gar backschlugen, wenn sie zu stark anluvten.

Bis zu ihrem Rendezvous mußten sie noch viel hinzulernen, an Segeln und Kanonen. Doch falls sie schon vorher auf ein feindliches Geschwader stießen – soweit Bolitho wußte, war eine ganze französische Flotte in See –, dann wurde von ihm erwartet, daß er sein Geschwader so, wie es war, in den Kampf führte.

Er warf einen Blick zum Niedergang, als erwarte er, daß der Totenschädel des Schiffsarztes ihn beobachte. Hoffentlich blieb Lovey noch eine Zeitlang unbeschäftigt.

Auf dem Oberdeck war wieder Ordnung eingekehrt. Das Tauwerk war sauber aufgeschossen oder über Belegnägel gehängt. Die Seeleute versammelten sich am Fuß ihrer Masten, wurden gemustert und gezählt. Und über ihnen, beweglich wie Eichhörnchen in einem vom Winde geschüttelten Wald, arbeiteten die Toppsgasten und sorgten dafür, daß alle Leinen klarliefen und alle Segel vollstanden.

Es war Zeit, hineinzugehen und Herrick das Kommando zu überlassen.

»Ich gehe nach achtern, Captain Herrick.«

Herrick schien seine Gedanken erraten zu haben. »Aye, Sir. Und ich werde mit den Oberdecksbatterien noch bis zur Dunkelheit exerzieren.«

Eine ganze Woche lang kämpfte sich das Geschwader bei einem Wetter durch die Nordsee, das selbst Ben Grubb als eines der schlimmsten, die er je erlebt hatte, bezeichnete.

Während der Nächte drehten die wild hin- und hergeworfenen Schiffe unter Sturmsegeln bei, und jeden Morgen wiederholte sich beim Hellwerden die Suche nach den über Nacht weit auseinandergetriebenen Gefährten. Wenn sie sich schließlich wieder einigermaßen formiert hatten, wurde der Nordost-Kurs wieder aufgenommen und dabei – soweit das Wetter es erlaubte – an den Geschützen exerziert und Reparaturen ausgeführt.

Im Geschwader hatte es einige Tote und Verletzte gegeben. Die Todesfälle wurden meist durch Stürze von oben verursacht, wenn die verstörten und vom überkommenden Salzwasser halbblinden Männer beim Reffen oder Segelbergen mit der wild schlagenden Leinwand kämpften oder Schäden am stehenden Gut ausbesserten.

Auf der *Benbow* hatten sich mehrere Neulinge durch Unaufmerksamkeit die Handflächen verbrannt. Auf dem dunklen Deck konnte es leicht pasieren, daß man mit Armen oder Beinen in eine ausrauschende Leine geriet. Wer da mit den Händen zupacken wollte, verbrannte sich, als hätte er heißes Eisen angefaßt.

Ein Mann verschwand, ohne daß jemand etwas davon bemerkt hätte. Über Bord gespült, hatte er vielleicht noch ein paar Augenblicke im Wasser strampelnd zugesehen, wie der Zweidecker in der Finsternis verschwand . . .

An Bord war es überall feucht und scheußlich kalt. Die einzige Wärme kam vom Kochherd in der Kombüse, aber bei dem Seegang war es unmöglich, Kleidungsstücke zu trocknen, solange das Schiff derart hin- und hergeworfen wurde.

Sobald er an Deck kam, spürte Bolitho die schlechte Stimmung fast physisch. Er kannte Herrick gut genug, um zu wissen, daß er nichts weiter tun konnte, um die Leiden seiner Leute zu mildern.

Manche Kommandanten hätten sich gar nicht darum gekümmert, sondern ihren Bootsmannsmaaten befohlen, auch den letzten Mann zum Dienst zu prügeln. Nicht so Herrick. Seit seiner Leutnantszeit war er immer bemüht gewesen, zu führen, anstatt anzutreiben, seine Leute zu verstehen, anstatt sie in Furcht vor seiner Befehlsgewalt zu halten.

Trotzdem war es nötig gewesen, daß drei Leute ausgepeitscht wurden, nachdem Herrick die entsprechenden Kriegsartikel verlesen hatte, während das Schiff sich durch Wellentäler und gegen überkommende Brecher nordwärts vorkämpfte.

Bolitho war der Bestrafung ferngeblieben. Sogar das zählte nicht mehr zu seinen Angelegenheiten. Er marschierte in seiner Kajüte auf und ab und hörte dabei das gleichmäßige Klatschen der »Neunschwänzigen« auf nacktem Rücken, begleitet vom dumpfen Trommelschlag des Spielmanns, der zur Prozedur dazugehörte.

Aber dann, ganz plötzlich, flaute der Wind leicht ab, und kleine blaue Flecken tauchten zwischen den Wolkenbergen auf.

Seeleute und Soldaten hielten inne, um nach oben zu schauen und tief Luft zu holen. Warmes Essen wurde durch die Decks getragen, als hätten sie eine kurze Gefechtspause oder als wolle der Smutje es nicht glauben, daß er seine Kombüse längere Zeit benutzen konnte.

Bolitho ging kurz vor Mittag an Deck und spürte den Unterschied. Die Midshipmen zeigten angemessen ausdruckslose Gesichter, als der Master und seine Steuermannsmaate ihre Bemühungen überwachten, mit Hilfe des Sextanten die Mittagsbreite zu bestimmen. Die Männer hoch oben über Deck klammerten sich nicht mehr so krampfhaft an bebende Stengen oder Wanten, sondern bewegten sich bei ihren verschiedenen Arbeiten leicht und sicher. Der Erste Offizier führte eine kleine Prozession von Fachleuten an, die den Backbord-Laufgang herunterkamen und nach allem schauten, was eine Reparatur, einen Schlag Farbe oder einen Spleiß benötigte. In seinem Gefolge befanden sich Drodge, der Stückmeister, Big Tom Swale, der fast zahnlose Oberbootsmann, Tregoye, der Schiffszimmermann, und einige ihrer Maate.

Am vorderen Niedergang stand Purvis Spreat, der Zahlmeister der *Benbow*, im vertraulichen Gespräch mit Manley, dem Fünften Offizier. Ging es um mehr Lebensmittel für die Offiziersmesse? War zuviel Madeira verbraucht worden? Irgend so etwas würde es sein. Spreat sah wie ein typischer Zahlmeister aus, dachte Bolitho. Verschlagen, mißtrauisch, gerade ehrlich genug, um nirgendwo anzustoßen. Er hatte jeden Mann an Bord zu ernähren, zu kleiden und mit allem Lebensnotwendigen zu versorgen, ungeachtet, ob das Wetter schlecht oder die Navigation mangelhaft war.

Die Seesoldaten standen in zwei scharlachroten Reihen, die – den Schiffsbewegungen folgend – hin und her pendelten. Bolitho beobachtete sie, versuchte, Namen mit Gesichtern in Übereinstimmung zu bringen, das Plus oder Minus ihrer Fähigkeiten zu beurteilen. Major Clinton schritt mit Leutnant Marston, seinem Gehilfen, langsam die Front ab und hörte sich dabei an, was Sergeant Rombilow ihm über jeden Mann und seine Funktion an Bord zu sagen hatte.

Seesoldaten waren eine seltsame Rasse, dachte Bolitho. Sie waren genauso eng in den dicken Bauch der *Benbow* hineingepfercht wie die Seeleute, aber doch ganz anders in ihrer Haltung. Bolitho hatte sie in Amerika während der Revolution erlebt. Damals war er noch ein junger Leutnant gewesen, der die ersten Schritte auf ein eigenes Kommando hin wagte. Ob dort oder im Mittelmeer, in der Karibik oder in Ostindien, überall hatten sich die Seesoldaten durch ihre Zuverlässigkeit bewährt.

Bolitho sah, wie die Nachmittagswache sich vor dem Achterdeck versammelte und auf die Übernahme des Schiffes für die nächsten vier Stunden vorbereitete. Hier und da kaute noch einer an der ersten guten, warmen Mahlzeit seit Tagen. Einige Augenpaare musterten den Himmel mit prüfendem Blick oder – soweit es neue Leute waren – mit offensichtlicher Erleichterung.

Die meisten aber warfen ihrem Admiral verstohlene Blicke zu, der ruhelos auf der Luvseite des Achterdecks auf und ab ging. Wenn Bolitho sich ihnen zuwandte, schauten sie schnell weg. Es war das übliche: Neugier, Interesse, Ablehnung. Bolitho wußte aus Erfahrung, daß er es sich erst verdienen mußte, wenn er mehr von ihnen erwartete.

Er hörte Pascoes Stimme, als er nach achtern kam und seinen Hut vor Speke, dem Zweiten Offizier, den er ablösen wollte, lüftete.

»Die Wache ist angetreten, Sir.«

Drüben, auf den anderen Schiffen, spielte sich jetzt das gleiche ab. Routine und Tradition. Wie ein gut eingeübtes Theaterstück, in dem jeder bei vielen Gelegenheiten jede Rolle gespielt hatte und jedes Wort auswendig wußte.

Die beiden Offiziere prüften den Kompaß, das Logbuch, den Stand der Segel, während die anderen Mitspieler sich zu ihren Plätzen bewegten: die Rudergänger, der Quartermaster, der Midshipman der Wache. Bolitho runzelte die Stirn. Wie hieß er doch noch? Penels, ja, das war der Name. Der Jüngste an Bord. Gerade zwölf Jahre alt und aus Cornwall. Ein Cornishman. Er lächelte. Kaum schon ein Mann.

»Übergeben Sie das Ruder, bitte!«

Acht Glockenschläge klangen vom Vorschiff herüber, und die Männer von der Vormittagswache eilten in ihre Wohnräume zu einer guten Mahlzeit und einem kräftigen Schluck.

Bolitho kam über das Achterdeck und sagte: »Du siehst gut aus, Adam.«

Sie entfernten sich vom Doppelrad und den drei Rudergängern und gingen Seite an Seite zu den Luv-Netzen.

»Danke, Sir.« Pascoe warf ihm einen Seitenblick zu. »Du auch, Onkel.«

Als Bolitho schließlich seine Taschenuhr herausholte, stellte er fest, daß er sich eine volle Stunde mit seinem Neffen unterhalten hatte. Es schienen nur Minuten gewesen zu sein. Und doch hatten sie ein Bild heraufbeschworen, das sich beträchtlich von dem unterschied, das sie umgab. Nicht Meer und Himmel, Gischt und pralle Segel, sondern Landwege, niedrige Bauernhäuser und der graue Klotz von Pendennis Castle.

Pascoe war sehr gebräunt, fast so dunkel wie ein Zigeuner.

Bolitho sagte: »Unser Geschwader wird sich bald zerstreuen. Aber vielleicht können wir hier auch mal den Fuß an Land setzen. Deswegen konnte ich den Blockadedienst in der Biskaya nicht ausstehen. Unsere Landsleute bekommen feuchte Augen, wenn sie von ›unserem hölzernen Schutzwall‹ sprechen, von den ›sturmerprobten Schiffen‹, die Frankreichs Flotte in ihre Häfen eingeschlossen haben. Sie würden sich weniger enthusiastisch äußern, wenn sie wüßten, welche Hölle da an Bord sein kann.«

Midshipman Penels rief aufgeregt: »Signal von *Styx,* Sir.« Er blickte Pascoe auffordernd an. »Mann über Bord, Sir.«

»Verstanden. Ich werde es sofort dem Kommandanten melden.«

Bolitho beobachtete, wie sich der Umriß der Fregatte verkürzte, als sie in den Wind drehte, wobei ihre Segel killten oder backschlugen. Hoffentlich bekam sie ihr Boot am Heck schnell genug zu Wasser, um den Unglücklichen zu retten.

Er beobachtete Pascoes Gesicht, der das schnelle Manöver der Fregatte verfolgte. Außerdem dachte er an John Neale, ihren Kommandanten. Er war in Penels Alter gewesen, als die Meuterei an Bord seiner *Phalarope* ausbrach, damals während der amerikanischen Revolution. Ein kleiner, rundlicher Junge, er sah ihn deutlich vor sich. Heute konnte er sogar darüber lachen, wie er und Herrick den nackten Midshipman mit ranziger Butter eingeschmiert hatten, um ihn durch das Lüftungsrohr schieben zu können. Die Meuterer hatten sie eingesperrt, und er sollte Hilfe herbeiholen. Es war ein hartes Stück Arbeit gewesen.

Jetzt diente Neale als Kommandant, und es war klar, was Pascoe dachte, als er durch das Glas beobachtete, wie jener sein Schiff handhabte. Bolitho sagte ruhig: »Sobald es geht, Adam. Ich tue, was ich kann. Du hast es verdient.«

Pascoe sah ihn erstaunt an. »Du hast es erraten, Onkel?«

Bolitho lächelte. »Ich war auch mal Kommandant einer Fregatte, Adam. Das vergißt man nie.«

Er schaute zu seiner Konteradmiralsflagge empor, die vom Besanmast kräftig auswehte. »Auch wenn es einem weggenommen ist.«

»Vielen Dank«, rief Pascoe aus. »Ich möchte zwar gern bei dir bleiben, das weißt du. Aber ich verliere zu viel Zeit auf einem Linienschiff.«

Bolitho sah Ozzard auf dem Achterdeck herankommen, die dünne Gestalt gegen den feuchten Wind zusammengekrümmt. Es war Zeit zum Essen.

Er schmunzelte. »Ich glaube, damals habe ich das gleiche gesagt.«

Nachdem Bolitho im Achterschiff verschwunden war, ging Pascoe langsam auf der Luvseite auf und ab, die Hände genauso auf dem Rücken verschränkt, wie er es oft bei Bolitho gesehen hatte.

Pascoe hatte nie etwas von seinen Wünschen gegenüber Herrick oder gar Bolitho geäußert. Aber er hätte wissen sollen, daß er nichts vor ihnen verbergen konnte.

Er beschleunigte die Schritte, während seine Gedanken ihm weit vorauseilten in eine Zukunft, die nicht länger ein eitler Traum zu sein schien.

III Der Brief

Es verging noch ein ganzer Tag, bevor Bolithos Ausguck Admiral Damerums Geschwader sichtete, und da es bereits kurz vor Dunkelheit war, mußten sie auch noch die Nacht verstreichen lassen, bevor sie den Kontakt herstellen konnten.

Während sein Schiff am folgenden Morgen Kurs auf die größere Gruppe nahm, beobachtete Bolitho das Geschwader des Admirals durch ein starkes Fernrohr und fragte sich, welchen Sinn es habe, eine solch gewaltige Streitmacht in dieser Art zu beschäftigen. Von den britischen Flotten wurde erwartet, daß sie sommers wie winters die holländischen Kriegsschiffe vor der niederländischen Küste, die spanischen in Cadiz und – selbstverständlich – die starken französischen Stützpunkte Brest und Toulon blockierten. Abgesehen davon hatte man ihnen den Schutz der lebenswichtigen Handelswege nach Ost- und Westindien vor Angriffen der Feindmächte, vor Kaperfahrern und gewöhnlichen Piraten übertragen. Eine fast unlösbare Aufgabe.

Hier an den Ostseeingängen wurden nun andernorts dringend benötigte Geschwader nutzlos festgehalten, nur weil Zar Paul von Rußland wenig für Britannien und desto mehr für Napoleon übrig hatte und vielleicht seine Neutralität aufgeben wollte.

Herrick trat zu Bolitho und sagte: »Das dritte Schiff, Sir, muß das von Sir Samuel Damerum sein.«

Bolitho richtete sein Fernglas auf das Schiff, das den Union Jack an seiner Großmarsstenge führte. Er war sich des Unterschieds zwischen den nur langsam segelnden Schiffen Damerums und seinem eigenen kleinen Geschwader bewußt. Mit ihren vielfach geflickten Segeln, ihren von Wind und Wetter mitgenommenen Schiffsrümpfen, auf denen quadratmeterweise die Farbe weggewaschen war, bildeten sie einen starken Gegensatz zu Bolithos neu ausgerüsteten Zweideckern.

Weit hinter den schwereren Schiffen machte Bolitho die Bramsegel einer Fregatte aus, die dort als ›Auge des Admirals‹ patrouillierte. Deren Ausgucks konnten wahrscheinlich die dänische Küste sehen.

»Lassen Sie bitte mein Boot klarmachen, Thomas. Wir werden in spätestens einer Stunde bei ihnen sein. Und sorgen Sie dafür, daß gleichzeitig die Vorräte für den Admiral mit einem anderen Boot hinübergeschickt werden.«

Es war immer ein seltsames Gefühl, wenn Schiffe einander begegneten. Die einen, schon lange in See, waren immer erpicht auf Neuigkeiten von zu Hause. Die Neuankömmlinge dagegen waren voller Unruhe, da sie nicht wußten, was sie erwartete.

Sein Flaggleutnant kam mit langen Schritten über das Achterdeck, das Gesicht verkniffen wegen der Kälte.

Bolitho sagte: »Da ist das Flaggschiff des Admirals. Ein Linienschiff zweiter Klasse.«

Browne nickte. »Die *Tantalus*, Sir. Captain Walten.« Es klang, als ginge es ihn nichts an.

»Sie werden mit mir hinüberfahren.« Bolitho lächelte grimmig. »Um sicherzustellen, daß ich nicht etwas Unbesonnenes tue.«

Herrick sagte: »Es mag alles schnell vorbeigehen. Vielleicht sind wir eher wieder in Spithead, als Sie ahnen.«

Bolitho war in seiner Kajüte dabei, seine Depeschen aus dem Safe zu holen, als das Geklapper von Blöcken und das Knattern schlagender Leinwand ihm sagten, daß die *Benbow* in den Wind drehte und Segel wegnahm, damit das Admiralsboot sicher zu Wasser gebracht und längsseit geholt werden konnte.

Als er an Deck kam, hatte das Bild sich erheblich verändert. Die Schiffe des Admirals bewegten sich unter backgebraßten Marssegeln nur ganz langsam vorwärts, und es schien, als wolle die *Benbow* ihre Linie wie in der Schlacht durchbrechen. Man konnte es sich jedenfalls leicht so vorstellen, und wenn auch viele Leute auf der *Benbow* noch nie einen im Ernst abgefeuerten Schuß gehört hatten, so doch Bolitho, Herrick und einige andere um so öfter.

»Boot längsseit, Sir.« Herrick eilte zu ihm, das Gesicht gezeichnet von der Verantwortung, die er für sein Schiff und – während der Abwesenheit Bolithos – für das ganze Geschwader trug.

»Ich mache so schnell ich kann, Thomas.« Bolitho drückte sich den Hut fest auf den Kopf und sah dabei die Seesoldaten der Ehrenwache antreten und die Bootsmannsmaaten ihre Trillerpfeifen an die Lippen führen, bereit, ihn vorschriftsmäßig zu verabschieden. »Der Admiral wird mich wohl kaum als unfreiwilligen Gast bei sich behalten wollen, wenn der Seegang wieder zunimmt, nicht wahr?«

Ein Midshipman, ungewöhnlich sauber und ordentlich angezogen, stand im heftig dümpelnden Boot; neben ihm, auf seinem angestammten Platz an der Pinne, Allday. Er mußte sich mit seiner Ansicht durchgesetzt haben, daß der Konteradmiral lieber seinen

Bootssteurer am Ruder sah als einen Schiffsleutnant. Wenn es nach Allday ginge, wäre das nächstemal auch kein Midshipman mehr dabei, dachte Bolitho. Leutnant Browne allerdings war mit im Boot. Er hatte es wieder geschafft, nahezu elegant auszusehen.

»Boot Achtung!«

Während die Bootsmannsmaatenpfeifen noch trillerten, sprang Bolitho in dem Augenblick vom Fallreep auf die Hecksitze des Bootes hinüber, als dieses gerade von einer Welle an der glänzenden Bordwand der *Benbow* hochgehoben wurde.

»Absetzen vorn! Riemen bei! Rudert an!«

Als das Boot aus dem Windschutz des Zweideckers herauskam, begann es wie ein Delphin heftig auf- und niederzuhüpfen. Bolitho warf einen Blick auf den Midshipman, dessen Gesicht aschfarben geworden war. Er hieß Graham und war siebzehn, einer der älteren ›jungen Herren‹. Seine Chancen auf Beförderung zum Leutnant konnten sich verringern, wenn er in dem Boot seines Admirals seekrank wurde.

»Setzen Sie sich, Mr. Graham.« Bolitho sah, daß der Junge ihn verwirrt anstarrte, weil er von einem so hohen Dienstgrad angesprochen wurde. »Es ist etwas bewegt heute.«

»D-d-danke, Sir.« Graham ließ sich erleichtert nieder. »Ich bin gleich wieder in Ordnung.«

Über die Schultern grinste Allday dem Schlagmann zu. Nur jemand wie Bolitho machte sich Gedanken über einen kleinen Midshipman. Das Komische an der Sache war, daß der unglückliche Graham – was Allday wußte – nur kurz vorher von einer Pastete gekostet hatte, die er seit England aufbewahrte. Die Pastete war zweifellos schon leicht angeschimmelt gewesen, als er sie an Bord brachte. Nach Tagen auf See, in der feuchten, schlecht gelüfteten Kadettenunterkunft, mußte sie sich nahezu in Gift verwandelt haben.

Bolithos Ankunft auf Damerums Flaggschiff verlief nicht weniger geräuschvoll als die Abfahrt von seinem eigenen.

Er sah flüchtig: blitzende Bajonette, unbewegte Offiziersgesichter, aber vor allem den Admiral selber, der vortrat, um ihn zu begrüßen.

»Kommen Sie mit nach achtern, Bolitho. Mein Gott, diese Kälte läßt einem das Mark in den Knochen gefrieren.«

Die *Tantalus* war ein gutes Stück größer als die *Benbow* und Damerums Quartier deshalb üppiger eingerichtet, als Bolitho es je auf einem Kriegsschiff gesehen hatte. Wären die Schiffsbewegungen und die gedämpften Geräusche nicht gewesen, so hätte man sich in einer luxuriösen Landwohnung fühlen können. Was aber würde passieren, wenn das Schiff einmal eilends gefechtsklar gemacht werden müßte? Dann mußten die schönen Vorhänge und die kostbaren französischen Möbel großen Schaden nehmen.

Damerum wies auf einen Stuhl, während ein Diener Bolitho Hut und Mantel abnahm.

Bolitho setzte sich. Sir Samuel Damerum, Ritter des Bath-Ordens, Admiral der Nordseeflotte, stand schätzungsweise im fünfzigsten Jahr. Er hatte eine frische, lebhafte Art zu sprechen und sich zu bewegen, aber sein graumeliertes Haar und die leichte Rundung in Taillenhöhe, die auch eine makellos geschneiderte Weste nicht kaschieren konnte, machten ihn älter.

Er sagte: »So, Sie sind also Richard Bolitho.« Sein Blick haftete kurz auf der Goldmedaille, die Bolitho für diesen offiziellen Besuch um den Hals trug. »Die Medaille für den Sieg am Nil, nicht wahr?« Er schüttelte den Kopf. »Manche Leute haben das Glück gepachtet.« Er hatte eine sprunghafte Art, das Thema zu wechseln. »Wie steht's mit Ihrem Geschwader?« Er wartete nicht auf Antwort, sondern fuhr fort: »Sie haben länger gebraucht, als ich dachte, aber es ging wohl nicht anders, wie?«

»Tut mir leid, Sir. Schlechtes Wetter, ungeübte Leute, das übliche.«

Damerum rieb sich die Hände, und wie herbeigezaubert erschien ein Diener.

»Brandy, Mann. Aber nicht die miese Sorte, die wir den Kommandanten anbieten!« Er lachte in sich hinein. »Mein Gott, was für ein Krieg, Bolitho. Immer weiter und weiter. Und kein Ende abzusehen.«

Bolitho wartete. Er war sich noch nicht klar über diesen seltsam sprunghaften Mann, der eine Menge redete, aber bis jetzt eigentlich noch nichts gesagt hatte.

Bolitho sagte: »Mein Flaggkapitän schickt Ihnen ein paar Vorräte herüber, Sir.«

»Vorräte?« Die Augen des Admirals folgten dem Brandy und den beiden Gläsern, die der Diener auf den Tisch gestellt hatte. »O ja, Mr. Fortnum, mein Lebensmittelhändler in London, tut sein Bestes, um mich nicht verhungern zu lassen, wissen Sie. Das ist nicht ganz einfach heutzutage.«

Bolitho wußte nicht, wer Mr. Fortnum war, hatte aber irgendwie das Gefühl, daß er es eigentlich hätte wissen müssen.

Der Brandy war mild und erwärmend und machte schläfrig, wenn man nicht aufpaßte.

»Nun, Bolitho, Sie werden wissen, daß Sie die Aufgabe meines Geschwaders übernehmen sollen. Die dänische Affäre scheint sich zur Zeit abgekühlt zu haben, aber meine Informationen gehen dahin, daß der Zar sich mit den Franzosen gegen uns verbünden will. Sie wissen von dem Vertrag, den er mit den Schweden zu schließen versuchte?« Wieder wartete er nicht auf Antwort, sondern fuhr schnell fort: »Er hängt noch immer an dieser Idee. Zusätzlich wird er darin von Preußen unterstützt. Gemeinsam könnten die beiden Dänemark zwingen, sich gegen uns zu entscheiden. Es ist eben nicht einfach, in Frieden neben einem wütenden Löwen zu leben.«

Bolitho versuchte sich vorzustellen, wie sein kleines Geschwader das Vordringen der vereinigten baltischen Flotten verhindern sollte. Beauchamp hatte ja gesagt, daß seine Aufgabe nicht leicht sein würde.

»Sollen wir in die Ostsee einlaufen Sir?«

Damerum machte seinem Diener ein Zeichen, die Gläser neu zu füllen.

»Ja und nein. Es wäre falsch, demonstrativ Stärke zu zeigen. Der Zar würde das zum Anlaß nehmen, das Feuer zu schüren. In einer Woche wären wir im Krieg. Aber eine kleine Streitmacht wie Ihre kann mit friedlichen Absichten hineinfahren. Meine Schiffe sind allen Spionen gut bekannt. Bald wird man wissen, daß ein neues Geschwader hier ist. Da es kleiner ist als meines, werden Spannung und Mißtrauen nachlassen.« Er lächelte und zeigte dabei sehr ebenmäßige Zähne. »Abgesehen davon, Bolitho: Wenn wirklich Schwierigkeiten auftreten sollten, sind wir bis zum nächsten Jahr hilflos. Bis März mindestens. Da wir die Schiffe des Zaren nicht in ihren Häfen packen können, müssen wir warten, bis das Eis geschmolzen ist. Bis dahin«, er schaute Bolitho fest an, »werden Sie die Dinge aus möglichst naher Entfernung beobachten.« Dann lachte er in sich hinein. »Aus sehr naher Entfernung, um es ganz deutlich zu sagen. Sie haben den Auftrag, nach Kopenhagen zu segeln und sich dort mit einem Beauftragten der britischen Regierung zu treffen.

Bolitho war erstaunt. »Wären Sie als ranghöherer Offizier nicht sehr viel besser für diese Mission geeignet, Sir?«

»Ihr Einwand ehrt Sie. Aber wir müssen behutsam vorgehen. Wenn ein zu junger Offizier kommt, müssen die Dänen sich geringschätzig behandelt fühlen. Kommt ein zu hoher Offizier, wittern sie bestimmt eine finstere Absicht oder gar eine Drohung.« Damerum zeigte mit dem Finger auf Bolitho. »Aber ein junger Konteradmiral ist genau der richtige Mann. Die Admiralität glaubt es jedenfalls, und ich habe meine Unterstützung zugesagt.«

»Nun gut, und ich danke Ihnen, Sir.« Bolitho wußte nicht recht, was er sagen sollte. Es kam alles so schnell: ein Geschwader, eine neue Station, und unmittelbar darauf war er schon wieder mit einem ganz anderen Auftrag unterwegs. Er hatte das Gefühl, daß er bald feststellen würde, wie außerordentlich nützlich ihm Browne noch werden konnte.

Damerum setzte plötzlich hinzu: »Wenn irgendwelche Zweifel auftreten, dann schicken Sie ein schnelles Schiff zu mir. Die Hälfte meines Geschwaders geht zur Überholung nach England, die übrigen Schiffe werden die Blockadekräfte vor Holland verstärken. Es steht alles in den Anweisungen, die mein Flaggleutnant dem Ihrigen gerade aushändigt. Die beiden können sich glücklich schätzen: haben das Schicksal einer ganzen Flotte in Händen, ohne dafür die Last der Verantwortung mit uns zu teilen, verdammt noch mal!«

Wasserspritzer prasselten gegen die Heckfenster wie Schrotkugeln. Es hatte angefangen zu regnen oder zu hageln.

Bolitho stand auf. »Ich werde meine neuen Instruktionen aufmerksam lesen, Sir Samuel.« Er streckte die Hand aus. »Vielen Dank für das Vertrauen, das Sie in mich gesetzt haben.«

Als er es sagte, kam ihm die wahre Bedeutung seiner Worte zu Bewußtsein, als hätte er eine Grenzlinie überschritten. Er mußte die Anweisungen so befolgen, wie er es vermochte. Niemand war in der Nähe, den er um Weisung oder Rat bitten konnte. Ob er nun richtig oder falsch handelte – es war einzig *seine* Entscheidung.

»Entschuldigen Sie, wenn ich Sie nicht am Fallreep verabschiede, Bolitho. Ich muß noch Briefe schreiben, die mit der Kurierbrigg nach England gehen sollen.« An der Tür, hinter der Browne mit einem sehr jung aussehenden Leutnant sprach, sagte Damerum noch: »Also viel Glück in Kopenhagen. Es soll eine sehr schöne Stadt sein, hat man mir erzählt.«

Nach einem halsbrecherischen Abstieg an der Bordwand des Flaggschiffs zwängten sich Bolitho und Browne in die Hecksitze des Admiralsbootes und hüllten sich in ihre Mäntel.

Mit klappernden Zähnen fragte Browne: »Alles klar, Sir? Ich wollte bei Ihnen bleiben, aber der Adjutant des Admirals wartete schon darauf, mich wegzulotsen. Man hat mir nicht einmal ein Gläschen angeboten.« Es klang ziemlich empört.

»Wir segeln nach Kopenhagen, Mr. Browne.« Bolitho sah ein Licht in des Leutnants Augen aufleuchten. »Gefällt Ihnen das?«

»Und ob, Sir.«

Es war gut, wieder an Bord der *Benbow* zu sein. Sie mochte noch neu und bis jetzt unerprobt sein, aber sie hatte schon etwas Persönliches und eine Wärme, die man auf dem Schiff, das sie eben besucht hatten, vermißte. Vielleicht war es Herricks Einfluß zuzuschreiben. Die Atmosphäre auf den Schiffen, dachte Bolitho, würde immer einen Rest Unerklärliches behalten.

Herrick kam zu ihm in die Kajüte und wartete geduldig, während Bolitho sich von seinem nassen Hut und Mantel befreite.

»Nach Kopenhagen, Thomas. Wir müssen gleich Kurs um Skagen absetzen. Ich werde das Geschwader informieren, was uns bevorsteht.« Er lächelte, als er Herricks ernstes Gesicht sah. »Soweit ich es selber weiß, natürlich.«

Mindestens einhundert Meilen waren es bis Skagen, dem nördlichsten Punkt Dänemarks. Bis dahin blieb Bolitho genügend Zeit, seine Anweisungen zu studieren und vielleicht zwischen den Zeilen zu lesen, was nicht darin stand.

Bolitho lag zurückgelehnt in einem Stuhl, während Allday ihn rasierte. Es war früher Morgen und jenseits der salzverkrusteten Fenster noch kaum hell, aber Bolitho war schon seit einer Stunde wach und dabei, sich auf einen entscheidenden Tag vorzubereiten, indem er noch einmal seine Instruktionen durchging und prüfte, ob er bisher irgend etwas übersehen hatte.

Es überraschte Bolitho, daß er innerlich so ruhig war. Er döste sogar etwas vor sich hin, während das Rasiermesser sanft über seine Kehle glitt, und hörte dem Platschen von Wasser und den taktmäßigen Schritten nackter Füße über seinem Kopf zu. Die Mannschaft war beim morgendlichen Deckswaschen.

Er glaubte, die Stimme des Bootsmanns zu hören: Swale – Big Tom, wie er genannt wurde – sprach seltsam, fast lispelnd. Das kam dadurch, daß er die meisten seiner Vorderzähne eingebüßt hatte, im Gefecht oder bei einer Prügelei. Herrick hielt Swale für einen guten Bootsmann. Jetzt inspizierte er offenbar einmal wieder das Achterdeck. Die ersten Wochen in See waren für ein neu gebautes Schiff immer kritisch. Das Bauholz war nicht so gut abgelagert gewesen, wie es hätte sein sollen, und so konnten bei den starken Schlingerbewegungen seltsame Dinge passieren.

Die *Benbow* war ein guter Segler, dachte Bolitho. Mehrmals schon hatten die andernen Zweidecker mehr Leinwand setzen müssen, um mitzukommen. Ein feines Schiff. Der bessere Teil eines ganzen Waldes hatte wohl dran glauben müssen, als sie gebaut wurde.

Bolitho fuhr so plötzlich im Stuhl hoch, daß Allday erschreckt ausrief: »Langsam, Sir! Fast hätte ich Sie geschnitten.« Dann sagte er: »Ich habe es auch gehört: Kanonendonner!«

Bolitho wollte zunächst aufstehen, lehnte sich dann aber wieder zurück. »Rasieren Sie mich fertig, bitte.« Er unterdrückte seine plötzliche Erregung. »Es gehört sich nicht, daß ich gleich an Deck stürze.«

Trotzdem fiel es ihm schwer. Bisher war er gewohnt gewesen, bei solchen Gelegenheiten sofort aufs Achterdeck zu gehen und sich selber ein Bild von der Lage zu machen. Er erinnerte sich an einen seiner ersten Kommandanten, dem er als junger Midshipman eine wichtige Meldung nach achtern in seine fürstliche Einsamkeit hatte bringen müssen.

Der Kommandant hatte ruhig, ein Glas Wein trinkend, in seiner Kajüte gesessen. Bolitho sah ihn noch deutlich vor sich: Als er seine Meldung herausgestammelt hatte, wandte der Kommandant sich lediglich um, nickte, und sagte: »Meine Empfehlung an den Ersten Offizier, Mr. Bolitho, ich käme in Kürze hinauf. Das heißt, wenn Sie noch ausreichend Puste für diese Meldung habe.«

Dabei hatte er es vielleicht, wie Bolitho jetzt, kaum ausgehalten, selber nach dem Rechten zu sehen.

Es gab ein Geräusch am Türvorhang, und Herrick trat ein.

»Guten Morgen, Thomas.« Bolitho lächelte. Es hatte keinen Zweck, vor Herrick Theater zu spielen, darum fügte er hinzu: »Ich hörte Schießen.«

Herrick nickte. »Der Peilung nach müßte es die *Lookout* sein, Sir, es kam von Nordosten.«

Bolitho wischte sich das Gesicht mit einem Handtuch ab und

stand auf. Das Deck unter seinen Füßen zitterte, als das Ruder in ein Wellental tauchte. *Lookout* war die kleine Korvette, und ihr Kommandant war Commander Veitch, Herricks ehemaliger Erster Offizier. Ein strenger Mann, aus Tynemouth gebürtig, äußerst zuverlässig, der seine Beförderung auf dem harten Wege erreicht hatte. Wenn er jetzt einen Gegner auf eigene Faust stellte, dann war er sicher unbedeutend. Jedenfalls hielt es Veitch offensichtlich nicht für notwendig, sein Flaggschiff zu informieren oder gar um Hilfe zu bitten. Das wäre ohnehin nicht seine Art gewesen.

Herrick meinte: »Vermutlich ein Blockadebrecher, Sir.«

Ozzard eilte mit Bolithos Mantel herbei und hielt ihn wie ein Torero, der einen Stier zum Angriff reizt.

Bolitho fragte: »Ist irgendeine unserer Fregatten in Sicht?« Der Klang weiterer Explosionen dröhnte über das Meer, kurz und scharf: die leichten Buggeschütze der *Lookout*.

Herrick antwortete: »Nicht, so lange ich an Deck war, Sir. Die *Relentless* müßte im Südwesten stehen und *Styx* auf unserer Leeseite, wie befohlen.«

»Gut.« Er schlüpfte in seinen Mantel, der sich feucht anfühlte. »Wir wollen selber nachschauen.«

Der Himmel hatte sich aufgehellt, als sie aus der Hütte traten. Wolfe eilte auf sie zu.

»Mastkorb meldet: ›*Lookout* in Sicht‹, Sir. Sie wird von einem kleineren Fahrzeug begleitet, entweder einer Brigg oder einem größeren Schiff, dem ein Mast weggeschossen wurde.« Grinsend fletschte er die Zähne.

Bolitho konnte Wolfes Gedanken lesen: Eine frühzeitige Eroberung bedeutete Prisengeld und ein Kommando für irgendeinen. Selbst ein vorübergehender Einsatz als Prisenkapitän war etwas, das man sich in Krisenzeiten wünschte. Und Glück dazu. Bolitho hatte beides gehabt und auf diese Weise sein erstes Kommando bekommen.

Leute huschten über das Achterdeck und räumten Pützen und Schrubber weg. Ihre Gesichter waren im schwachen Licht noch nicht zu erkennen. Aber allen war bewußt, daß ihr Admiral auf etwas wartete; was bedeutete es für sie? Ein Seegefecht? Tod oder Verstümmelung? Auf jeden Fall stand eine Unterbrechung im Einerlei ihrer täglichen Routine bevor.

Bolitho bemerkte einige Offiziere auf der Leeseite des Achterdecks: Byrd und Manley, den Vierten und Fünften Offizier, und

Courtenay, den noch jüngeren Sechsten, den Allday aus dem Admiralsboot verdrängt hatte.

Er mußte sich einmal Zeit nehmen, sie näher kennenzulernen. Jetzt war er schon froh, daß er die Denkweise der Offiziere kannte, die die Schiffe seines Geschwaders befehligten; aber wenn die *Benbow* in einen harten Kampf verwickelt wurde, konnte es geschehen, daß ein junger Leutnant nach einer vernichtenden Breitseite das Kommando übernehmen mußte.

Wolfe hatte ein Fernrohr vor dem Auge. »Da kommt die *Relentless,* Sir. Ich kann ihre Obersegel erkennen. Sie wittert wohl Pulvergeruch.«

Bolitho konnte sich vorstellen, was jetzt an Bord der Sechsunddreißig-Kanonen-Fregatte vorging. Er war mit ihrem jungen Kommandanten Rowley Peel nur zweimal zusammengetroffen. Er war der Außenseiter im Geschwader, aber schnell da, wenn es hieß, seine schwerfälligeren Gefährten zu schützen oder einen Feind zu vertreiben.

Der alte Grubb brummelte: »Besseres Wetter heut. Schön und klar.« Er versank wieder in Schweigen, die Hände tief in seinem schäbigen Wachmantel vergraben.

Wolfe entdeckte Pascoe auf der Backbord-Laufbrücke und rief barsch: »Würden Sie mal aufentern, Mr. Pascoe? Nehmen Sie ein Glas mit, und melden Sie, was Sie ausmachen können!«

Pascoe warf einem Matrosen seinen Hut zu und lief an die Luvwanten. Er war in dem dunklen Gewirr der Takelage über der Großrah schon verschwunden, bevor Bolitho seine Enterkünste verfolgen konnte. Bolitho dachte an seinen eigenen Abscheu vor solchen Höhen, und welche Überwindung sie ihn in Pascoes Alter gekostet hatten. Er fühlte, wie sein Mund sich zu einem Lächeln verzog. Es würde albern klingen, wenn er jemand erzählte, daß er es als einen der größten Vorteile seiner Beförderung empfunden hatte, nicht mehr in die schwindelnden Höhen der Masten aufentern zu müssen.

Pascoe meldete sich von oben, und seine Stimme übertönte klar das dröhnende Schlagen von Leinen und Leinwand.

»*Lookout* hat sie geschnappt. Es ist eine Brigg. Sie führt keine Flagge, aber jetzt setzen sie unsere.«

Mehrere der auf der Laufbrücke und dem Batteriedeck Herumstehenden jubelten, und Herrick rief: »So schnell? Gut gemacht, gut gemacht!«

Bolitho nickte. »Sie haben Ihrem Ersten Offizier viel beigebracht, Thomas.«

Leutnant Browne erschien am achteren Niedergang und fragte, während er seinen Mantel zuknöpfte: »Ich hörte Lärm. Was gibt's?«

Wolfe sagte zum Master: »Der wird uns nicht viel nützen.«

Herrick antwortete: »Wir haben eine Prise erobert, Mr. Browne. Ich fürchte, Sie haben das verpaßt.«

Einige der nahestehenden Seeleute stießen einander grinsend an. Bolitho spürte die Veränderung. Die Stimmung an Bord war schon besser.

»An Deck! Land in Sicht, Steuerbord voraus!«

Herrick und der Master eilten geschäftig in den Kartenraum unter der Hütte, um diese Entdeckung mit der Seekarte zu vergleichen.

Es mußte Skagen sein. Was die fremde Brigg betraf, so hatten sie Glück gehabt. Eine Stunde früher wäre sie unbemerkt vorbeigeschlüpft.

Bolitho sagte: »Ich gehe jetzt frühstücken. Melden Sie mir, wenn die *Lookout* nahe genug ist, um Signale austauschen zu können.«

Herrick stand am Schott zum Kartenraum und schaute nach den anderen Schiffen aus.

»Mr. Grubb meint, wir sind gegen Mittag bei Skagen, wenn der Wind uns treu bleibt.«

»Das nehme auch ich an. Wenn wir da sind, können Sie dem Geschwader signalisieren, daß es in Kiellinie ankern soll.« Bolitho nickte den Offizieren zu und ging nach achtern.

Herrick stieß einen Seufzer aus. Er neigte dazu, sich Sorgen zu machen, wenn Bolitho in der Nähe war, aber noch mehr Sorgen machte er sich, wenn er gegangen war.

Pascoe glitt herunter an Deck und holte sich seinen Hut zurück. Er wollte gerade nach achtern gehen, als eine kleine Gestalt zwischen zwei Achtzehnpfündern hervortrat und ihn ansprach. »Verzeihung, Sir.« Es war Midshipman Penels.

»Ja?« Pascoe blieb stehen und betrachtete den Jungen. ›War auch ich jemals so?‹ dachte er.

»Ich – ich weiß nicht, wie ich es erklären soll, Sir . . .«

Es klang so verzweifelt, daß Pascoe sagte: »Sprechen Sie sich ruhig aus.«

An Bord eines Kriegsschiffes war es praktisch unmöglich, sich zu einem vertraulichen Gespräch zurückzuziehen. Außer in der Kommandantenkajüte und möglicherweise in der Arrestzelle, befand man sich immer in einer Menge.

Pascoe wußte sehr wenig von dem neuesten Midshipman. Er kam aus Cornwall, und da hakte er ein.

Er sagte: »Sie sind aus Bodmin, glaube ich?«

»Ja, Sir.« Penels schaute sich um wie ein gefangenes Tier. »Da ist einer in Ihrer Division, Sir, mit dem ich zusammen aufgewachsen bin, zu Hause in England.«

Pascoe trat zur Seite, als eine Gruppe von Seesoldaten bei ihren komplizierten Einzelübungen vorbeistampfte.

Penels erklärte: »Er heißt John Babbage, Sir, und wurde in Plymouth von einem Preßkommando eingefangen. Ich wußte es nicht, bevor wir in See waren. Er hat für meine Mutter gearbeitet, nachdem mein Vater gestorben war, Sir. Er war gut zu mir, mein bester Freund.«

Pascoe schaute weg. Da konnte er sich nicht einmischen. Penels hätte zum Ersten Offizier oder zum Master gehen sollen. Aber er erinnerte sich an seine eigene Anfangszeit, an den langen, hungrigen Fußmarsch von Pensance nach Falmouth.

»Warum haben Sie sich an mich gewandt, Mr. Penels? Die Wahrheit!«

»Mein Freund sagt, Sie seien ein guter Offizier, Sir. Nicht so hart wie die anderen.«

Pascoe versuchte, sich ein Bild von dem unglücklichen Babbage zu machen: ein Junge mit einem scheuem Blick, eher in seinem als in Penels Alter.

»Nun, Mr. Penels, wir sind jetzt mit dem Geschwader in See. Wären Sie im Hafen zu mir gekommen, hätte ich vielleicht etwas tun können.« Er dachte an Wolfe und wußte, es hätte auch dann kaum einen Unterschied gemacht. Ein Schiff brauchte so viele Männer, wie es bekommen konnte.

Wolfe war in mancher Hinsicht ein guter Offizier, aber es mangelte ihm an Verständnis und Sympathie für die Opfer der Preßkommandos.

Es war hart für Penels und seinen Freund aus Kindheitstagen. Da waren sie nun auf dem gleichen Schiff, ohne voneinander gewußt zu haben, bevor sie sich auf See befanden, getrennt nicht nur durch Rang und Position, sondern auch durch des Schiffes eigene Geographie. Penels gehörte bei Segelmanövern zum achteren

Mast, und seine Gefechtsstation war an den Neunpfündern auf der Schanz. Babbage gehörte zu seiner Mannschaft am Vormast. Er war jung und flink und würde es bald lernen, wie die Toppsgasten aufzuentern; dann gehörte er – mit etwas Glück – zur Aristokratie der Seeleute.

Pascoe hörte sich selber sagen: »Ich werde sehen, was sich tun läßt. Aber ich kann nichts versprechen.«

Er wandte sich ab, da er die Dankbarkeit in Penels Augen nicht ertragen konnte.

Commander Matthew Veitch kam in Bolithos Kajüte und sah sich neugierig um. Die eine Epaulette auf seiner linken Schulter, die er seinem Rang entsprechend trug, glitzerte fremd auf seinem abgetragenen Wachmantel. Veitch hatte früher schon unter Bolitho gedient und wußte, daß er keinen Dank dafür geerntet hätte, wenn er sich vor seinem Besuch auf dem Flaggschiff Zeit zum Umkleiden genommen hätte.

Bolitho sagte: »Setzen Sie sich, und erzählen Sie mir alles.«

Es war ein sonderbares Gefühl, wieder zu ankern. Die vier Linienschiffe lagen in enger Formation, die dänische Küste in Sichtweite achteraus. Die Fregatten patrouillierten noch, wie Wachhunde ruhten sie nur selten.

Auch die Korvette und ihre Prise lagen bei Skagen vor Anker. Diese Bucht war in den vergangenen Monaten zum allgemeinen Treffpunkt und Rastplatz der englischen Flotte geworden.

Veitch streckte die langen Beine von sich. »Unsere Prise ist ein Handelsschiff, Sir, die *Echo* aus Cherbourg. Letzte Woche schlüpfte sie bei Sturm durch unsere Bewachungslinie, sagt ihr Kapitän. Sie versuchte, uns davonzulaufen, daher durchsuchte ich sie schnell.«

Bolitho warf einen Blick zum Achterschott. Dahinter war Browne, der gut französisch sprach, eifrig dabei, die Schiffspapiere der *Echo*, die Veitch mitgebracht hatte, durchzusehen: eine französische Brigg ohne auffallende Ladung oder Passagiere. Dennoch hatte sie beim Durchbrechen der Blockade einiges riskiert und mehr noch, als sie versuchte, der *Lookout* davonzusegeln.

»Wohin ist sie bestimmt?«

Veitch zuckte mit den Achseln. »Ihr Kapitän hat falsche Papiere, vermute ich. Aber die Karten wurden von einem Midshipman des Prisenkommandos im Lazarett gefunden, wo sie offenbar versteckt worden waren.« Er grinste. »Der Junge hat sicher nach etwas Eßbarem gesucht, aber ich will sein Verdienst deswegen nicht schmälern.« Er wurde wieder ernst. »Zwei Orte sind unterstrichen: Kopenhagen und Stockholm.«

Herrick wandte sich beunruhigt von den Heckfenstern ab und sagte: »Hier stinkt etwas, Sir!«

Bolitho sah ihn an. »Denken Sie das gleiche wie ich, Thomas? Daß die Franzosen bei der Unzufriedenheit des Zaren ihre Hand im Spiel haben?«

Herrick erwiderte: »Da bin ich ganz sicher, Sir. Je mehr sie unter ihren Hut bekommen können, desto lieber ist es ihnen. Wir haben die ganze Welt gegen uns, wenn sie Erfolg haben.«

Die Tür ging auf, und Browne kam herein. Er hielt einen Brief in der Hand, das aufgebrochene Siegel schimmerte matt wie Blut. Er hob fragend die Augenbrauen.

»Was steht drin?« Bolitho wußte, daß Browne niemals eine Information in Gegenwart anderer ohne seine Erlaubnis preisgegeben hätte.

»Er ist an einen Abgesandten der französischen Regierung in Kopenhagen gerichtet, Sir.«

Sie sahen einander an. Das roch nach verabredeter Zusammenkunft von Freunden und Feinden.

Browne fuhr in seinem unbewegten Ton fort: »Der Brief kommt vom Militärbefehlshaber in Toulon und ist über Paris und Cherbourg gelaufen.«

Herrick konnte seine Ungeduld nicht mehr zügeln. »Machen Sie es doch nicht so spannend, Mann!«

Browne warf ihm nur einen kurzen Blick zu. »Die französischen Besatzungstruppen in Malta haben sich dem britischen Blockadegeschwader ergeben, Sir. Schon im vorigen Monat.«

Herrick schien verblüfft. »Also eine gute Neuigkeit. Malta in unserer Hand, das heißt, daß die Franzmänner im Mittelmeer künftig vorsichtiger auftreten müssen.«

Browne verzog keine Miene. »Es dürfte bekannt sein, Sir, daß Zar Paul von Rußland sogenannter Großmeister der Ordensritter von Malta ist. Als die Franzosen Malta seinerzeit eroberten, war er wütend. Der Brief erklärt, daß die Franzosen dem Zar die Herrschaft auf Malta angeboten hatten; selbstverständlich wußten sie genau, daß die Insel früher oder später in britische Hände fallen würde.«

Herrick machte eine hilflose Geste. »Ich sehe noch immer nicht, wie wir da hineinpassen.«

Bolitho sagte ruhig: »Die Briten werden Malta nicht wieder aufgeben, Thomas. Die Insel ist zu wichtig für uns, wie Sie selber eben feststellten. Die Franzosen haben also einen schlauen Zug getan. Was gäbe eine bessere Gelegenheit, den Zaren und seine Freunde endgültig gegen uns aufzuhetzen? Wir und nicht die Franzosen stehen jetzt zwischen ihm und Malta.«

Browne sagte: »Das ist genau der Sachverhalt, Sir.«

»Offenbar wußte Sir Samuel Damerum nichts davon. Wegen des schlechten Wetters ist die Neuigkeit nicht zu ihm gelangt.«

Veitch räusperte sich. »Aber *Sie* haben den Brief, Sir.«

Bolitho lächelte flüchtig. »Ich habe ihn, dank Ihnen.«

»Werden Sie dementsprechend handeln, Sir?« Browne beobachtete ihn unbewegt.

Bolitho ging an die Fenster und starrte auf die vor Anker liegenden Schiffe. »Es ist niemand sonst hier. Ich glaube, je eher wir handeln, desto besser.«

Herrick sagte: »Das geht über mein Verständnis, Sir.«

Bolitho kam zu einer ganzen Reihe von Entschlüssen. Wahrscheinlich kam alles schon zu spät, denn Kuriere konnten Kopenhagen längst auf dem Landweg erreicht haben. Aber im gegenteiligen Falle würde er von der Admiralität keinen Dank für langsames Vorgehen ernten.

»Rufen Sie meinen Schreiber. Ich werde Befehle für die Brigg aufsetzen. Commander Veitch, Sie können ein Prisenkommando für sie auswählen. Ich möchte, daß sie schleunigst nach Great Yarmouth segelt. Wählen Sie einen intelligenten Prisenkapitän, denn er muß meinen Bericht auf dem schnellsten Weg nach London bringen.« Er sah Herrick an. »Ich werde meine Flagge auf *Styx* setzen. Machen Sie ein entsprechendes Signal.« Er bemerkte, wie sich auf Herricks rundem Gesicht Gegenargumente und Protest sammelten, und fügte daher ruhig hinzu: »Ich möchte nicht, daß Sie die *Benbow* und mich vor die Kanonenrohre von Helsingör segeln müssen, falls wir schon im Kriege sind. Falls wir aber noch Frieden haben, wird eine Fregatte weniger bedrohlich wirken.«

Der Schreiber Yovell war bereits in der Kajüte und öffnete seinen kleinen Schreibtisch, der für solche Gelegenheiten bereitstand.

Bolitho sah Veitch an. »Sie werden hier so lange die Aufgaben von *Styx* übernehmen.«

Aus dem Augenwinkel sah er, daß Yovell Schreibfedern und Tinte bereitgelegt hatte, um die neuen Befehle für die Brigg, den Bericht an die Admiralität und – falls es verlangt worden wäre – auch ein Todesurteil niederzuschreiben.

Zu Herrick gewandt, sagte Bolitho: »Sie werden das Geschwader bis zu meiner Rückkehr führen. Wenn ich länger als eine Woche fortbleibe, ohne von mir hören zu lassen, werden Sie entsprechend selbständig handeln.«

Herrick sah ein, daß er geschlagen war. »Und wann werden Sie starten?«

»Ich hoffe, noch vor Anbruch der Dunkelheit an Bord der *Styx* und unterwegs zu sein.«

Nachdem Herrick und Veitch gegangen waren, um ihren Anweisungen entsprechend zu handeln, fragte Bolitho den Leutnant: »Glauben Sie, daß ich unklug handle?« Er sah in Brownes Gesicht den seltenen Ausdruck von Unsicherheit und fügte hinzu: »Los, Mann, Sie sollten mich nach einer Woche zusammen auf See gut genug kennen, um zu wissen, daß ich Ihnen nicht den Kopf abreiße, wenn ich dem nicht zustimme, was Sie sagen. Aber es mag sein, daß ich es nicht beachte.«

Browne zuckte mit den Achseln. »Einerseits teile ich die Besorgnis des Flaggkapitäns, Sir. Ich kenne Ihren Werdegang und habe von vielen Ihrer früheren Unternehmungen mit Bewunderung gelesen.« Er sah Bolitho gerade ins Auge. »Genau wie Kapitän Herrick kenne auch ich Sie als kämpfenden Seemann, nicht als Diplomaten.«

Bolitho erinnerte sich an seinen Besuch auf Damerums Flaggschiff. Er hatte es eigenartig gefunden, daß Damerum nicht selber die Initiative ergriff. Er war ein angesehener älterer Flaggoffizier. Viele Leute hätten es von ihm erwartet, ja gefordert.

Browne setzte ruhig hinzu: »Aber man hat Ihnen jetzt wenig Spielraum gelassen, Sir. Ich würde Ihnen nur raten, und zwar aus meiner Kenntnis von Sir George Beauchamp heraus, recht behutsam vorzugehen. Sieger zu sein, ist leicht, aber ein Sündenbock ist oft noch leichter gefunden.«

Herrick kam zurück und massierte sein Hände. Er sah verfroren aus.

»*Styx* hat Ihr Signal bestätigt, Sir. Darf ich empfehlen, ein paar Leute zusätzlich mitzunehmen?« Er grinste reuig. »Ich habe eingesehen, daß mein Einspruch nichts mehr nützt. So habe ich mir erlaubt, Mr. Wolfe zu sagen, daß er dreißig Seeleute und ein paar jüngere Offiziere abstellt. Zusätzlich einen Offizier und vielleicht einen Fähnrich für Botschaften und so weiter.«

Bolitho nickte. »Das war sehr aufmerksam, Thomas. Ich denke, auch Kapitän Neale wird dem zustimmen.«

Herrick seufzte. »Kapitän Neale.« Er schüttelte den Kopf. »Ich sehe ihn immer noch als fettbeschmierten Cherubim, den wir durch das Luftrohr schoben.«

Bolitho sammelte seine Gedanken. Sie waren zu oft davongeschossen wie ausrauschende Leinen, die sich dann plötzlich in ihren Blöcken verhedderten.

Was Browne gesagt hatte, war vernünftig.

»Schön, Yovell, schreiben Sie, was ich diktiere!«

Herrick fragte im Fortgehen: »Welcher Leutnant, Sir?«

»Mr. Pascoe.« Er lächelte. »Aber ich glaube auch, das haben Sie bereits vorgesehen.«

IV Die *Ajax*

Allday und Ozzard trugen eine kleine Seekiste mit Bolithos Kleidern und Privatsachen und setzten sie in der Kajüte der *Styx* ab.

Kapitän Neale beobachtete Bolitho, der sich im Raum umschaute, und sagte: »Ich hoffe, Sie fühlen sich wohl hier, Sir.«

Neale hatte sich nicht allzusehr verändert. Er war nun lediglich eine etwas größere Ausgabe des pausbäckigen Seekadetten, wie Herrick ihn beschrieben hatte. Aber er besaß seinen Rang und seinen Posten zu Recht, weil er seine frühen Erfahrungen gut anzuwenden gewußt hatte.

Bolitho antwortete: »Es weckt Erinnerungen, Captain Neale. Einige schlechte, aber noch mehr gute.«

Er sah, daß Neale verlegen von einem Fuß auf den anderen trat, weil er wieder an Deck wollte.

»Machen Sie ruhig weiter, Captain. Bringen Sie Ihr Schiff in Marsch, und sehen Sie zu, daß wir so weit vorankommen wie möglich. Der Master der *Benbow* hat mich gewarnt, daß wir Nebel bekommen würden.«

Neale zog eine Grimasse. »Das könnte in dem engen Fahrwasser gefährlich werden, Sir. Und wenn der alte Grubb Nebel voraussagt, dann wird es auch welchen geben.« Er verließ die Kajüte, nicht ohne Allday zuzunicken, der voller Bewunderung murmelte: »Der ist nicht verdorben, Sir. Hab' ihn immer gemocht.«

Bolitho verbarg ein Lächeln. »Verdorben? Captain Neale ist ein Offizier des Königs und kein Stück Salzfleisch!«

Vom Achterdeck hörte Bolitho laute Kommandos. »Setzen Sie sich in Bewegung, Mr. Pickthorn! Schicken Sie Leute an die Brassen, und zwar schnell, wenn's recht ist! Und wenn wir vom Ankerplatz weg sind, möchte ich, daß die Bramsegel gesetzt werden!«

Füße trampelten über das Deck, und Bolitho fühlte, wie der Boden der Kajüte sich neigte, als die *Styx* auf den plötzlichen Druck in den Segeln reagierte. Er setzte sich auf die Heckbank und musterte den Raum. Drei Fregatten hatte er während seiner Dienstzeit befehligt, die letzte, die sechsunddreißig Kanonen zählende *Tempest,* im südlichen Pazifik. Damals war es, als sie zum erstenmal von der blutigen Revolution in Frankreich gehört hatten. Kurz danach war der Krieg ausgebrochen und hatte seither angedauert.

Bolitho hätte gern gewußt, ob Pascoe das Schiff schon genau untersuchte, in Erinnerung an seines Onkels Versprechen, ihm bald zu einem Wechsel zu verhelfen. Es würde schmerzlich sein, ihn so schnell wieder zu verlieren. Aber alles andere wäre selbstsüchtig gewesen, mußte Bolitho sich eingestehen.

Allday murmelte: »Wir sind querab von der *Benbow,* Sir.« Er lächelte. »Sieht gewaltig aus von hier unten.«

Bolitho beobachtete sein Schiff, als es durch sein Blickfeld glitt: schwarz-gelb gemustert, glitzernd in Gischt und Nieselregen. Ihre oberen Rahen mit den lose zusammengerollten Segeln verschwammen im Dunst, also traf Grubbs Voraussage wohl jetzt schon ein. Bestimmt ein weiterer Anlaß für Herrick, sich Sorgen zu machen.

Schließlich kam Browne in die Kajüte und meldete, daß die *Styx* frei vom Ankerplatz sei und Pascoe dafür gesorgt habe, daß die zusätzlich mitgebrachten Leute im Schiff untergebracht wurden. Fast nebenbei sagte er: »Der Kommandant meint, daß wir noch flott um Skagen herumkommen, aber danach, glaubt er, wird der Nebel dick werden.«

Bolitho nickte. »Dann ankern wir eben. Wenn der Nebel schlecht für uns ist, wird er auch andere daran hindern, sich zu bewegen.«

Um diese Jahreszeit war Nebel so häufig wie eisige Winde. Beide brachten Gefahren, und beide wurden von den Seeleuten gleichermaßen gefürchtet.

Auch als die Fregatte Skagen gerundet und mit einer Halse auf südlichen Kurs gedreht hatte, um nun an der Ostküste Jütlands hinunterzusegeln, konnte Neale melden, daß der erwartete Nebel nicht mehr war, als etwas dickerer Dunst. Die dickste Suppe hing unter Land und hatte sich offenbar in der Bucht gefangen, die sie gerade hinter sich gelassen hatten.

Herrick würde damit leicht fertigwerden, doch wenn man ihm ein ernstgemeintes Kompliment dafür machte, hätte es ihm die Sprache verschlagen.

Sie sichteten nur wenige Fahrzeuge, und auch das waren nur kleine Küstensegler und Fischer, die sich dicht unter Land hielten und gewiß auf der Hut waren, als die schlanke Fregatte durch das Kattegatt gegen den engen Sund zwischen Dänemark und Schweden vorstieß: den Eingang zur Ostsee, eine Zuflucht oder eine Falle, je nachdem, mit welchen Absichten man kam.

Sobald es dunkel war, bat Neale um Erlaubnis zum Ankern. Als die *Styx* dann langsam vor ihrer Ankertrosse schwojte und die Dunstschwaden in der Takelage sie wie ein Phantomschiff erscheinen ließen, ging Bolitho auf dem Achterdeck auf und ab und beobachtete die blassen Sterne und das gelegentliche Aufblitzen eines Lichtes an Land.

Styx hatte nur eine einzige Ankerlaterne, und die Wachtposten, die auf der Back und den Laufbrücken standen, waren voll bewaffnet. Mr. Pickthorn, der Erste Offizier, hatte sogar Enternetze ausgebracht.

Um ganz sicherzugehen, hatte Neale gesagt.

Pascoe tauchte aus der Dunkelheit auf und wartete auf einen günstigen Augenblick, um etwas melden zu können.

Bolitho nickte ihm zu. »Komm, laß uns ein Weilchen auf- und abgehen. Wenn man längere Zeit stehenbleibt, fühlt sich das Blut wie Gletscherwasser an.«

Sie gingen vorbei an den Männern der Wache und einigen Offizieren, die sich in der kalten Luft ebenfalls etwas Bewegung machten.

»Unsere Leute sind untergebracht, Sir.« Pascoe warf Bolitho einen schnellen Blick zu. »Ich habe Midshipman Penels als Boten mitgenommen. Ich meinte, er sei dazu noch etwas jung, aber Mr. Wolfe sagte, irgendwann müsse er mal anfangen.« Er lachte in sich hinein. »Er hat recht, denke ich.«

»Morgen werden wir in Kopenhagen einlaufen, Adam. Dort soll ich einen hohen britischen Beamten treffen.«

Er blickte hinüber zu den schwachen Lichtern an Land. Die Nachricht mußte schon weitergeleitet sein: ein britisches Kriegsschiff, eines von dem neuen Geschwader. Was bedeutete das? Warum kam es?

»Es gibt da einige Fragen, auf die ich zu meiner Beruhigung Antwort brauche.«

Pascoe drängte sich nicht in Bolithos Gedanken, auch wenn er sie laut aussprach. Er dache an Midshipman Penels und seinen Freund Babbage. Durch einen Zufall oder durch die Gleichgültigkeit eines Unteroffiziers war auch Babbage mit auf der *Styx*.

Plötzlich fragte Bolitho: »Wie kommst du mit meinem Flaggleutnant aus, dem ehrenwerten Oliver Browne?«

Pascoe lächelte, seine Zähne blitzten dabei in der Dunkelheit. »Mit einem ›e‹ am Schluß, Sir. Sehr gut. Er ist ein seltsamer Kerl, ganz anders als die meisten Seeoffiziere. Das heißt: als die meisten, die ich bisher kennengelernt habe. Er ist immer so ruhig und beherrscht. Ich glaube, wenn die Franzosen in diesem Augenblick an Bord gestürzt kämen, würde er erst seine Mahlzeit beenden, bevor er zum Kampf zu uns stieße.«

Kapitän Neale kam an Deck, und Pascoe verabschiedete sich.

Bolitho sagte: »Es scheint alles ruhig zu sein, Captain.«

»Das glaube ich auch.« Neale spähte durch die herunterhängenden Netze. »Aber ich bin vorsichtig. Kapitän Herrick würde mich aufspießen, wenn ich seinen Admiral auflaufen ließe.«

Bolitho sagte ihm gute Nacht und ging in seine Kajüte. Er hatte nicht gewußt, wie bekannt Herricks Ergebenheit ihm gegenüber war.

»Lassen Sie das Großsegel bergen, Mr. Pickthorn.« Kapitän Neale stand sehr ruhig mit verschränkten Armen da, als die Fregatte nur noch unter Marssegeln, Fock und Klüver vorwärtsglitt.

Die kalte Luft, die eisigen Tropfen, die wie Regen von den Schlechtwettersegeln herunterfielen, waren vergessen, als die *Styx* sich langsam auf die Einfahrt in den Öre-Sund zubewegte. Zwei starke Festungen, Helsingborg auf dem schwedischen, Kronborg auf dem dänischen Ufer, konnten selbst dem abgebrühtesten Mann an Bord Respekt einflößen.

Bolitho nahm ein Fernrohr und richtete es auf die dänische Festung. Man brauchte eine ganze Armee und außerdem eine monatelange Belagerung, um sie einzunehmen, dachte er ingrimmig.

Es war fast Mittag, und je näher die Fregatte der Einfahrt und den beiderseits drohenden Batterien gekommen war, desto mehr wurden sie sich der Aufregung bewußt, die das Erscheinen der *Styx* hervorrufen mußte. Keine Spur eines Willkommensgrußes war zu sehen, aber auch nichts, was auf Feindseligkeit schließen ließ.

Bolithos Blick schweifte über die Oberdecks. Neale hatte alles gut vorbereitet, sein Schiff sah so tadellos aus wie möglich. Die Seesoldaten in ihren auffallenden roten Röcken standen in Korporalschaften auf der Schanz angetreten. Keiner von ihnen war in den Marsen, und auch keins der leichten Geschütze war dort oben aufgestellt. Seeleute versahen ruhig ihren Dienst, während andere bereitstanden, um mehr Segel für eine eventuelle Flucht zu setzen oder um die restlichen einzuholen und zu ankern.

Neale sah Bolitho fragend an. »Soll ich mit dem Salut anfangen?«

»Bitte sehr.«

Neale befahl energisch: »Mündungspfropfen entfernen! Stückpforten öffnen!«

Dabei dachte er wahrscheinlich daran, daß seine Geschütze ungeladen dastehen würden, sobald der volle Landessalut erst abgeschossen war. Aber wenn er die Breitseite mit mehr Leuten bemannt hätte, als für das Ritual unbedingt erforderlich, hätte das vielleicht wie ein kriegerischer Akt ausgesehen.

»Kanonen ausrennen!« Polternd und ächzend steckten die Geschütze der *Styx* ihre schwarzen Mündungen ins grelle Licht.

»Klar zum Flaggedippen!«

Bolitho biß sich auf die Lippen. Noch immer kein Zeichen von Land. Er musterte die ausgedehnten Artillerieanlagen. Der Wind hatte erheblich nachgelassen. Wenn die Dänen jetzt das Feuer eröffneten, würde es für die *Styx* schwer sein, zu wenden und sich freizusegeln. Unter diesen Bedingungen konnten sie in Minuten zusammengeschossen sein.

»Fangen Sie an mit dem Salut, Mr. Pickthorn!«

»Erstes Geschütz: feuern!«

Der Abschußknall rollte über das kabbelige Wasser, und unmittelbar darauf antwortete eine Batterie unterhalb der Festung. Schuß auf Schuß. Gleichzeitig wurde die dänische Flagge, die wie eine Metallplatte an einer hohen Stange in den Himmel ragte, langsam zum Salut gedippt.

Allday wischte sich den Mund mit dem Handrücken. »Puh, das hat Nerven gekostet!«

Bolitho sah, wie der Stückmeister der *Styx* von Geschütz zu Geschütz eilte und jedem mit der Faust das Zeichen zum Feuern im richtigen Zeitabstand gab.

Man erkannte jetzt auch Leute an Land. Einige liefen mit und winkten. Was sie riefen, konnte man aber auf die Entfernung nicht verstehen.

Die letzten Geschütze gaben ihren Schuß ab, und der Pulverqualm trieb über die Galionsfigur der Fregatte nach vorne.

Kapitän Neale machte eine Ehrenbezeigung zu Bolitho hin und sagte: »Ich glaube, wir sind gnädig aufgenommen, Sir.«

»Ein Wachboot kommt längsseit, Sir!«

»Nehmen Sie die Fock weg, Mr. Pickthorn und machen Sie alles klar zum Empfang unserer Besucher!«

Männer legten auf der Fockrah aus, schlugen fluchend auf das steife Segeltuch ein, während sie sich bemühten, es angesichts der Zuschauermenge an Land besonders fix aufzuholen und festzumachen.

Das Wachboot war ein interessantes Fahrzeug. Länger als ein normales Schiffsboot, wurde es mit den längsten Riemen gerudert, die Bolitho je – außer bei einer Schebecke – gesehen hatte. An jedem Riemen saßen zwei Mann, und direkt hinter dem gefährlich aussehenden Vorsteven stand ein einzelnes schweres Geschütz. Dieses Miniatur-Kanonenboot konnte mit seinen Riemen jedes Fahrzeug, das größer als eine Fregatte war, ausmanövrieren und ihm von achtern schwere Kanonenkugeln ins ungeschützte Heck jagen, ohne dabei selber in Gefahr zu geraten. Selbst eine Fregatte war gefährdet, wenn plötzlich der Wind aussetzte.

Bolitho sah sich die Gestalten im reich verzierten Cockpit des Bootes an: zwei dänische Seeoffiziere und zwei Zivilisten, einer davon – wenn nicht beide – offenbar Engländer. Sie waren eher für einen Spaziergang im Hydepark angezogen als für eine Fahrt über offenes Wasser im Oktober.

»Fallreepsgäste Achtung! Seesoldaten antreten«

Mr. Charles Inskip, der hohe Regierungsbeamte, den in jeder Weise zu unterstützen Bolitho angewiesen worden war, saß steif in einem von Kapitän Neales Stühlen und prüfte die erbeuteten französischen Papiere. Er hielt sie auf Armeslänge von sich ab, und Bolitho schloß daraus, daß seine Augen nicht mehr so gut waren, wie sie sein sollten. Sein Begleiter, Mr. Alfred Green, offenbar weniger wichtig, stand neben dem Stuhl und las mit, bei jeder gewendeten Seite den Mund spitzend.

Bolitho hörte die dänischen Seeoffiziere hinter dem Schott lachend erzählen und nahm an, daß sie – wie es Tradition war – von Neale und einigen seiner Offiziere gastlich bewirtet wurden. Regierungen konnten aus fast jeder Situation Kriege machen, aber Seeleute, die einander in vertrauter Umgebung trafen, zerstritten sich selten.

Browne blinzelte Bolitho zu, als Inskip den Brief mit dem aufgebrochenen Siegel noch einmal las.

Bolitho fiel auf, daß Inskip nicht mit der Wimper zuckte, wenn über ihnen Seeleute trampelten, ein schwerer Block oder eine Talje auf die Decksplanken fiel. Er war offenbar ein vielgereister Mann und an Schiffe aller Art gewöhnt.

Inskip mußte etwa fünfzig sein, schätzte er. Er war elegant, aber nicht auffallend, in einen grünen Rock mit gleichfarbiger Kniehose gekleidet. Sein Kopf war fast kahl, sein restliches Haar und der unmoderne Zopf hingen wie ein ausgefranstes Tauende über den Kragen.

Er blickte plötzlich auf. »Das sind schlimme Neuigkeiten, Admiral.« Seine Stimme war scharf, ähnlich der von Beauchamp. »Ich danke Gott, daß Sie es fertiggebracht haben, sie abzufangen.«

»Pures Glück, Sir.«

Ein flüchtiges Lächeln ließ die Züge des Mannes jünger erscheinen. »Wo wären wir ohne dem?«

Der Begleiter sagte: »Sie hätten einen heißeren Empfang gehabt, Admiral, wenn die Brigg *Echo* vor Ihnen angekommen wäre.«

Inskip runzelte die Stirn über die Unterbrechung. »Ich habe einige Fortschritte bei der dänischen Regierung erzielt. Sie möchte nicht in die vom russischen Zaren vorgeschlagene Allianz eintreten, aber der Druck nimmt zu. Sie mögen gerade zur rechten Zeit gekommen sein. Ich danke Gott, daß Sie so klug waren, mit einem kleinen Kriegsschiff zu kommen und nicht mit einem Dreidecker oder dergleichen. Das ist hier ein Pulverfaß, obgleich die Dänen, wie Dänen nun einmal sind, es zu ignorieren versuchen. Ich würde sehr gern einmal in besseren Zeiten hierherkommen.«

Bolitho fragte: »Wünschen Sie, daß ich an Land komme?«

»Ja. Ich werde Ihnen Nachricht geben. Das Wachboot wird Sie zum vorgesehenen Ankerplatz lotsen.« Er warf einen schnellen Blick zur Tür. »Es liegt schon eine französische Fregatte im Hafen. Weisen Sie Ihre Leute an, jeden Kontakt mit ihr zu vermeiden.«

Bolitho sah Browne an. Eine weitere Komplikation, und sie hatten noch kaum begonnen.

Inskip tippte auf den Brief. »Jetzt, da ich dies hier gelesen habe, glaube ich den Grund ihrer Anwesenheit zu verstehen. Ich wurde von Seiner Majestät Regierung hergeschickt, um zu verhindern, daß die Dänen in die Sache verwickelt werden. Und die Franzosen sind sicher hier, um das Gegenteil zu bewirken. Aber unser kleines Geschwader kann – wenn das Schlimmste eintritt – die Flut nicht aufhalten, bis wir eine ganze Flotte versammelt haben. Und selbst dann: Die Russen und Schweden sollen zusammen sechzig Linienschiffe besitzen, und die Dänen haben weitere dreißig in Bereitschaft.«

Bolitho erwärmte sich allmählich für diesen seltsamen Mann. Er wußte offenbar alles, selbst die Größe seines Geschwaders. Die Tatsache, daß er Inskip einige Informationen geliefert hatte, ließ ihn eher bescheiden als überlegen auftreten.

Inskip stand auf, wobei er Ozzard, der mit einem vollen Tablett kam, abwinkte. »Nicht jetzt, danke. Wir brauchen klare Köpfe.« Er lächelte. »Zum Beispiel schlage ich vor, daß Sie Ihrem Kapitän befehlen, den Ankerplatz aufzusuchen. Sie haben schon genug Neugier und Rätselraten ausgelöst. Wenn man Sie nun tatsächlich an Land gehen sieht, würde das dem Klatsch bestimmt neue Nahrung liefern, nicht wahr?« Er ergriff seinen Hut und fügte hinzu: »Tut mir leid, daß Sie ein Zusammentreffen mit einem anderen Reisenden aus England verpaßt haben.«

Bolitho erlaubte Allday, ihm für diesen offiziellen Anlaß seinen glitzernden Ehrensäbel anzuschnallen, bemerkte aber den Widerwillen in seinem Blick.

»Oh, wer war das?«

»Rupert Seton. Soviel ich weiß, ist er der Bruder Ihrer verstorbenen Frau.«

Bolitho starrte Allday an, innerlich plötzlich wie erstarrt. Seton – er sah ihn wieder als jungen Midshipman vor sich, bei dem unglücklichen Versuch, Toulon für die französischen Royalisten zurückzuerobern. Ein schmächtiger Junge, der stotterte. Und er hatte eine Schwester gehabt, so schön, daß Bolitho ihr Bild ständig vor Augen stand.

»Seton hat mir natürlich von der Tragödie erzählt.« Inskip bemerkte den Sturm nicht, den er in Bolithos Seele ausgelöst hatte. »Ein vortrefflicher und intelligenter junger Mann. Er hat einen guten Posten bei der Ostindischen Handelsgesellschaft – wo auch ich wäre, wenn ich ein bißchen Verstand besäße. Bei der Regierung Pitts bekommt man mehr Fußtritte als Geld.«

Bolitho fragte ruhig: »Sie haben ihn hier gesehen?«

»Ja. Er war auf der Durchreise nach England. Ich riet ihm zur Eile, sonst wäre er noch hier. Aber der Krieg kann sich jeden Tag ausweiten, und ich wollte nicht, daß ein Vertreter der Handelsgesellschaft hier interniert würde.«

Bolitho sagte: »Geleiten Sie bitte die Herren zu Kapitän Neale, Mr. Browne. Meine Empfehlung an den Kommandanten, und sagen Sie ihm, unsere Besprechung sei zu Ende; wir könnten weitersegeln.« Er sah die beiden Herren unbewegt an. »Ich bin sicher, Sie wollen gern noch vor mir an Land.«

Inskip schüttelte ihm herzlich die Hand. »Wir werden uns wiedersehen.« Er senkte seine Stimme. »Tut mir leid, daß ich schmerzliche Erinnerungen wachrief. Ich hatte es gut gemeint.«

Als die Tür sich hinter Browne und den anderen geschlossen hatte, rief Allday verzweifelt aus: »Verdammt noch mal, Sir! Und das nach so langer Zeit. Das ist nicht richtig!« Er zügelte seinen Ausbruch und fügte hinzu: »Soll ich Mr. Pascoe holen, Sir?«

Bolitho setzte sich hin und nahm seinen Säbel ab. »Nein, aber ich würde es gern sehen, wenn Sie hierblieben.« Er schaute hoch, seine Augen flehten: Wird es denn niemals nachlassen? Ich habe töricht gehandelt, habe sogar Freunde beschämt, immer in der Hoffnung, Frieden zu finden.

Allday ging zum Tisch hinüber und riß Ozzard fast den Becher aus der Hand. »Hier, Sir, trinken Sie das. Und Tod und Verdammnis dem Krieg und allen, die ihn schüren!«

Bolitho kippte den Brandy hinunter und wäre fast erstickt, so brannte er ihm in der Kehle.

Er sah sie wieder, von der Kirchentür umrahmt, eine Hand auf dem Arm ihres Bruders, gerade so wie Herricks Braut, als sie zum Altar geführt wurde.

Fast zu sich selber sagte er: »Vielleicht war es sogar gut, daß wir einander nicht getroffen haben. Vielleicht gibt Rupert mir die Schuld an Cheneys Tod. Sie war allein, als sie mich brauchte. Seeleute sollten nie heiraten, Allday. Es ist grausam denen gegenüber, die sie zurücklassen.«

Allday machte eine heftige Kopfbewegung zu Ozzard hin, der die Kajüte wie hypnotisiert verließ. »Für einige mag das richtig sein, Sir. Aber nicht für die Besonderen.«

Bolitho stand auf und befestigte den Säbel wieder an seiner Hüfte. »Und sie war etwas Besonderes!« Er nickte Allday kurz zu. »Vielen Dank. Jetzt bin ich soweit.«

Allday sah ihn sich straffen und dann automatisch bücken, um nicht an den Decksbalken zu stoßen, als er schnellen Schrittes zum Achterdeck hinausging.

Es war schlimm heute, dachte Allday, schlimmer als seit langer Zeit. Der Schmerz war noch da, in Deckung wie ein wildes Tier, aber bereit, hervorzubrechen und ihn zu vernichten.

Er folgte Bolitho an die kalte Luft, beobachtete, wie er den beiden Dänen die Hände schüttelte, bevor er sie zum Fallreep begleitete und zusah, wie sie in ihr Boot kletterten. Dann ein Lächeln zu Neale und noch ein Handschlag mit dem dänischen Lotsen, der dem Master auf ihrem letzten Stück des Wegs beistehen sollte.

Pascoe ging mit einigen Seeleuten vorbei, um das Beiboot der Fregatte zum Aussetzen klarzumachen, falls es verlangt wurde.

Wieder sah Allday ihren kurzen Austausch von Blicken, wie zwischen Brüdern. Worte waren dabei überflüssig.

Aber diesmal wäre Allday gern ohne das Privileg ausgekommen, diese Beziehung zu kennen und zu teilen. Er kannte Bolitho zu gut, als daß er sich durch seine äußerliche Ruhe täuschen ließ. Es war kein leichtes Geheimnis, daß er für sich behalten mußte.

In einer schönen Stadt wie Kopenhagen an Land zu gehen, war ein besonderes Erlebnis für Bolitho. Er wäre gern auf den Plätzen herumgestreift, die von eindrucksvollen Bauten und hohen, mit grüner Patina bedeckten Türmen gesäumt waren und aussahen, als ob sie schon seit Ewigkeiten stünden. Dazwischen gab es einladende kleine Gassen, die Bolitho nur kurz aus dem Fenster des Wagens sah, den Inskip ihm zum Hafen geschickt hatte.

Genau wie die dänischen Behörden wollte Inskip zu jeder Tageszeit wissen, wo sich ein britischer Admiral, der die Stadt besuchte, aufhielt. Bolitho fragte sich, was der Kutscher wohl getan hätte, wenn er ihm befahl, einen anderen Weg einzuschlagen.

Als er sich an Bord für seinen Besuch in Inskips Büro vorbereitet hatte, waren Neale und seine Offiziere gerade dabeigewesen, den Hafen und nicht zuletzt die französische Fregatte, die so weit entfernt wie überhaupt möglich ankerte, eingehend zu studieren. Der Ankerplatz war voll dänischer Kriegsschiffe, aber trotz ihrer eindrucksvollen Größe und Zahl konzentrierte sich die Aufmerksamkeit der Zuschauer auf diese beiden Fregatten. Sie versinnbildlichten – lediglich getrennt durch einen Streifen Wasser und ein aufmerksames Wachboot – den Krieg und alles, was damit zusammenhing; den Krieg, der – wenn es nach den Russen ging – auch die Dänen mit verschlingen würde.

Die französische Fregatte hieß *Ajax* und war ein mächtiges Schiff mit achtunddreißig Kanonen. Genau wie auf Neales Schiff gingen die Seeleute drüben ihrer täglichen Arbeit nach und schienen von ihrem Feind und seinen Absichten keine Notiz zu nehmen.

Die Wagenräder rumpelten geräuschvoll über das Kopfsteinpflaster. Bolitho bemerkte, daß viele Leute trotz der Kälte stehenblieben und ihm nachschauten. Gut aussehendes Volk, dachte er. Vielleicht weil sein Land so lange von Krieg und Not verschont geblieben war.

Browne, der das an ihnen vorbeiziehende Panorama entzückt beobachtet hatte, sagte auf einmal: »Wir sind da, Sir!«

Der Wagen rasselte durch einen niedrigen Torweg in einen schmucken Privathof. Die Gebäude ringsum sahen irgendwie amtlich aus. Zwei Lakaien eilten einige Stufen herab, um Bolitho zu empfangen.

Es war kälter geworden, Neales Master hatte Schnee vorausgesagt. Erst Nebel, danach Schnee – es war, als höre er den alten Grubb.

Inskip erwartete ihn vor einem prasselnden Kaminfeuer. Er trug eine Perücke, aber sie machte ihn älter statt jünger, was erstaunlich war.

Er sagte: »Gut, daß Sie so schnell gekommen sind. Ich habe weitere Informationen über den Franzosen eingeholt. Es heißt offiziell, er liege hier, um Sturmschäden auszubessern. Dänemark will Frankreich nicht provozieren, indem es der *Ajax* die Erlaubnis dazu verweigert. Ich nehme an, sie wartet auf den Brief oder sonstige wichtige Nachrichten über Malta. Ihr plötzliches Auftauchen hat sie völlig verwirrt.« Er zwinkerte ihm zu.

Bolitho sagte: »Wenn die *Ajax* ausläuft, wird Kapitän Neale sie mit Freuden zum Kampf stellen.«

Inskip schüttelte entschlossen den Kopf. »*Ajax* ist als erste gekommen und in Frieden. Man muß ihr einen Tag Vorsprung geben, bevor Sie ihr folgen.«

Browne hüstelte taktvoll. » Das ist ein ungeschriebenes Gesetz, Sir.«

»Ich verstehe.« Bolitho schaute ins Feuer. »Dann kann ich nichts anderes tun als warten und müßig herumsitzen, während der Franzmann bestimmt? Jeden Tag, jeden Augenblick kann ein anderer Kurier ankommen. Können Sie nicht einen schnellen Boten zu meinem Geschwader senden? Wenn draußen eine andere britische Fregatte läge, könnten die Pläne des französischen Kommandanten ein schnelles Ende finden.«

Inskip lächelte. »Sie sind wirklich ein Mann der Tat. Aber ich fürchte, die Dänen würden das als Mißbrauch der Gastfreundschaft ansehen und Ihr Schiff als Gegenmaßnahme beschlagnahmen.«

Bolitho erinnerte sich an Brownes Bemerkung auf der *Benbow:* ›Ich sehe Sie als kämpfenden Seemann, nicht als Diplomaten!‹ In seinem Unvermögen, ruhig dazusitzen und zu warten, wie sich die Dinge ohne sein Zutun entwickelten, hatte er Brownes Meinung schon bestätigt.

»Das sollten die erst mal versuchen!«

»Machen Sie keinen Fehler. Die Dänen könnten und würden es tun. Ich habe aus meinen eigenen Informationsquellen gehört, daß es Pläne gibt, notfalls den Hafen zu sperren und alle Bojen und Seezeichen, die den Weg hineinweisen, zu entfernen. Die Dänen haben hier eine ansehnliche Flotte zusammengezogen und werden sie einzusetzen wissen.« Er hämmerte mit der Faust in die andere Handfläche. »Wenn die Franzosen bloß nicht Malta aufgegeben hätten, oder – genauer gesagt – wenn doch unsere Flotte diesmal etwas weniger erfolgreich gewesen wäre!«

Browne sagte ruhig: »Dann hätten sie anderen Zündstoff für ihr Feuer gefunden, Sir. Mit Beschwichtigungen kann man sich Zeit erkaufen, aber nicht mehr.«

Inskip hob die Augenbrauen. »Ihr Adjutant ist sehr scharfsinnig, Bolitho. Ein Jammer, daß er des Königs Rock trägt. Ich könnte ihm einen Posten in Whitehall verschaffen.«

Bolitho seufzte. »Was raten Sie mir also, Sir?«

Inskip antwortete überzeugt: »Abwarten. Ich treffe übermorgen den dänischen Minister und werde versuchen, seine Stimmung zu ergründen. Mag sein, daß ich Sie dabei benötige, daher schlage ich vor, daß Sie heute in diesem Hause übernachten. Es erspart uns Zeit und erregt weniger Verdacht. Wenn der französische Kommandant sich entschließt, abzusegeln, wird er wahrscheinlich mit Ihrem Geschwader zusammenstoßen, sobald er Skagen gerundet hat. Wenn er aber in die Ostsee einläuft, wird er sich mit den Schweden oder vielleicht sogar mit der russischen Flotte treffen wollen, falls das Eis ihm nicht zu gefährlich ist.«

Ein Lakai mit Perücke trat leise durch eine reich verzierte Flügeltür ein.

»Verzeihung, Sir, aber da unten sind zwei, hm, Personen, die verlangen, vor den Admiral geführt zu werden.«

Inskip fragte sanft: »Wer sind sie?«

Im gleichen zurückhaltenden Ton erwiderte der Lakai: »Seeleute, glaube ich, Sir. Der eine sagte, er sei ein Bootssteurer, der andere ist so etwas wie ein Diener.«

Bolitho grinste: Allday und Ozzard.

»Gut, daß Sie nicht versucht haben, meinen Bootssteurer wegzuschicken. Das hätte schlimmer ausgehen können als ein Zusammentreffen mit den Franzosen.«

Inskip befahl dem Lakai, Allday und seinen Gefährten in einen geheizten Raum zu führen. Dann sagte er: »Die Angelegenheit brachte wenigstens ein Lächeln auf Ihr Gesicht, Bolitho. Das steht Ihnen besser.«

Bolitho wandte sich an Browne. »Sie kehren zum Schiff zurück und berichten Kapitän Neale. Sagen Sie ihm, er soll auf jedes Boot achten, das längsseits der *Ajax* geht, und auf alles, was nach ungewöhnlichen Vorbereitungen aussieht.«

Doch war es unwahrscheinlich, daß Neale diesen Hinweis brauchte.

Als Bolitho mit Inskip allein war, fragte er: »Nehmen wir an, der Zar erfährt vom Schicksal Maltas, bevor Sie eine feste Neutralitätserklärung der Dänen in der Tasche haben, was dann?«

Inskip betrachtete ihn ernst. »Der Zar mag seine Idee einer ›Bewaffneten Neutralität des Nordens‹ wieder aufleben lassen. Er hat schon früher gedroht, alle britischen Schiffe in seinen Häfen zu beschlagnahmen. Das wäre ein kriegerischer Akt und würde Dänemark in die vorderste Kampflinie rücken.«

Bolitho nickte. »Danke, daß Sie mir das ohne Beschönigung erklärt haben. Dies sind Tatsachen, an die ich mich halten kann. Napoleon wird sicher dafür gesorgt haben, daß dem Zaren mehrere Kuriere gesandt worden sind. Daß wir das Glück hatten, einen davon zu schnappen, wird noch nicht bekannt sein.«

Inskip sah ihn nachdenklich an. »Möglicherweise haben Sie recht. Aber das ist dann Ihre Angelegenheit, nicht meine, dem Himmel sei Dank.«

Drei Stunden später kam Browne vom Schiff zurück. Die *Ajax* lag immer noch vor Anker und tat nichts, was Verdacht erregt hätte. Ihr Kommandant war an Land gegangen, wahrscheinlich um dem Hafenadmiral seinen Abschiedsbesuch zu machen. Ebensogut konnte er sich aber aufgemacht haben, um Informationen über Bolitho einzuholen.

In dieser Nacht, in der Bolitho versuchte, sich an die Größe seines Bettes und die ungewohnte Stille zu gewöhnen, dachte er noch einmal über das nach, was Inskip gesagt hatte. Was die Russen betraf, so hing sehr viel vom Wetter ab. Er lauschte auf den Wind, der um den Dachfirst pfiff, und spielte mit dem Gedanken, das Haus zu verlassen, ohne jemandem etwas zu sagen. Er konnte eine der geräuschvollen Kneipen aufsuchen, die er auf der Herfahrt gesehen hatte, und in der Menge für eine kostbare Stunde oder mehr untertauchen.

Er mußte eingeschlafen sein, denn als nächstes kam ihm zu Bewußtsein, daß Inskip, mit einer langen Zipfelmütze wie ein Kobold aussehend, ihn am Arm schüttelte, während aus einem offenbar mit Menschen gefüllten Korridor Licht hereinfiel.

»Was ist los?«

Er sah Allday, grimmig und wachsam, als erwarte er einen Überraschungsangriff, und Ozzard, der seine Seekiste über den Fußboden zog wie ein Strandräuber seine Beute.

Inskip stieß hervor: »Ich habe es gerade erfahren: Der Franzose ist Anker auf gegangen, obgleich nur Gott weiß, wie weit er kommen wird. Es schneit verteufelt stark.«

Bolitho war im Nu auf den Füßen und griff schon nach seinem Hemd, als Inskip nüchtern hinzusetzte: »Ein Schoner brachte noch schlimmere Neuigkeiten: Mehrere britische Schiffe sind von den Russen beschlagnahmt worden. Jetzt werden die Dänen, ob sie wollen oder nicht, in den Krieg hineingezwungen.«

Browne drängte sich durch die Gruppe der Diener und Lakaien. Er war überraschenderweise komplett angezogen.

Bolitho rief ihm zu: »Holen Sie einen Wagen!«

Browne antwortete ruhig: »Ich habe die Neuigkeiten gehört, Sir, und schon einen besorgt. Er wartet unten.«

Inskip stand zwischen Bolitho und dem aufgeregten Ozzard. »Sie kennen die Spielregeln. Sie dürfen erst segeln, wenn ein Tag vergangen ist!«

Bolitho sah ihn ernst an. »Wo werden die britischen Handelsschiffe festgehalten, Sir?«

Inskip war einen Augenblick nicht auf der Hut. »Bei der Insel Gotland, soviel ich weiß.«

Bolitho saß auf der Bettkante und zwängte seine Füße in die Stiefel.

»Ich werde dahin segeln, nicht zurück zu meinem Geschwader. Und was Spielregeln angeht: Ich habe oft erfahren, daß sie Befehlen gleichen.« Er packte Inskips Arm. »Sie müssen den augenblicklichen Gegebenheiten angepaßt werden.«

Als sie zusammengequetscht im Wagen saßen und die Räder lautlos über den immer dicker werdenden Schneeteppich rollten, sagte Browne: »Ich gehe jede Wette ein, daß auch der Franzose über die britischen Schiffe Bescheid weiß, Sir. Er wird sie sich holen wollen, ohne daß jemand den Finger rührt, ihn daran zu hindern.«

Bolitho lehnte sich im Sitz zurück und sammelte seine Gedanken. »Außer uns, Mr. Browne. Außer der *Styx*.«

V Zuversicht

Bolitho packte die Achterdecksreling und schaute nach vorn über das Oberdeck der Fregatte, wobei er wegen des eiskalten Windes und des Schnees die Augen zukneifen mußte.

Es war ein geisterhaftes, fast unwirkliches Schauspiel, als die Matrosen bei ihren verschiedenen Tätigkeiten wie trunken vor der Kulisse der schneebedeckten Takelage und Kanonen herumschlitterten.

Er versuchte, nüchtern zu planen, seine Gedanken auf das zu konzentrieren, was kommen konnte. Aber von dem Augenblick an, als sie Anker gelichtet und sich in einer Schneebö aus dem Hafen hinausgestohlen hatten, hatte das Wetter jedem vorausschauenden Denken Einhalt geboten.

Sie waren jetzt zwölf Stunden unterwegs, und von Rechts wegen hätte Tageslicht herrschen sollen. Auf ihren Kurs nach Südosten, auf dem sie sich – von einem scharfen schwedischen Wind übel gezaust – mühsam vorwärtsgekämpft hatten, waren ihre Bewegungen immer krampfhafter, ihre Manöver bei jedem Wachwechsel langsamer geworden. Und während der ganzen Zeit waren die Schneemassen auf stehendem und laufendem Gut angewachsen.

Bolitho hatte Mühe zu verhindern, daß seine Zähne klapperten. Trotz seines dicken Wachmantels fror er bis ins Mark. Dabei dachte er an die unglücklichen Ausguckposten im Mastkorb, die zwar nach weniger als einer Stunde abgelöst wurden, aber dann große Mühe hatten, herunterzuklettern und sich unter Deck wieder aufzuwärmen.

Angenommen, es war alles umsonst? Sein Zweifel wuchs mit jeder mühsam zurückgelegten Meile. Bolitho nahm an, daß – je mehr der Tag sich in die Länge zog – jeder Mann an Bord seinen Namen verfluchte. Angenommen, der Franzose war ganz woanders hingefahren? Er konnte schon längst vor Herricks Kanonen geraten sein.

Kapitän Neale kam mühsam übers Achterdeck zu ihm, das pausbäckige Gesicht knallrot vor Kälte. »Darf ich vorschlagen, daß Sie nach unten gehen, Sir? Die Leute wissen doch, daß Sie an Bord sind und an ihrer Seite, was auch geschehen mag.«

Bolitho beobachtete schaudernd, wie der Gischt, der am Bug hochgeschleudert wurde, auf den Netzen zu Tausenden glitzernder Edelsteine gefror. Neale hatte die Stückpforten des Oberdecks an der Leeseite öffnen lassen, denn wenn das überkommende Wasser nicht sofort abfloß, sondern sich vor den Speigatten staute und dort gefror, konnte es gefährlich werden. Schon manches Schiff, auch größer als eine Fregatte, war unter einer durch Eis entstandenen Schlagseite gekentert.

Er fragte: »Wo stehen wir jetzt?«

»Der Master versicherte mir, daß wir die Insel Bornholm in Lee haben, etwa fünf Meilen entfernt.« Neale wischte sich mit den Fingern die Nässe aus dem Gesicht. »Ich muß mich auf ihn verlassen, Sir, denn wir könnten auch sonstwo sein, wenn Sie mich fragen.«

Neale ging auf seinen Ersten Offizier zu, der sich zu ihm vorkämpfte, und Bolitho rief ihm nach: »Machen Sie sich meinetwegen keine Gedanken, Captain Neale. Der kalte Wind verschafft mir wenigstens einen klaren Kopf.«

Er dachte an ihren schnellen Aufbruch von Kopenhagen und hätte gern gewußt, ob jemand ihr Auslaufen beobachtet hatte. Er bezweifelte es. Aber bei Tagesanbruch hatte Mr. Inskip sicher ein paar peinliche Fragen beantworten müssen.

Browne hatte sich so unverblümt geäußert, wie er sich traute: »Ich glaube, es ist falsch, daß Sie selber den Franzosen jagen. Sie können die *Styx* schicken, das genügt. Kapitän Neale kennt das Risiko, und Sie können ihn decken, wenn die Dinge schieflaufen. Aber wenn Sie mit dabei sind: wer deckt Sie?«

Einige Zeit später, als die *Styx* sich mühsam von der schwedischen Küste freigesegelt hatte, hörte Bolitho, wie Pascoe in ärgerlichem Ton mit dem Flaggleutnant flüsterte.

»Sie verstehen das nicht! Der Admiral ist schon in sehr viel schlimmeren Lagen gewesen. Er hat es immer geschafft, sich aus einer Falle freizukämpfen.«

Browne hatte betrübt geantwortet: »Damals war er Kommandant. Verantwortung ist zweischneidig: Sie kann nach beiden Seiten verletzen.« Man hörte, wie er die Hand auf Pascoes Schulter legte. »Aber ich bewundere Sie für Ihre Treue, glauben Sie mir.«

Pascoe eilte nach vorn, um die Blöcke des Fockmastes mit einigen Leuten nachzusehen. Wenn sie einfroren oder das Tauwerk, das durch den Schnee aufgequollen war, war die *Styx* gelähmt. Wie ein Geisterschiff würde sie auf diesem Kurs weitersegeln müssen, immer tiefer und tiefer in die Ostsee hinein.

Allday kam über das Deck geschlittert.

»Ozzard hat heiße Suppe für Sie, Sir.« Er warf einen Blick in die mit Weiß überzogenen Segel und fügte hinzu: »Ich läge lieber in einer Flaute!«

Bolitho sah die nächste Gruppe Matrosen aus dem Mast herabklettern. Es war zu hoffen, daß auch sie etwas Warmes in den Magen bekamen, wenn sie unter Deck gingen. Er kannte Neale und war sicher, daß er für seine Männer sorgte.

Er folgte Alldays Blicken und schaute zu der bauchig stehenden Leinwand empor. Sie war eisenhart und ein Alptraum für die Matrosen, die sie zu bedienen hatten. Und doch hatten die Segel auch jetzt ihre eigene Schönheit. Diese Feststellung half ihm, seine Sorgen zu verdrängen.

»Dann gehe ich hinunter. Etwas Suppe lasse ich mir gefallen, obwohl ich bezweifle, daß ich viel davon im Magen behalten kann!«

Allday grinste und trat beiseite, um Bolitho den Weg zum Niedergang freizumachen.

In den vielen Jahren, in denen er Bolitho gedient hatte, hatte er ihn nicht einmal seekrank gesehen. Aber es hieß ja, es gäbe ein erstes Mal für jeden.

Achtern in der Kajüte, wo es bei der schräg von achtern kommenden See munter auf und nieder ging, glich die Szene eher einer düsteren Grotte als einem Admiralsraum. Die Heckfenster hatten einen Spitzenvorhang aus Eiskristallen aufgezogen, und das wenige Licht, das durchkam, ließ alles noch kälter erscheinen.

Bolitho saß am Tisch und löffelte Ozzards Suppe, erstaunt, daß sein Appetit dabei zurückkehrte. Das paßte mehr zu einem Midshipman als zu einem Admiral, dachte er.

Neale kam später hinzu und legte die Seekarte vor Bolitho auf den Tisch.

»Wenn die britischen Handelsschiffe tatsächlich bei Gotland sind, Sir«, dabei hantierte er mit dem Stechzirkel auf der Karte, »dann müssen sie hier an der Nordwestküste liegen.« Er schaute in Bolithos gespanntes Gesicht. »Unter den Kanonen der Festung Visby, zweifellos.«

Bolitho rieb sich das Kinn und versuchte, die Linien und Zahlen der Karte in Land und See, Wind und Strom umzusetzen.

»Wenn die Schiffe nicht da liegen, Captain Neale, sind wir umsonst gekommen. Aber Mr. Inskip ist ein Mann, der sehr genau und vorsichtig mit seinen Informationen umgeht. Theoretisch werden sich die Schiffe in schwedischen Hoheitsgewässern befinden, aber da die Russen sie beschlagnahmt haben und die Franzosen an ihnen interessiert sind, habe ich kaum eine andere Wahl, als sie herauszuholen. Wenn die Schiffe befreit sind, ist der Anlaß für einen Krieg beseitigt, und alle Hoffnungen des Zaren auf eine erfolgreiche Landung in England werden wie der Schnee dahinschmelzen.«

Neale machte ein skeptisches Gesicht.

Bolitho beobachtete ihn. »Sprechen Sie ruhig aus, was Sie denken, Captain. Ich kenne Kapitän Herricks Art, Sie am Reden zu hindern.«

»Ich bezweifle, daß der Franzose mit uns rechnet, vorausgesetzt, die *Ajax* ist überhaupt auf dem gleichen Kurs wie wir. Ich bin sehr begierig, mit ihm handgemein zu werden, Sir, denn mein Schiff schuldet ihm noch ein paar Hiebe. Aber offen gesagt: Ich glaube, Sie haben eher Aussicht, einen Krieg auszulösen, als ihn zu verhindern.« Er hob die Hände mit einer hilflosen Geste und sah dabei wieder wie ein Seekadett aus. »Es will mir nicht in den Kopf, warum unser Admiral versäumt hat, dieser Entwicklung rechtzeitig einen Riegel vorzuschieben.«

Bolitho blickte zur Seite und rief sich Brownes Worte und Admiral Beauchamps Warnung in Erinnerung. War Admiral Damerum der Anlaß für die Warnung gewesen? Wenn ja, warum? Es gab einfach keinen Sinn.

»Wie ist das Wetter?«

Neale lächelte, da er wußte, daß Bolitho mit der Frage nur Zeit zum Nachdenken gewinnen wollte.

»Es schneit noch, Sir, aber nicht mehr so schlimm. Der Master meint, gegen Morgen würde es aufklaren.«

Beide schauten tiefsinnig auf die Karte. Bis dahin können sich die Dinge bereits für sie entschieden haben.

Mit dichtgeholten Brassen und Schoten segelte die *Styx* mit Backbord Halsen stetig nach Norden, wobei immer wieder einzelne Brecher über das Schanzkleid schlugen und sich zur Leeseite über das Deck ergossen. Männer, die durch die Nässe und Kälte zu erstarrt waren, um sich zu unterhalten, beobachteten wachsam Tauwerk und Trimm der Rahen, völlig auf die akuten Mühen und Gefahren konzentriert.

Querab an der Backbordseite mußte die schwedische Küste liegen. Als die Fregatte die Südspitze von Gotland passierte, wurde der Seegang niedriger, aber unregelmäßiger. Der letzte Teil ihrer Reise begann.

Bolitho war vor dem ersten Tageslicht auf und angezogen und so unruhig, daß Allday es noch schlimmer als sonst hatte, ihn zu rasieren. Noch immer waren die Heckfenster eisbedeckt, aber als die Dämmerung endlich durchbrach, war es heller als sonst; der Tag versprach sogar etwas Sonnenschein.

Bolitho ergriff seinen Hut und sah Allday an. »Mein Gott, Sie brauchen ja heute endlos, Mann!«

Allday wischte das Rasiermesser sorgfältig ab. »›Endlos‹ war damals, als Admirale noch Geduld hatten, Sir.«

Bolitho schenkte ihm ein Lächeln und eilte an Deck, wo ihm der schneidende Wind sofort den Atem verschlug.

Gestalten eilten überall geschäftig umher, und als Bolitho ein Fernglas aus der Halterung nahm, sah er an Steuerbord – verschwommen noch und unregelmäßig im schwachen Licht – die Küste der Insel Gotland. Sie sah aus wie ein schlafendes Seeungeheuer. Angeblich war sie auch eine seltsame Insel, ein ehemaliges Seeräubernest und in Jahrhunderten immer wieder erobert und zurückerobert. Es war nicht schwer, sich vorzustellen, wie die Langboote der Wikinger und die Koggen eines Klaus Störtebekker gegen diese unwirtliche Küste vorstießen, dachte er.

Neale kam über das Deck und tippte an seinen Hut. »Darf ich ›Klar Schiff zum Gefecht‹ anordnen, Sir? Die Leute haben gefrühstückt, aber der Nutzen einer warmen Mahlzeit wird bald verflogen sein, wenn sie nicht beschäftigt werden.«

»Machen Sie es, wie Sie es für richtig halten. Sie befehlen hier. Ich bin nur ein Passagier.«

Neale marschierte weg und verbarg dabei ein Lächeln.

»Mr. Pickthorn! Lassen Sie ›Klar Schiff zum Gefecht‹ und ›Alle Mann auf Gefechtsstationen‹ anschlagen.« Er drehte sich um und fing Bolithos Blick auf, der Erinnerungen wachrief. »Und ich möchte, daß es zwei Minuten schneller geht als das letzte Mal, verstanden?«

Die Sonne machte zaghafte Versuche, das Schneegestöber zu durchdringen, und überzog die steifen Segel mit dem Glanz von altem Zinn. Alles glitzerte; selbst das Haar der Matrosen, die auf ihre Gefechtsstationen rannten, war mit Tropfen von schmelzendem Eis bedeckt, als seien sie eben vom Meeresgrund aufgetaucht.

Pascoe ging vorbei, schnallte dabei seinen Krummsäbel um und rief die Namen der Leute von der *Benbow* auf. Bolitho fiel auf, daß er sich kurz unterbrach, als er den Namen Babbage rief, den Mann ernst anschaute und ihn nach kurzer Prüfung von den anderen trennte.

War er Kandidat für eine Beförderung? Oder sollte er wegen einer Nachlässigkeit verwarnt werden? Bolitho fing Pascoes Blick auf und nickte ihm zu. »Nun, da hast du also eine Fregatte, Adam. Wie kommst du dir vor?«

Pascoes Gesicht überzog ein breites Lächeln. »Wie der Wind, Sir!«

Der Erste Offizier, schnaufend vor Anstrengung und mit vom scharfen Wind geröteten Backen, meldete: »Schiff ist gefechtsklar, Sir!«

Neale klappte den Deckel seiner Uhr zu. »Gut gemacht, Mr. Pickthorn.«

Dann drehte er sich um und machte eine Ehrenbezeigung zu Bolitho: »Wir folgen Ihrem Befehl, Sir.«

Browne, der die Vorbereitungen beobachtet hatte und nun die Ruhe auf dem Batteriedeck registrierte, sagte halb zu sich selber: »Aber wohin, möchte ich wissen?«

Bolitho führte das Teleskop langsam die graue Küstenlinie entlang. Wenn doch bloß das Schneetreiben aufhören wollte! Aber im stillen wußte er, daß der Schnee ihr einziger Verbündeter war, ihr Schutz gegen vorzeitige Entdeckung.

Gestalten bewegten sich rastlos um ihn herum. Gelegentliches Klirren von Metall oder das Schrammen einer Handspake drangen in die kleine, kreisrunde Welt seines Blickfeldes und beunruhigten ihn. Er versuchte, sich alles in Erinnerung zu rufen, was er auf der Seekarte und in Neales Notizen gelesen hatte. Ein felsiger Landvorsprung mußte irgendwo da vorne an ihrer Leeseite in Sicht kommen, und dahinter sollten die Schiffe liegen. Bolitho biß sich auf die Lippen, um seine jagenden Gedanken und Zweifel im Zaum zu halten. Er hörte Neale fragen: »Soll ich die Flagge hissen, Sir?«

»Ja, bitte. Und ich empfehle, Kriegsflaggen am Fockmast und am Großmast zu setzen. Wenn unsere gekaperten Handelsschiffe da drüben sind, brauchen sie so viele Hinweise, wie wir ihnen geben können.«

Er blickte zur Besanstenge empor, wo seine eigene Flagge wehte, seit er von der *Benbow* übergestiegen war. Sie konnte bei den Franzosen – oder wer sie auch angreifen würde – den Eindruck erwecken, als wären weitere britische Schiffe zur Unterstützung im Anmarsch. Selbst sehr junge Admirale pflegten nicht auf einer einzelnen Fregatte herumzustreifen.

Bolitho fragte: »Wie ist der Wind?«

Der Master antwortete sofort: »Hat einen Strich gedreht, Sir. Kommt aus Nordwesten.«

Bolitho nickte. Er war viel zu sehr von seinen Gedanken in Anspruch genommen, um zu merken, daß ein scharfer Ton in seine Stimme gekommen war.

»Lassen Sie drei Strich abfallen. Wir wollen die Landzunge so dicht wie möglich umfahren.«

Der Master sagte: »Jawohl, aber ich ...«, fing jedoch Neales Blick auf und ließ seinen Einspruch ungesagt.

Das große Steuerrad drehte sich knarrend, drei Mann standen breitbeinig daran, um auf den vereisten Decksplanken das Gleichgewicht zu halten, und beobachteten Segel und Kompaß wie Habichte.

Schließlich meldete der Master: »Kurs Ost zu Nord liegt an, Sir.«

Bolitho achtete nicht auf die Seeleute, die umherrannten, um Segel und Rahen zu trimmen, noch auf das Getrampel der Leute auf dem Achterdeck, die das gleiche für den Besanmast taten. Neale hatte eine Menge gelernt. Allein unter Marssegeln, Fock und Klüver reagierte die *Styx* gut und drängte unter ihrer vereisten Leinwand vorwärts, als wolle sie sich aus eigenem Antrieb in die Schlacht stürzen.

Er blickte auf die Geschützbedienungen, die – um sich gegenseitig warmzuhalten – zusammengerückt, aber jederzeit sprungbereit waren. Der Sand, der um die langen Zwölfpfünder aufs Deck gestreut worden war, damit die Leute nicht ausrutschten, hatte sich in flüssiges Gold verwandelt.

Wie leuchteten die roten Röcke der Seesoldaten in dem eigenartigen Licht! Unter der Schneekappe, die sich auf ihren Hüten gesammelt hatte, sahen sie aus wie weihnachtliches Kinderspielzeug.

Er sah Pascoe bei den vorderen Geschützen, eine Hand am Säbel, die schlanke Gestalt leicht im regelmäßigen Auf und Ab des Vorstevens mitschwingend. Er sprach mit einem anderen jüngeren Offizier, wahrscheinlich über ihre Chancen. So war es immer. Man versuchte, ruhig zu scheinen, nüchtern zu bleiben, auch wenn das Herz wie in einen Schraubstock gepreßt war und man sich einbildete, jeder Matrose in der Nähe müßte hören, wie heftig es schlug.

»Land in Sicht über den Lee-Bug, Sir!« Eine kurze Pause, dann: »Fast recht voraus!«

Neale rief scharf: »Schicken Sie einen Mann in die vorderen Rüsten, Mr. Pickthorn. Er soll in fünfzehn Minuten anfangen zu loten.«

Wenn er fürchtete, daß sein Schiff auf Grund laufen könnte, so verbarg er es recht gut, dachte Bolitho.

Bolitho richtete sein Glas wieder aufs Ufer. Das Land schien sehr nahe zu sein. Eine Sinnestäuschung, er wußte es, aber wenn der Wind plötzlich drehte oder einschlief, mußte es ihnen schwerfallen, sich vom Ufer freizusegeln.

Neale sagte: »Bergen Sie die Fock.« Und dann, indem er näher heranrückte, zu Bolitho: »Kann ich einen Strich höher an den Wind gehen, Sir?«

Bolitho ließ das Glas sinken und sah ihn an. »Gut.«

Er blickte hinauf zu den prächtigen Flaggen an Mastspitzen und Gaffel und fühlte dabei, wie Schneeflocken in seinen Augen schmolzen und seine Lippen netzten. Das beruhigte ihn.

Die große Breitfock wurde mühsam an den Gleitauen zu ihrer Rah hochgezogen, Matrosen legten auf den Fußpferden aus und schlugen mit den Fäusten wie wild gewordene Affen auf die hartgefrorene Leinwand ein. Eisstücke fielen wie Glassplitter durch die Schutznetze auf die Geschützbedienungen. Bolitho sah einen Unteroffizier sich bücken, ein Stück aufheben und in den Mund stecken.

Ein vertrautes Anzeichen: der Mund war wie ausgetrocknet und verlangte nach Bier oder Wasser, irgend etwas Trinkbarem.

Wenn die Leute in England sie doch so hätten sehen können, dachte Bolitho grimmig. Diese Sorte Männer lebte in der ganzen Flotte im Schmutz, kämpfte aber großartig und unglaublich tapfer. Einige von ihnen waren sicher der Auswurf der Gefängnisse, mißbraucht an Land und auf See, aber nur sie allein standen zwischen England und Napoleon – oder wer sonst Englands Feinde waren. Er hätte beinahe gelächelt, als er sich erinnerte, was sein Vater einmal gesagt hatte: »England muß Feinde lieben, Richard. Wir machen uns so viele.«

Der Erste Offizier rief: »Erlaubnis zum Laden, Sir?«

Neale warf einen Blick auf Bolitho und erwiderte: »Ja. Aber keine doppelte Ladung. Die Bodenstücke sind durchgefroren, da könnte es mehr Schaden bei uns als bei den Franzosen geben!«

Bolitho verschränkte die Hände auf dem Rücken. Sie vertrauten ihm so sehr, daß sie den Feind im Geist schon vor sich sahen. Wenn die Bucht nun leer war, würde dieses Vertrauen einen argen Stoß bekommen.

Der Arm des Lotgasten beschrieb eine ausholende Kreisbewegung, dann ließ er Lot und Leine in der Vorwärtsbewegung los und beugte sich vor, um sie weit voraus ins Wasser platschen zu sehen. Wenn der Lotkörper den Boden berührte, würde die Leine bei ihm auf und nieder, also senkrecht, stehen.

»Gerade zehn!«*

Bolitho spürte, wie der Master unruhig ums Steuerrad ging und sicher an den felsigen Grund unter ihrem kupferbeschlagenen Schiffsboden dachte.

Das Lot klatschte wieder ins Wasser.

»Einhalb über neun!«

Bolitho biß die Zähne zusammen. Sie mußten so nahe wie möglich heran. Er sah die große Steinplatte der Landzunge drohend über Bugspriet und Klüverbaum emporsteigen.

»Gerade sieben!«

Der Leutnant der Seesoldaten räusperte sich nervös, und einer der Seeleute von der Achterdecksmannschaft sprang entsetzt auf.

»Gerade fünf!«

Bolitho bemerkte, wie der Master seinem Kommandanten etwas zuflüsterte. Dreißig Fuß** Wasser unter dem Kiel, das war nicht viel angesichts der Nähe des abschüssigen Ufers.

»Vier Faden!« rief der Lotgast ungerührt aus. Als wäre er überzeugt, daß er sowieso sterben müsse, ohne etwas dagegen tun zu können.

Bolitho hob wieder das Glas. Zwei einzelne Wohnhäuser stan-

*Zehn Faden = 18,39 Meter
**30 Fuß = 9,15 Meter

den wie Haufen heller Ziegelsteine am Abhang. Darüber abziehender Rauch – oder was sonst? Das Schneetreiben verhinderte, daß er es klarer erkennen konnte. Rauch von einem Herdfeuer am frühen Morgen? Oder eine Batterie, die gewarnt war und ihre Kanonenkugeln glühend machte, um der unverschämten *Styx* einen heißen Empfang zu bereiten?

Er sah die Brandung gegen die Felsen schlagen und sich an der scharf gezackten Eiskante gefährlich auftürmen.

»Luven Sie zwei Strich an, Captain Neale.«

Er schob das Teleskop mit einem Klicken zusammen und übergab es einem Midshipman.

Die Matrosen hatten den Befehl erwartet wie Sprinter den Startschuß, und als die Rahen im Gleichklang mit dem Ruder herumschwangen, drehte die Fregatte stetig nach Luv, während die Felszunge wie eine große steinerne Tür zurückfiel.

Der Lotgast rief: »Gerade zehn!«

Von irgendwoher hörte man ein ironisches »Bravo«.

»Kurs Nordost liegt an, Sir! Segel voll und dichtgeholt!«

Bolitho packte wieder die Reling des Achterdecks, wie er es so oft und auf so vielen Schiffen getan hatte.

Jetzt war es soweit. Der Wind stand günstig, das Schiff lag so hoch an, wie es konnte und die Leinwand noch zog. Wenn sie um die Felsspitze herum waren, mußte alles schnell und wirkungsvoll ablaufen, mußte der Überraschungseffekt wie kaltes Wasser auf einen schlafenden Matrosen wirken.

»Rennen Sie die Kanonen aus, wenn's beliebt!«

Bolitho vermied es, die kleine Gruppe von Offizieren anzuschauen. Wenn die Bucht leer war, würden sie über seine läppischen Vorbereitungen lachen. Aber wenn er kostbare Minuten opferte, um sein Ansehen zu retten, mußten sie ihn mit Recht verfluchen.

Als der Zweite Offizier ein Handzeichen gab, rumpelten die Geschütze auf ihren quietschenden Lafettenwagen an die Lee-Pforten und wurden in ihrer Abwärtsbewegung mit Taljen und Handspaken gebremst. Es war keine leichte Arbeit auf dem tückisch glatten Deck.

Fast gleichzeitig steckten die Zwölfpfünder ihre schwarzen Mäuler aus den Stückpforten, während hier und da ein Richtschütze den Schnee von seinem Schützling wischte.

»Steuerbord-Batterie ist ausgerannt, Sir!«

»An Deck!« Die spannungsvolle Erwartung ging plötzlich zu Ende, als der Ausguck im Mastkorb aufgeregt herunterrief: »Schiffe vor Anker hinter der Spitze, Sir!«

Bolitho schaute Neale und Allday an, der hinter ihm stand und mit seinem Entermesser Löcher in die Luft schlug, als kämpfe er mit einem Feind. Sein Blick schweifte weiter nach vorn, wo sein Neffe auf einen Geschützwagen geklettert war, um besser über die Netze sehen zu können. Wenn alle anderen an ihm gezweifelt hatten – diese drei bestimmt nicht.

»Klar zum Abfallen!«

»An die Brassen, Schoten und Halsen!«

Während Toppsgasten und Decksleute auf Posten rannten, blieben die Geschützbedienungen ruhig an ihrem Platz, jeder Geschützführer auf Ordnung in seiner kleinen Welt bedacht, die von der Stückpforte wie ein Bild eingerahmt wurde.

Neale hob die Hand. »Ruhig, Leute! Ganz ruhig bleiben!«

Bolitho hörte ihn. Es klang, als besänftige jemand ein nervöses Pferd.

Er starrte gebannt über die Netze und konnte seine Gefühle kaum noch beherrschen. Da lag es vor ihnen: ein halbes Dutzend Handelsschiffe, eng beieinander geankert. In ihren weißen Schneemänteln, den kreuz und quer gebraßten Rahen und ihrer Leblosigkeit machten sie einen ziemlich niedergeschlagenen Eindruck.

Allday hatte sich hinter ihn geschoben, wie immer, um ihm nahe zu sein. Und bereit. Bolitho konnte ihn aufatmen hören, als er sagte: »Englische Schiffe, ohne Zweifel, Sir.« Sein kräftiger Arm schoß vor. »Und schauen Sie da: der verdammte Franzmann!«

Bolitho griff wieder nach dem Glas und suchte sich zwischen Masten und Takelage ein Blickfeld. Da war sie, die *Ajax*, wie er sie in der Erinnerung hatte. Näher zum Ufer hin lag ein weiteres Kriegsschiff, größer und wuchtiger. Wahrscheinlich ein ehemaliger Zweidecker: der Begleiter der beschlagnahmten Handelsschiffe, hier vor Anker, um besseres Wetter oder neue Befehle abzuwarten.

Die blassen Umrisse der Festungswälle verloren sich fast hinter den herabrieselnden Schneeflocken, aber irgendwo schmetterte ein Trompetensignal, und Bolitho konnte sich gut vorstellen, wie die aufgeschreckten und fluchenden Soldaten umherrannten, um ihre Verteidigungsstellungen zu bemannen. Niemand war begeistert, wenn er aus seinem warmen Nest in ein solches Wetter gejagt wurde.

»Jetzt, Captain Neale! Ändern Sie Kurs, und fahren Sie knapp hinter den Handelsschiffen vorbei.«

Weit weg ein Kanonenschuß, der Knall wurde vom Schnee gedämpft. War es ein Probeschuß? Ein Alarmsignal? Bolitho fühlte Erregung in sich aufsteigen wie Fieber. Was auch kam, jetzt war es für ein Ausweichen zu spät.

Er packte wieder das Geländer, um sich zu beruhigen, während Ruder gelegt wurde und die *Styx* Kurs auf den Ankerplatz nahm. Er berührte den prächtigen, vergoldeten Griff seines Ehrensäbels und erschrak, als ihm einfiel, daß er seinen alten Degen auf der *Benbow* gelassen hatte. Allday bemerkte diesen Augenblick der Unsicherheit und fühlte mit ihm.

Bolitho drehte sich um und sah ihn an. Er wußte, daß Allday ihn verstand und sich selber die Schuld zuschob.

»Keine Sorge, Allday, wir konnten nicht wissen, daß unser Besuch bei den Dänen hier enden würde.«

Beide lächelten, aber keiner machte dem anderen etwas vor. Es war wie ein Omen.

»Die *Ajax* hat ihre Ankertrosse gekappt, Sir!« Ein Midshipman hüpfte vor Aufregung. »Sie sind völlig durcheinander!«

Bolitho sah das erste Stück Leinwand an den Rahen der gegnerischen Fregatte erscheinen und beobachtete den steilen Winkel ihrer Masten, als Wind und Strömung sie zum Ufer trieben.

Neale hatte sein Schwert gezogen und hielt es über die Köpfe der nächsten Geschützbedienung, als wolle er sie zurückhalten. Das französische Schiff trat nun deutlicher aus dem Schneetreiben hervor und gewann Umriß und Persönlichkeit. Weitere Segel waren gesetzt, und über das Getöse von Wellen und schlagender Leinwand hinweg hörten sie das Gepolter der Geschützwagen und den eindringlichen Ton einer Pfeife.

Über die Schulter rief Neale: »Nicht zu stark abfallen! Wir wollen den Franzosen zwischen uns und der Landbatterie halten!«

Bolitho beobachtete die feindliche Fregatte, als sie nach achtern auswanderte. Neale hatte nichts vergessen. Aus dem Augenwinkel sah er, als die *Styx* ihre leichte Kursänderung vollendet hatte, wie das Schwert des Kommandanten niederfuhr.

»Ziel aufgefaßt! Feuern!«

Bolithos Augen brannten von dem Pulverqualm, den eine launische Bö über das Achterdeck geweht hatte. Er beobachtete, wie die Kanonen beim Abschuß zurückrollten und der wirbelnde Schneevorhang jedesmal wie von feurigen Zungen aufgerissen wurde. Seine Ohren waren durch den Lärm fast taub. Jetzt fielen auch die Sechspfünder auf dem Achterdeck mit ihren grelleren Tönen in das Konzert ein. Die Kugeln schlugen kurz vor oder hinter dem anderen Schiff ins Wasser, einige trafen sogar.

Sofort nach dem Schuß sprangen die Geschützbedienungen wie die Verrückten hinzu, wischten die Rohre aus, luden sie aufs neue mit Kartuschen und Kugeln und warfen dann ihr Körpergewicht in die Taljen, um die Lafetten wieder in Abschußstellung zu ziehen.

Und noch immer hatte der französische Kommandant nicht einen einzigen Schuß als Antwort gefeuert.

Immer wieder hoben sich die Fäuste der Geschützführer zur Klarmeldung, immer wieder brüllte der Erste Offizier: »Salve! Feuern!«

Bolitho hielt die Hand über die Augen und versuchte, den Pulverqualm zu durchdringen, der leewärts zum anderen Schiff hinübergetrieben wurde. Sie liefen jetzt aufeinander zu. Die etwas schwerere *Ajax* setzte auch noch ihre Bramsegel, um sich den Weg ins offene Wasser zu erkämpfen.

Ein Hurra erklang, als eine Salve der *Styx* durch die Marssegel der *Ajax* fegte und der Wind die Löcher, die die Kanonenkugeln geschlagen hatten, weiter aufriß. Auch das Großsegel war getroffen und zerriß wie ein alter Sack.

Dann antwortete der Feind. Auf eine Entfernung von etwas einer Kabellänge* kam die Breitseite schlecht gezielt heraus, aber Bolitho fühlte, wie die Eisenkugeln in die hölzernen Planken der *Styx* einschlugen. Ein verirrtes Geschoß traf sogar etwas weiter achtern unterhalb seines Standorts. Das Deck federte wie nach einem heftigen Hammerschlag zurück, aber Neales Geschützbedienungen schienen es gar nicht zu bemerken.

»Stopft die Zündlöcher! Wischt die Rohre aus! Laden!«

Die täglichen Übungen, der harte Drill, die vielen Flüche – jetzt

* 185 Meter

zahlten sie sich aus.

»Kanonen ausrennen!«

Der Pulverqualm lag mit immer wieder rot und orange aufleuchtendem Kern zwischen den beiden Schiffen, als ob er ein eigenes Leben besäße. Dann schlugen abermals Kugeln in die Bordwand der *Styx* ein, gerade als sie selber eine Breitseite abfeuern wollte.

Bolitho sah, daß eine Kanone umgestürzt war, daß ihre Bedienung sich auf dem Deck wälzte und scharlachrote Spuren als Zeichen ihres Todeskampfes hinterließ. Auch in den Segeln der *Styx* erschienen jetzt Löcher, und Bolitho hörte eine Kugel über das Achterdeck fegen, nur wenige Fußbreit von dem Platz entfernt, an dem er stand.

Neale eilte hierhin und dorthin, beobachtete das Steuer, die Segel, die Geschützbedienungen, alles.

»Feuern!«

Mit wildem Kampfgeschrei warfen sich die Männer wieder an ihre Kanonen und schenkten sich vor dem Nachladen kaum einen Atemzug Zeit, um nachzuschauen, wo ihr Schuß eingeschlagen war.

Bolitho ging nach achtern und schlidderte dabei über Schneematsch, als er das Teleskop hob, um nachzuschauen, was das andere fremde Kriegsschiff machte. Es lag noch vor Anker. Seine Decks waren gedrängt voller Matrosen, jedoch wurden keine Segel losgemacht oder Kanonen ausgerannt. Als er sein Glas weiter nach achtern schwenkte, sah er die weiß-blaue Flagge Rußlands. Mochte der Zar sich auch sehnlichst wünschen, ein anerkannter Freund und Verbündeter Napoleons zu werden, sein Kapitän dachte darüber offenbar anders. Vielleicht hatte auch die Verblüffung über den kühnen Angriff der *Styx* dazu beigetragen.

Eine Kugel schlug durch die Finknetze hinter Bolitho. Er hörte einen vielstimmigen Aufschrei. Die Reihe der Marinesoldaten, die ihre geladenen Musketen auf dem Wall der Hängematten aufgelegt hatten und den Befehl zum Feuern erwartete, war in ein blutiges Durcheinander verwandelt. Männer taumelten und krochen durch den Qualm, zwei von ihnen lagen zu einer blutigen Masse zerschmettert auf der anderen Seite.

Ihr Sergeant brüllte: »Auf eure Plätze, Soldaten! Ziel aufgefaßt!«

Der Leutnant der Seesoldaten saß, sein Gesicht in den Händen, mit dem Rücken ans Schanzkleid gelehnt; seine Finger hatten die gleiche rote Farbe wie sein Uniformrock.

Neale rief: »Der Franzmann hat sich vom ersten Schrecken erholt, Sir. Er wird jetzt sicher mit Kettenkugeln schießen.«

Bolitho warf einen schnellen Blick in die Runde. Es waren erst zehn Minuten vergangen, aber ihm schien es wie eine Ewigkeit. Die Gruppe der britischen Frachter lag wie zuvor, doch konnte man kleine Gestalten erkennen, die auf den Rahen oder dem Oberdeck ihrem Kampf zusahen, ihnen zujubelten oder um Hilfe riefen – es ließ sich nicht ausmachen.

Neale folgte seinem Blick und schlug vor: »Ich werde ein Boot hinüberschicken, Sir. Die armen Teufel haben vielleicht keine Offiziere, die sie anleiten und ihnen beim Entkommen helfen.«

Bolitho nickte, und als Matrosen nach achtern eilten, um das Boot auszusetzen, sagte er zu Browne: »Fahren Sie mit?« Er klopfte ihm auf die Schulter und rechnete damit, daß sie so entspannt wäre, wie der ganze Mann wirkte. Doch die Schulter war gespannt wie eine Wagenfeder, darum setzte er beruhigend hinzu: »Kapitän Neale hat zu viel anderes um die Ohren.«

Browne biß sich auf die Unterlippe und zuckte zusammen, als weitere feindliche Geschosse in die Bordwand krachten, wobei sie schreckliche Splitter abschlugen. Einer drang einem Mann in den Arm und warf ihn zu Boden.

Dann sagte er: »Jawohl, Sir.« Er zwang sich zu einem Lächeln. »Ich werde einen wunderbaren Ausblick haben.«

Augenblicke später pullte das Boot mit kräftigen Schlägen den Handelsschiffen entgegen. Irgend jemand hatte sogar noch die Geistesgegenwart gehabt, eine britische Flagge am Heck zu setzen.

Die *Ajax* kam näher, und ihre Stückpforten spien in regelmäßigen Abständen Feuer. Aber da der Wind das Schiff auf die andere Seite drückte, zischten viele Kugeln über Deck und Laufbrücken der *Styx* hinweg, holten dabei jedoch allerlei Tauwerk herunter und schnitten Blöcke ab wie faule Früchte.

Bolitho blickte das Batteriedeck entlang und entdeckte – wenn auch nur undeutlich im Gemisch von Pulverqualm und Schnee – die weißen Kniehosen von Pascoe, der die vorderen Geschütze kommandierte.

Die Breitseiten fielen jetzt unregelmäßiger. Die Männer waren vom Getöse der Schlacht zu benommen, um noch das ursprüngliche Tempo einhalten zu können.

Einige lagen tot oder schwer verwundet, andere versuchten, sie aus dem Bereich die zurückrollenden Kanonen wegzuziehen. In ihren Gesichtern mischten sich Entschlossenheit und Entsetzen.

Vom Vorschiff hörte man einen wilden Jubelschrei. Bolitho sah den Fockmast des Franzosen wie eine abgeschlagene Kautabakrolle zusammenklappen, wobei die oberen Rahen und Stengen mit sämtlichem Tauwerk und der wild flatternden Leinwand, dazu auch mit einigen Leuten, aufs Vorschiff stürzten. Es klang selbst durch den Schlachtenlärm, als stürze ein abgelöster Felsbrocken ins Meer. Die Wirkung trat augenblicklich ein: Da der größte Teil des Mastes über die Bordwand fiel und dabei Wanten und sonstiges Tauwerk wie schwarzen Seetang hinter sich herzog, drehte die Fregatte in den Wind, wobei das außenbord hängende Zeug als großer Treibanker wirkte.

Neale formte mit den Händen ein Sprachrohr, so daß sein Säbel am Handgelenk herunterbaumelte, und schrie: »Eine volle Breitseite, Mr. Pickthorn! Mit doppelter Kartätschenladung! Gebt's ihm!«

Hilflos hin- und herschwankend, während ihre Matrosen die übergegangenen Trümmer abzuschlagen versuchten, trieb die *Ajax* – Bug voran – direkt auf Neales Batterie zu. Jetzt gab es keine Bedenken mehr, daß eine doppelte Ladung die kalten Rohre sprengen könnte, dachte Bolitho. Die Kanonen waren inzwischen so heiß, daß sie die nächststehenden Leute wie offenes Herdfeuer wärmten.

Er beobachtete, wie ein älterer Geschützführer eine Kugel liebevoll in den Armen wiegte, bevor er zuließ, daß sie in das Rohr gesteckt wurde. Das mußte ein Treffer werden.

Neale kletterte in die Lee-Wanten, griff sich das Sprachrohr seines Ersten Offiziers und rief: »Streicht die Flagge! Ergebt euch!« Es klang fast flehentlich. Doch die einzige Antwort war eine Salve Musketenschüsse, von denen eine Kugel Neales Säbel traf und einen Ton wie Glockenschlag hervorrief.

Neale kletterte zurück an Deck. Seine Augen blickten traurig, als er die erhobenen Fäuste seiner Geschützführer sah.

»So sei es denn!« Er schaute seinen Ersten Offizier an und nickte ihm zu.

Der Erfolg der Breitseite, die – Kanone für Kanone – vom Bug bis zum Heck hinausdonnerte, war schrecklich anzusehen. Drüben flogen Trümmer hoch in die Luft, und der Großmast stürzte mit gewaltigem Krach über die Bordwand, dorthin, wo schon die anderen Mastteile trieben. Bolitho schien es, als wolle das Vorschiff des Gegners unter der gewaltigen Last abbrechen. Er sah einen Midshipman, der sich vor Entsetzen in den Rockärmel biß, als er lange Rinnsale Blut aus den Speigatten der *Ajax* fließen sah, als stürbe sie und nicht ihre Besatzung.

Ein Steuermannsmaat rief: »Die Handelsschiffe gehen Anker auf, Sir!« Es hörte sich ungläubig an.

Bolitho nickte und beobachtete weiter die übel zugerichtete Fregatte. Sie war besiegt, aber ihr Flagge wehte immer noch, und er wußte aus bitterer Erfahrung, daß sie weiterkämpfen würde, so lange noch Leben in ihr war.

Er nahm an, daß Neale und viele seiner Leute die *Ajax* gern geentert und als Prise nach Hause gebracht hätten. Aber es reichte, und sie hatten bereits mehr geleistet, als er zu hoffen gewagt hatte. Jetzt noch weiterzukämpfen, hieß, die Autorität des schwedischen Festungskommandanten wie auch die extravagante Neutralitätsauffassung des russischen Kriegsschiffes allzusehr auf die Probe zu stellen.

Er konzentrierte seine Aufmerksamkeit statt dessen auf die Frachter. Es waren sechs im ganzen, und ihre Matrosen waren eifrig dabei, mehr Segel zu setzen und Zusammenstöße untereinander zu vermeiden, als sie alle zur gleichen Zeit auf die *Styx* zuhielten, die – deutlich sichtbar – vier Flaggen führte.

Neale wischte sich das rußverschmierte Gesicht und sagte: »Ihr Flaggleutnant wird nicht mehr derselbe sein wie bisher, schätze ich, Sir.« Er seufzte, als ein Verwundeter an ihm vorbeigetragen wurde. »Wir anderen auch nicht, was das anbelangt.«

Er drehte sich um und beobachtete einen der Frachter, der nahe an ihnen vorbeisegelte. Auf seiner Backbord-Laufbrücke wimmelte es von Männern, die ihnen freudig zuwinkten.

Trocken fügte er hinzu: »Wir haben erledigt, wofür wir gekommen sind. Ich hielt es für angemessen, wenn wir ein paar der besseren Seeleute bei ihnen ausliehen. Auf diese Weise könnten sie ihre Dankbarkeit beweisen.«

Pascoe kam nach achtern und tippte an seinen Hut. Er wartete, bis Neale wegging, um sich der zahllosen Probleme anzunehmen, die nach dem Kampf seiner harrten. Dann sagte er: »Das war schnell geschafft, Sir!«

Bolitho legte ihm die Hand auf die Schulter. »In knapp zwanzig Minuten. Ich kann es kaum glauben. Neale ist ein großartiger Seemann.«

Pascoe sah ihn nicht an, aber um seinen Mund zuckte ein Lächeln.

»Ich glaube, er hat eine Menge auf seinem früheren Schiff gelernt, Onkel.«

Mr. Charles Inskip ging im Saal auf und ab, als wäre er nicht groß genug für ihn. Selbst die Perücke, die er aufgesetzt hatte, um sich mit Würde zu wappnen, war durch seine Erregung verrutscht.

»Verdammt, Bolitho, was soll ich bloß mit Ihnen machen?« Er wartete die Antwort nicht ab. »Sie mißbrauchen die dänische Neutralität, indem Sie sich bei Nacht davonschleichen, und nun kommen Sie mit einer Räuberpistole von ›Befreiungsaktion‹ zurück nach Kopenhagen! Sie haben offenbar keinen Sinn dafür, daß Sie besser weggeblieben wären!«

Bolitho wartete, daß der Sturm sich legte. Er hatte Mitgefühl für Inskips schwierige Rolle, bedauerte aber keinen Augenblick, daß er die Schiffe befreit hatte. In diesem Augenblick mußten sie gerade um Skagen in die Nordsee hinaussegeln. Unausdenkbar, was geschehen wäre, wenn er sie in den Händen des Zaren gelassen und der sie den Franzosen als Geschenk oder zur Bestechung ausgeliefert hätte. Noch grausamer wäre es gewesen, ihm die unglücklichen Besatzungen zu überlassen. Die Männer wären in irgendeinem Gefangenenlager verfault oder im feindlichen Klima umgekommen.

Er sagte leidenschaftslos: »Es war das mindeste, was ich tun konnte, Sir. Die Handelsschiffe brauchen keinen Angriff von seiten der Dänen zu befürchten. Sie waren rechtswidrig beschlagnahmt worden, zumindest ebenso rechtswidrig wie die dänischen Schiffe Anfang des Jahres durch uns. Aber wenn ich hier nicht wieder geankert, sondern mich an den Kanonen des Öre-Sunds vorbeigeschlichen hätte, wäre eine Katastrophe heraufbeschworen worden.«

Er mußte plötzlich an ihre Rückfahrt denken. Obwohl niemand sie überholt hatte, waren ihnen die Gerüchte vorweggeeilt. Als sie in Kopenhagen ankamen, war das Ufer trotz der Kälte vollbesetzt mit schweigend dastehenden Menschen, und später, als der Hafenadmiral erlaubt hatte, daß sie ihr Schiff ausbesserten und ihre Toten zur Beisetzung an Land brachten, war etwas wie ein großer Seufzer von den Zuschauern aufgestiegen.

Inskip schien Bolitho nicht zu hören. »Ich hätte derartiges Handeln von einem Ihrer Kommandanten in Kauf genommen, aber nicht vom Befehlshaber des Geschwaders, gewiß nicht. Allein schon durch Ihre Gegenwart repräsentieren Sie König und Parlament.«

»Sie wollen damit sagen, ein einfacher Kapitän könnte entlassen oder vor ein Kriegsgericht gestellt werden, wenn die Dinge sich gegen ihn wenden, Sir?«

Inskip unterbrach sein erregtes Auf- und Abgehen. »Schön. Sie kennen also das Risiko eines selbständigen Entschlusses ebenso wie seinen möglichen Lohn.«

Bolitho wußte, daß sie auf diese Weise nicht weiterkamen. Er sagte: »Wie dem auch sei, ich würde meinem Flaggkapitän gern eine Nachricht schicken, wenn das möglich ist. Ich habe ihm angekündigt, höchstens eine Woche auszubleiben. Die ist jetzt um.«

Inskip starrte ihn an. »Verdammt, Bolitho! Ich habe ja nicht gesagt, daß Sie nicht erreichen, was Sie sich vorgenommen haben. Es sind Ihre Methoden, gegen die ich Bedenken habe.« Er zeigte ein schwaches Lächeln. »Ich habe Ihrem Geschwader schon Nachricht zukommen lassen.« Dann schüttelte er den Kopf. »Ich weiß nicht, was Sie im Parlament oder hier im Schloß erzählen werden, aber ich hätte eine Menge darum gegeben, zusehen zu können, wie Sie unsere Handelsschiffe befreiten! Mein Adjutant hat schon mit Ihrem Captain Neale gesprochen. Dieser junge Mann erzählte ihm, daß die *Styx* den Feind in weniger als zwanzig Minuten besiegt hatte.«

Bolitho erinnerte sich an Herricks Bemerkung: ›Männer, nicht Schiffe gewinnen Schlachten‹! Er sagte: »Das ist wahr, Sir. Es war das schnellste Gefecht einer Fregatte, dem ich je als Zeuge beiwohnte.«

Inskip sah ihn ruhig an. »Ich nehme an, Sie waren nicht nur ›als Zeuge‹ dabei.« Er ging ans Fenster und schaute auf den Platz hinunter. »Das Schneetreiben hat aufgehört.« Wie nebenbei fügte er hinzu: »Sie müssen sich für ein Treffen mit dem Generaladjutanten bereithalten. Vielleicht schon heute abend. Bis dahin werden Sie mein Gast sein.«

»Und das Schiff, Sir?«

»Man hat mir versichert, daß es den Hafen verlassen kann, wenn die Reparaturen ausgeführt sind, aber ...« Das Wort hing in der Luft, als er sich umdrehte und Bolitho direkt ins Gesicht schaute. »Sie werden sich wohl auf einen längeren Aufenthalt einrichten müssen, falls die Dänen mich auffordern, Sie ihnen auszuliefern.« Er rieb sich die Hände, als ein elegant gekleideter Lakai mit einem Tablett hereinkam, und sagte: »Aber im Augenblick wollen wir lieber erst einmal auf Ihren, äh, Sieg anstoßen!«

Später, als Leutnant Browne hinzugekommen war, diktierte Bolitho einen ausführlichen Bericht über seine Entdeckung und seine Unternehmung gegen die französische Fregatte. Er überließ es höheren Stellen, die Schlußfolgerungen über Recht oder Unrecht seiner Handlung zu ziehen.

Sollte man es gestatten, daß ein französisches Schiff in schwedischen Gewässern und in Anwesenheit eines russischen Kriegsschiffes von diesem beschlagnahmte britische Handelsschiffe kaperte? Dieser völkerrechtliche Knoten ließ sich nicht so leicht lösen, dachte er.

Er lehnte sich zurück und beobachtete Brownes Miene. »Habe ich irgend etwas vergessen?«

Browne sah ihn einige Sekunden lang an. »Ich glaube, Sir, je weniger Sie darüber zu Papier bringen, desto besser. Ich hatte an Bord des Frachters Zeit zum Nachdenken. Da befand ich mich in der Lage, selber handeln zu müssen, anstatt nur Ratschläge zu geben. Sie haben ein Gefecht gewonnen, nichts Gewaltiges, was das Antlitz der Erde verändern wird, aber es ist genau das, was unseren Leuten zu Hause Auftrieb geben kann. Sie hassen es, wenn einfache Leute wie sie von einer fremden Macht brüskiert und gedemütigt werden. Aber es gibt sicher auch Leute, die nicht so freundlich über Sie denken.«

Bolitho lächelte nachdenklich. »Weiter, Browne, ich bin ganz Ohr.«

Browne sagte: »Admiral Sir Samuel Damerum zum Beispiel, Sir, wird nicht begeistert sein. Er könnte dadurch in den Augen anderer als Narr erscheinen, als Mann, dem es an Mut fehlt, sich für kleine Dinge – wie auch für große – einzusetzen.« Browne lachte etwas verlegen, als ob er zu weit gegangen wäre. »Wie ich sagte, Sir, ich hatte Gelegenheit, meine Einstellung zu den Mächtigen zu ändern, während ich weg war. Ehrlich gesagt: Ich bin froh, Leutnant zu sein, und dazu ein solch bevorzugter.«

Bolitho rieb sich das Kinn und streifte seinen Ehrensäbel auf dem Stuhl mit einem Blick. Auch dieses Omen war falsch gewesen. Er hatte recht getan zu handeln, und obwohl Neale zehn Tote dabei zu beklagen hatte, war es den Einsatz wert gewesen. Keine weltverändernde Schlacht, wie Browne es ausgedrückt hatte, doch sie würde ihr Selbstbewußtsein stärken und der Welt zeigen, daß England – auch wenn es allein stand – nicht zögerte, sich für seine Landsleute einzusetzen, wenn es darauf ankam.

Eine Stunde später befand er sich mit Inskip in einem Wagen auf dem Weg zum Schloß.

Es war schon spät und die Straße fast leer. Die Szenerie ähnelte mehr einem Mordkomplott als einer einfachen Befragung, dachte er. Allday hatte mitkommen wollen, aber Inskip war hart geblieben.

»Nur Sie, Bolitho. Das ist ein Befehl!«

Der Wagen fuhr durch einige Tore und hielt dann vor einem schmalen Seiteneingang.

Nachdem sie den Schnee von den Füßen getrampelt hatten, wurden sie durch mehrere Türen in eine andere Welt geleitet, in ein Märchenland von glitzernden Kronleuchtern und großen Gemälden. Man hörte von irgendwoher Musik und weibliche Stimmen und spürte Macht und höchsten Komfort.

Aber weiter drangen sie nicht vor. Man wies sie in einen kleinen, aber sehr schön ausgestatteten Raum mit bücherbedeckten Wänden und prasselndem Kaminfeuer.

Ein Mann erwartete sie. In seiner blauen Samtrobe wirkte er elegant wie der ganze Raum. Seine schweren, goldbestickten Ärmelaufschläge reichten bis an die Ellenbogen. Er machte den Eindruck, als würde er nie übereilt und ohne Würde handeln.

Er musterte Bolitho nachdenklich, wobei sein Gesicht im Schatten blieb. »Der Generaladjutant konnte nicht kommen. Er mußte aufs Festland hinüber.« Er sprach ohne Akzent und in einem Ton, der den warmen Raum zu streicheln schien.

Dann fuhr er fort: »Ich werde mich mit dieser Sache befassen, Konteradmiral Bolitho. Als sein Gehilfe bin ich mit der ganzen Angelegenheit sowieso gut vertraut.«

Inskip begann zu sprechen. »Tatsache ist, Sir, daß . . .«

Eine Hand wurde gehoben wie von einem Priester, der den Segen erteilen will, und Inskip verstummte.

»Lassen Sie mich zunächst dies sagen: Sie haben die sechs englischen Schiffe durch Ihre Aktion gerettet. Sie Ihrerseits retteten sich dadurch, daß Sie Kopenhagen anliefen. Hätten Sie ein französisches Schiff, gleichgültig, unter welchem Vorwand, in dänischen Gewässern angegriffen, dann hätten weder Sie noch Ihr Schiff jemals wieder England erreicht, seien Sie dessen sicher. Sie haben Krieg mit Frankreich, nicht mit uns. Aber wir müssen in einer Welt bestehen, die von London und Paris auf den Kopf gestellt ist, und wir werden keinen Augenblick zögern, unser Schwert zu ziehen, um das zu schützen, was uns heilig ist.« Seine Stimme wurde weicher. »Das heißt nicht, daß ich Sie nicht verstehe, Admiral. Ich tue es, besser vielleicht, als Sie glauben.«

Bolitho sagte: »Ich danke Ihnen für Ihr Verständnis, Sir. Wir sind ein Inselvolk. Seit tausend Jahren müssen wir uns gegen Angreifer zur Wehr setzen. Menschen im Krieg vergessen zu leicht die übrige Welt, und dafür bitte ich um Entschuldigung, Sir.«

Der Mann wandte sich zum Fenster und sagte ruhig: »Soviel ich weiß, sind meine Landsleute in der Vergangenheit einige Male in Ihr Land eingefallen?«

Bolitho lächele. »Aye, Sir. Es heißt heute noch, daß die Mädchen an der Nordostküste Englands ihre blonden Haare den Wikingern verdanken.«

Inskip räusperte sich nervös. »Darf ich also Admiral Bolitho wieder mitnehmen, Sir?«

»Bitte sehr.« Er bot ihnen nicht die Hand. »Ich wollte Sie gern kennenlernen, wollte sehen, was für ein Mann Sie sind.« Er nickte kurz. »Ich hoffe, wenn wir uns einmal wiedersehen, wird es unter glücklicheren Umständen sein als jetzt.«

Bolitho folgte Inskip und zwei Lakaien denselben Weg zurück, wobei ihm noch immer der Kopf schwindelte.

Er sagte: »Ich glaube, bei seinem Vorgesetzten wäre ich schlechter weggekommen. Dieser wollte mich wohl möglichst schnell außer Landes haben.«

Inskip nahm seinen Mantel von einem Diener in Empfang und sog die frische Luft ein, die durch die offene Tür drang.

»Möglich, Bolitho.« Er warf ihm einen Seitenblick zu. »Es war der Kronprinz selber!« Er schüttelte den Kopf und marschierte auf den Wagen zu. »Wirklich, Bolitho, Sie müssen noch eine Menge lernen.«

Seinen Hut unter den Arm geklemmt, betrat Kapitän Neale die Kajüte.

»Es wird Sie interessieren, daß wir aus dem Sund raus sind und nun im Kattegatt stehen, Sir.« Er sah müde, aber gleichzeitig froh aus, als er hinzufügte: »Unsere ungebetenen Begleiter haben abgedreht und sind verschwunden.«

Bolitho stand auf und ging an die Heckfenster. Das Schneetreiben hatte aufgehört, aber das Wasser sah grau und unfreundlich aus. Die Dänen hatten es nicht darauf ankommen lassen. Zwei Fregatten waren der *Styx* vom Augenblick des Ankerlichtens an gefolgt, und als Bolitho zum Landungssteg hinuntergefahren war, hatte er Soldaten beobachtet, die an die Geschütze der Hafenbatterie eilten. Nicht als Drohung, aber vielleicht zur Warnung.

»Vielen Dank.«

Bolitho horchte auf das traurige Quietschen der Pumpen, auf den dumpfen Klang der Hammer und Sägen, die bewiesen, daß die Besatzung noch alle Hände voll zu tun hatte, die Schäden ihrer kurzen, aber heftigen Auseinandersetzung zu beseitigen.

Man würde die *Styx* heim nach England schicken müssen, wo sie fachmännisch und gründlich überholt werden konnte. Sie hatte es verdient, ebenso ihre Besatzung.

Er sagte: »Ich werde mir auf meinem Flaggschiff ganz verloren vorkommen. Wie ein Pferd in einem größeren Stall.« Er wurde wieder ernst. »Ich habe einen ausführlichen Bericht geschrieben, den Sie nach England bringen sollen. Was darin Sie betrifft, wird die richtige Stelle erreichen.«

Neale lächelte. »Danke, Sir.«

»Und wenn Sie mich so schnell wie möglich zu meinem Geschwader bringen, werde ich Sie künftig in Ruhe Ihre Entscheidungen selbst treffen lassen.«

Neale wollte schon gehen, sagte dann aber noch: »Mein Erster Offizier ist sehr begeistert über die Neuen, die er von den Handelsschiffen geholt hat. Alles prima Seeleute, obwohl sie noch nicht genau wissen, wie ihnen geschah, und ob sie nur eine Hölle mit einer anderen vertauscht haben.«

Am nächsten Morgen, als Bolitho sein Frühstück verzehrte, das nach Ozzards Meinung besser zu einem Kriegsgefangenen gepaßt hätte, kam Neale herunter und meldete, daß seine Ausguckleute ein Segel gesichtet hätten. Gleich darauf sei es als der Fregatte

Relentless gehörig erkannt worden.

Fast noch unter dem Horizont hatte die *Relentless* Signale gesetzt, die von der *Lookout* erkannt und für das übrige Geschwader wiederholt wurden.

Bolitho konnte sich in ihre Empfindungen hineinversetzen. Herricks Aufklärer mußte die befreiten Handelsschiffe getroffen haben, und was er von ihnen nicht erfahren hatte, konnte er sich selber zusammenreimen.

Die erste Bewährung des neuen Geschwaders. Etwas, dessen man sich rühmen konnte, wenn das Wetter einen entmutigte oder das Essen zu schlecht war, um es überhaupt noch zu diskutieren.

Als Bolitho später an Deck ging, bemerkte er, daß Allday ihm mit seiner Seekiste schon zuvorgekommen war. Auch er schien mehr als erpicht darauf, wieder auf die *Benbow* zurückzukehren.

Er sah Pascoe und den kleinen Midshipman Penels auf der Backbord-Laufbrücke stehen und zu den Schiffen hinüberschauen. Als das vor Anker liegende Geschwader höher herauskam, sah er Pascoe sich umdrehen und mit fragendem Ausdruck nach achtern schauen.

Neale sagte: »Gebt mir mal ein Glas!« Er schaute an der anderen Fregatte vorbei, die elegant wendete und zum Geschwader zurücksteuerte. »Captain Herrick ist klar zum Ankeraufgehen, scheint es.« Er übergab Bolitho das Glas und beobachtete seine Reaktion.

Bolitho richtete das Glas auf den feucht schimmernden Rumpf der *Benbow*, die vor kurzgeholter Ankertrosse dümpelte. Die Segel waren lose aufgeholt und nicht so sauber festgezurrt, wie man erwartet hätte. Die Ankertrosse zeigte fast auf und nieder, genau wie bei den anderen Zweideckern. Er fühlte sich plötzlich unbehaglich, sagte aber so ruhig er konnte: »Wir müssen noch etwas Geduld haben.«

Neale schüttelte bedenklich den Kopf. Dann rief er: »Setzen Sie die Bramsegel, Mr. Pickthorn! Wir haben es eilig!«

Der Signalfähnrich der *Benbow* ließ sein Teleskop sinken und meldete: »Das Geschwader ist Anker auf, Sir!«

Bolitho griff in die Hängemattsnetze und beobachtete erst eines, dann das nächste Schiff, dessen Segel sich füllten oder wieder killten, und das sich dann durch den Winddruck auf die Seite legte, bis sie ihr Manöver beendet hatten. Wolfe, der Erste Offizier, führte das Kommando auf dem Achterdeck, aber offenbar nicht ganz im Sinne Herricks, was dessen Nervosität erklärte.

Es war erst knapp fünfzehn Minuten her, seit Bolitho durch die Einlaßpforte geklettert war, fünfzehn Minuten, die mit vielerlei Tätigkeiten und scheinbarem Durcheinander erfüllt gewesen waren. Die Seeleute hatten unmittelbar nach seinem Anbordkommen auf den Rahen ausgelegt oder an Fallen und Brassen geholt, als hätten sie es wie ein Startsignal erwartet.

Zwischen den vielerlei Dingen, die Herrick erledigen mußte, hatte er berichtet: »Ein Kurierschiff ist von Sheerness gekommen, Sir. Der Kommandant hatte Depeschen für Admiral Damerum, aber dessen Geschwader war inzwischen schon mit verschiedenen Zielen fortgesegelt.« Einige Sorgenfalten auf seinem Gesicht hatten sich bereits geglättet, als er dankbar hinzusetzte: »Bei Gott, es ist gut, daß Sie zurück sind, Sir. Ich wußte wirklich nicht, was ich tun sollte.«

In den kurzen Pausen zwischen Kommandos, die Herrick für Kursänderungen oder Segelkommandos gab, und während sich das Geschwader zur Kiellinie formierte, erfuhr Bolitho stückweise, was geschehen war. Er unterbrach oder drängte Herrick kein einziges Mal, denn er wollte es in dessen eigenen Worten hören und nicht in sorgsam für seine Ohren präparierter Rede.

Die wichtigsten Tatsachen: Ein französisches Geschwader war aus Brest ausgebrochen und in der Weite des Meeres verschwunden. Es wurde von Vizeadmiral Alfred Ropars befehligt, einem erfahrenen und wagemutigen Offizier. Er hatte das schreckliche Wetter ausgenutzt, aber mehr noch: zwei seiner Fregatten hatten im Schutz der Dunkelheit das britische Vorpostenschiff nahe an der Küste überfallen und erobert. Bolitho mußte an Inskips Ansichten über Autorität und Verantwortung eines Kommandanten denken. Der Kommandant der gekaperten Fregatte würde alles verlieren. Seine früheren Verdienste, seine ganze makellose Karriere würden nicht ausreichen, diese Panne ungeschehen zu machen.

Aber Bolitho wußte auch, wie leicht so etwas passieren konnte. Hin und her, auf und ab, bei jedem Wetter und jedem Seegang, da wurden die windzerzausten Schiffe des Blockadegeschwaders oft zu sicher, zu überzeugt davon, daß die Franzosen vernünftig genug sein würden, im Hafen zu bleiben, statt einen Kampf zu riskieren.

Ropars mußte den richtigen Zeitpunkt gewählt haben. Nachdem er das Patrouillenschiff aufgebracht hatte, waren seine schweren Schiffe im Morgengrauen ausgelaufen und verschwunden.

Die Information des Kurierschiffes war dürftig bis auf einen Punkt: Ropars war nach Norden gesegelt. Nicht nach Westen, Richtung Karibische See, oder nach Süden, zum Mittelmeer, sondern nach Norden.

Herrick sagte verzweifelt: »Ich war hin- und hergerissen. Wir mit unserem kleinen Geschwader hier anstelle von Admiral Damerum und Sie – wie ich vermutete – in Kopenhagen. Die Admiralität nimmt an, daß Ropars eine Landung mit gleichzeitiger Volkserhebung in Irland unterstützen will. Da unsere Flotte so weit verstreut ist, scheint der Augenblick für einen derartigen Versuch gut gewählt.«

Bolitho nickte, sein Geist arbeitete. »Vor fünf Jahren, als ich Flaggkapitän von Sir Charles Thellwall auf der *Euryalus* war, habe ich in Irland viel Elend gesehen. Die Franzosen haben es schon damals versucht. Gut möglich, daß sie einen neuen Versuch unternehmen, Thomas.«

Herrick beschattete seine Augen, um nach den Bramrahen hinaufzuschauen, wo einige Matrosen sich mit Händen und Füßen festklammerten, als der Wind voll in die Segel einfiel.

Er sagte: »Ich entschied, daß ich nichts erreichen würde, wenn ich nach Irland segelte, Sir. Wir haben zu wenig Schiffe.« Er schaute Bolitho gerade in die Augen. »Und außerdem, Sir, sind Sie mein Befehlshaber.«

Bolitho lächelte. Es mußte eine schwere Entscheidung für Herrick gewesen sein. Wenn er das Falsche getan hätte, währe – Treue hin, Treue her – sein Kopf zusammen mit dem seines Admirals gefallen.

Doch er sprach mit Wärme: »Das haben Sie gut gesagt, Thomas. Ich sehe Sie schon bald Ihren eigenen Kommandostander führen, denken Sie an meine Worte!«

Herrick zog eine Grimasse. »Dafür würde ich mich nicht einmal bedanken, Sir.«

Er kam aufs Thema zurück. »Der französische Admiral hat nur ein Geschwader, nicht mehr. Das wissen wir genau. Und ich wette, jedes Schiff unserer Kanalflotte paßt jetzt höllisch vor den feindlichen Häfen auf, falls irgendein Schiff versuchen sollte, Ropars Geschwader zu verstärken.«

Bolitho löste seinen Griff von den Netzen. Es dauerte nicht lange, bis man sich an die anderen Schiffsbewegungen gewöhnt hatte: nach dem heftigen Schlingern einer Fregatte nun das schwerfällige Überholen eines Linienschiffes.

»Nun, Thomas? Weiter.«

Herrick biß sich auf die Lippen, als wünschte er, er hätte geschwiegen.

»Ich habe von Ihren Taten in der Ostsee gehört. Der Kapitän eines der Handelsschiffe, die Sie befreit haben, hat es mir berichtet. Es war saubere Arbeit, Sir, und das allein mit der *Styx*.«

Bolitho schaute auf die graue See ringsum, bereit, Herrick weiterreden zu lassen, ohne seinen Gedankenfluß zu unterbrechen.

»Es sieht den Franzmännern nicht ähnlich, lediglich eine einzige Fregatte für solch eine Aufgabe zu entsenden, Sir. Sie wissen ganz bestimmt, daß Ihr Geschwader jeden Versuch, die Handelsschiffe nach Frankreich zu entführen, verhindern würde.« Er streckte seine Hände aus. »Um alles in der Welt: Ich kann aber keinen anderen Grund für ihre Unternehmung entdecken.«

Bolitho starrte ihn an. »Es paßt alles zu gut zusammen, Thomas. Ist es das?«

Herrick nickte. »Ja, Sir. Ich glaube, daß die Franzosen beabsichtigen, unser Geschwader nach Westen zu locken, damit es die Kanalflotte verstärkt und Ropars' Rückzugslinie von Irland bedroht, wenn er dort keinen Erfolg hat.«

Bolitho packte ihn am Arm. »Aber in Wirklichkeit segelt Ropars weiter nach Norden, möglicherweise um Schottland herum und dann an der norwegischen Küste herunter – nehmen Sie das an?«

Herrick leckte sich die Lippen. »Nun ja, Sir. Sie werden von Norden kommen.« Er blickte auf die verschwommene Linie der dänischen Küste. »Hierher.«

»Wo sie hoffen, daß die Tür zur Ostsee für sie offensteht, nicht wahr?« Es wäre zu schön, um wahr zu sein.

Bolitho sagte: »Signalisieren Sie dem Verband: ›Kurs West‹!, Thomas. *Relentless* und *Lookout* so weit vorgesetzt wie möglich, ohne aus Sichtweite zu kommen. Wenn der Befehl ausgeführt ist, kommen Sie nach achtern, und bringen Sie den Master mit. Wir werden die Karte studieren und unsere Gedanken austauschen.«

Herrick schaute ihn – jetzt weniger sicher – an.

»Ich mag mit meiner Annahme völlig falsch liegen, Sir. Ist es das Risiko wert?«

»Wenn wir hier kämpfen müssen, liegen wir auf Legerwall*. Nein, wir wollen auf freier See mit ihnen zusammentreffen, wenn überhaupt. Wir wollen ein paar von ihnen zusammenschießen und den Rest in die Flucht schlagen. Ich habe von Admiral Ropars gehört, Thomas. Was wir vermuten, ist genau das, was er versuchen wird.«

Herrick sagte betreten: »Er ähnelt Ihnen wohl ein bißchen, Sir.«

»Nicht ganz, hoffe ich. Sonst würde er unseren Plan durchkreuzen.«

Bolitho ging nach achtern in seine Räume, vorbei am steif dastehenden Posten der Seesoldaten, und zog am Schott so automatisch den Kopf ein, als wäre er noch auf der Fregatte.

Einige Zeit ging er ruhelos in der Kajüte auf und ab und überdachte noch einmal, was sich in so kurzer Zeit ereignet hatte: den seltenen Glücksfall, als *Lookout* die französische Brigg *Echo* aufgebracht hatte. Ihre Ankunft in Kopenhagen. Den Angriff im Schneesturm. An die Männer, die sterben mußten, und die anderen, die ihm zugejubelt hatten.

Auch jetzt hörte er Jubelrufe, als wären seine Gedanken laut geworden, aber als er durch das Heckfenster schaute, sah er die Fregatte *Styx* unter der vollen Pyramide ihrer dichtgeholten Segel stolz hinter den langsameren Zweideckern vorbeigleiten. Das Geschwader jubelte diesmal einem Kameraden zu, dem narbenbedeckten Sieger, der zur Ausbesserung und vielleicht zu einem glorreichen Empfang nach Hause fuhr.

Allday kam in die Kajüte und hängte den Ehrensäbel wieder in seine Halterung unter dem anderen. Er sagte: »Ich war doch etwas in Sorgen neulich, Sir. Einen Augenblick jedenfalls.«

Bolitho zuckte die Achseln. »Mit dem Aberglauben ist das so eine Sache.«

Allday grinste erleichtert. »Die Leute in Falmouth wären ganz schön entsetzt gewesen, wenn Sie ihn zerbrochen hätten. Darauf können Sie sich verlassen, Sir.«

Bolitho setzte sich, er fühlte sich plötzlich müde. »Holen Sie mir was zu trinken, bitte.« Dann lächelte er. »Und wir wollen aufhören, uns gegenseitig etwas vorzumachen.«

* Legerwall = eine Küste, auf die der Wind steht, was für Segelschiffe gefährlich ist

VII Klar Schiff zum Gefecht

Am Morgen war es sehr kalt, und als Bolitho zu seinem gewohnten Spaziergang an Deck kam, empfand er die eisige Luft als genauso unangenehm wie kürzlich vor Gotland.

Er schaute hinauf zum Himmel, der zwar wolkenlos war, aber grau wie die See, bleiern grau.

Durch das Fernrohr beobachtete er die anderen Schiffe, verfolgte ihre morgendlichen Routinearbeiten, zu denen das Setzen und Trimmen der Segel gehörte, um wieder den vorgeschriebenen Platz in der sich langsam vorwärtsbewegenden Linie einzunehmen. Von der *Lookout* war noch nichts zu sehen, aber vom Mastkorb aus konnte man sie vielleicht schon ausmachen.

Der Erste Offizier marschierte auf der Leeseite auf und ab. Sein rotes Haar, das unter seinem Hut im Winde flatterte, bildete den einzigen lebhaften Farbfleck an Deck.

An ihm war nichts herumzurätseln oder zu kritisieren. Wolfe war Erster Offizier und würde über kurz oder lang, wenn er Glück hatte, sein eigenes Schiff führen. Hier auf der *Benbow* war es seine einzige Aufgabe, das Schiff wie ein gut gestimmtes Instrument zu handhaben und für seinen Kommandanten in höchstmögliche Gefechtsbereitschaft zu bringen.

Bolitho ließ die Gedanken von der täglichen Routine zur eigenen Lage schweifen. Zwei Tage lang waren sie zuerst nach Westen, dann nach Norden gesegelt: zwei Tage, in denen sie ihre Patrouille vor den Ostseeingängen vernachlässigt hatten. Angenommen, seine Überlegungen waren falsch? Angenommen, er hatte im Bemühen, den Erfolg seines Geschwaders auszuweiten – ungeachtet von Inskips Zweifeln und Warnungen – das Nächstliegende versäumt?

Die Begeisterung in England angesichts der *Styx* und ihrer Kampfesspuren konnte nicht ewig anhalten. Sehr bald schon würde er sich zu entscheiden haben: weiter durchzuhalten oder auf seine küstennahe Station zurückzukehren. Wenn er es andererseits unterließ, seine Schiffe – oder wenigstens einige davon – in die irischen Gewässer zu führen, und wenn er einer fixen Idee zuliebe keinen Kontakt mit dem französischen Geschwader bekam, würde das Damerum und der Admiralität kaum schmecken.

Wolfes rauhe Stimme riß ihn aus seinen Gedanken: »Also, Mr. Pascoe, was höre ich da über Ihre Bitte, die Landratte Babbage zu versetzen? Zur Achterdecksmannschaft, sagen Sie?« Er beugte sich vor und wirkte dabei wie ein ungeschlachter Riese, der auf den schmächtigen Leutnant herabsah.

Pascoe antwortete: »Ja, Sir, er wurde in Plymouth gepreßt. Es kommt aus Bodmin, und . . .«

Wolfe brummte ungeduldig: »Und ich komme aus dem verdammten Bristol, aber was hat das damit zu tun, he?«

Pascoe versuchte es noch einmal: »Midshipman Penels bat um die Versetzung, Sir. Sie sind zusammen aufgewachsen. Babbage arbeitete für Penels Mutter, seit sein Vater gestorben war.«

»Ist das alles?« Wolfe nickte zufrieden. »Gut, das wußte ich bereits. Deshalb habe ich sie ja getrennt, als ich von ihrer Beziehung zueinander hörte.«

»Ich verstehe, Sir.«

»O nein, Mr. Pascoe, Sie verstehen nicht. Aber lassen wir das. Sie haben gefragt, und ich habe nein gesagt. Nun nehmen Sie ein paar Leute mit zum Vorschiff, und schauen Sie mal nach dem Schanzkleid. Mr. Swale meldet, daß es Risse bekommen hat. Die Teufel haben wahrscheinlich ungeeignetes Holz beim Bau verwendet.«

Pascoe tippte an seinen Hut und marschierte zur Laufbrücke.

Als er außer Hörweite war, rief Bolitho: »Mr. Wolfe, einen Augenblick bitte!«

Bolitho war schon ziemlich groß, aber Wolfe gegenüber kam er sich wie ein Zwerg vor.

»Sir?«

»Ich habe eben unfreiwillig Ihre Gespräch mit angehört. Vielleicht sind Sie bereit, Ihr Wissen mit mir zu teilen?«

Wolfe grinste ohne einen Anflug von Verlegenheit.

»Gewiß, Sir. Ich sprach den Offizier, der das Preßkommando in Plymouth führte, als er uns einige Leute an Bord brachte. Er erzählte mir alles über Babbage. Daß er mit einer Nachricht für einen Lagerverwalter nach Plymouth geschickt worden war.«

»Ein langer Weg von Bodmin, nicht wahr, Mr. Wolfe?«

»Aye, Sir. So ist es. Jemand wollte ihn aus dem Weg haben. So schickte man ihn dorthin, wo sich niemand mit der Tatsache, daß er von einem Preßkommando eingefangen wurde, lange aufhalten würde. Wenn Sie verstehen, was ich meine, Sir?«

Bolitho schaute finster drein. »Penels Mutter?«

»Das nehme ich an, Sir. Ihr Mann tot, ihr Sohn auf See – da hat sie sich wohl nach einem neuen, hm, Ehemann umgesehen. Babbage war ihr lästig, er lebte mit im Haus, sah und hörte alles. Sie konnte nicht wissen, daß Babbages Ankertau sich ausgerechnet in dem unseres jungen Herrn Penels verfangen würde.«

»Vielen Dank, daß Sie mich informiert haben.«

Bolitho dachte an den unglücklichen Babbage. Daß sie einen unbequemen oder unerwünschten Bedienten auf diese Weise loswerden konnten, war Unternehmern und Landbesitzern nicht unbekannt. Man schickte ihn mit einen Auftrag weg und benachrichtigte gleichzeitig einen Werber oder das Preßkommando. Das weitere ergab sich dann von selbst.

Wolfe fügte hinzu: »Mr. Pascoe wird ein guter Offizier werden, Sir. Und das sage ich nicht, um mich bei Ihnen beliebt zu machen. Auch er wird die Ränke von Frauen noch kennenlernen. Warum soll man ihn schon jetzt mit solchen Dingen belasten.«

Er machte eine kurze Ehrenbezeigung und ging mit langen Schritten davon.

Bolitho nahm seinen Marsch wieder auf. Dieser linkische Erste Offizier hatte also noch eine andere Seite, dachte er. ›Nicht um mich bei Ihnen beliebt zu machen‹! Man brauchte ihn nur anzusehen, um das zu glauben.

»An Deck! *Lookout* in Sicht. Über den Luv-Bug!«

Bolitho sah, daß der Wachoffizier eine Eintragung über die erste Sichtmeldung des Tages in das Logbuch machte. Weit hinter der Korvette würde Kapitän Rowley Peel auf seiner *Relentless* eifrig den sich langsam aufhellenden Horizont absuchen. Sooft er an den hart errungenen Sieg der *Styx* dachte, wünschte er bestimmt für sich und sein Schiff eine ähnliche Chance herbei. Er war sechsundzwanzig, und das war auch schon alles, was Bolitho über ihn wußte. Bis jetzt.

Auf der Lee-Laufbrücke hörte man Fußgetrampel. Ein bulliger Bootsmannsmaat bewegte sich schwerfällig nach achtern und beugte sich zu dem Offizier hinab, der gerade dabei war, das Logbuch wieder in seine Segeltuchhülle einzuschlagen.

»Verzeihung, Mr. Speke, Sir. Im unteren Batteriedeck hat es eine Keilerei gegeben. Ein Mann hat einen Unteroffizier mit einem Schemel niedergeschlagen.«

Speke, der Zweite Offizier, war laut Herrick ein tüchtiger Offizier, aber mit der Neigung, zu rasche Entschlüsse zu fassen.

Jetzt erwiderte er scharf: »Gut, Jones. Melden Sie es dem

Wachtmeister*, ich werde es für den Ersten Offizier ins Logbuch eintragen. Wer ist es übrigens?«

Irgendwie – es gab dafür keine vernünftige Begründung – wußte Bolitho schon, wer es war.

»Babbage, Sir. Von Mr. Pascoes Division.« Und als wäre es ihm eben noch eingefallen, fügte er grob hinzu: »Er hat den Unteroffizier krankenhausreif geschlagen, Sir. Den Schädel gespalten hat er ihm!«

Speke nickte bedeutungsvoll. »Das wär's, Jones. Gehen Sie zu Mr. Swale. Melden Sie ihm, daß wir eine Strafgräting auftakeln müssen.«

Bolitho wandte sich zum Niedergang. Der Appetit auf ein Frühstück war ihm vergangen.

Es war schon schlimm genug, hier auf der Suche nach dem Feind herumzukreuzen, zu kämpfen und – falls nötig – zu sterben. Nun außerdem eine Prügelstrafe zu vollziehen, würde ihnen kein bißchen weiterhelfen.

»Haben Sie neue Befehle für mich, Sir?« Herrick stand, den Hut unter den Arm geklemmt, im Türrahmen. Sein abgetragener Bordmantel paßte nicht recht in die neu möblierte Kajüte.

Bolitho lauschte in die große Stille, die das Schiff und seine sechshundertundzwanzig Männer und Knaben umfangen hielt. Es war fast Mittag. Der Himmel war immer noch frei von Regenwolken, aber in den unteren Decks war die Luft feucht und muffig wie im Winter. Weder von der Fregatte noch von der Korvette war bisher irgend etwas gemeldet worden, mit Ausnahme eines schnellen Schoners, der sich eilends davongemacht hatte. Ein Seeräuber, Schmuggler oder nur ein harmloser Frachter, der möglichen Schwierigkeiten aus dem Wege gehen wollte?

Bolitho sah seinen Freund an und wußte genau, was ihn bedrückte. Herrick hatte das nicht verdient, dachte er. Es war seine Idee gewesen, den Ratschlag zu mißachten, den die Brigg überbracht hatte. Sein Plan war es, ihren Platz zu wechseln, damit sie dem Feind auf offener See begegneten. Es war ungerecht, daß er nun auch noch diese neue Sorge auf der Seele hatte.

Mit sanfter Stimme fragte Bolitho: »Kann ich helfen, Thomas?

* »master-at-arms« = der (meist recht unbeliebte) Bordpolizist im Range eines Deckoffiziers (Anm. d. Übers.)

Es ist diese Bestrafung, die Sie bedrückt, habe ich recht?«

Herrick starrte ihn an. »Aye, Sir. Der junge Adam war Babbage wegen bei mir. Er nimmt die Schuld auf sich und wird mich für einen blutdürstigen Tyrannen halten, wenn ich nicht eingreife.«

»Sie wissen über Babbage Bescheid?«

Herrick nickte. »Ich weiß es jetzt, Mr. Wolfe hat es mir erzählt.« Er schaute zur Decke und fügte hinzu: »Ich mache ihm natürlich keinen Vorwurf. Er hält es für seine selbstverständliche Pflicht, solche Dinge von seinem Kommandanten fernzuhalten.« Er versuchte ein Lächeln. »Wie ich es früher auch bei Ihnen tat.«

»Das habe ich mir gedacht.«

Herrick sagte: »Ich habe den ganzen Vorfall überprüft. Der Unteroffizier hat Babbage provoziert, wahrscheinlich ohne es zu wissen. Babbage ist ein Waisenkind, was die Sache noch schlimmer macht.«

Bolitho nickte. Kein Wunder, daß sein Neffe erregt war. Er selbst war auch Waise.

»Wir sind in die Sache mit hineingezogen, Thomas.«

»Aye, Sir. Das ist das Unglück. Bei jedem anderen Mann würde ich keinen Augenblick zögern. Aber Schuld oder nicht Schuld: Ich kann nicht zulassen, daß meine Unteroffiziere niedergeschlagen und fast getötet werden. Ich hasse die Prügelstrafe, wie Sie genau wissen, Sir, aber solche Dinge können nicht geduldet werden.«

Bolitho stand auf. »Möchten Sie, daß ich an Deck komme? Meine Anwesenheit könnte beweisen, daß es nicht einfach eine Laune, sondern eine dienstliche Notwendigkeit ist.«

Herricks blaue Augen blickten fest geradeaus. »Nein, Sir, dies ist mein Schiff. Wenn etwas falsch gemacht wurde, hätte ich selber es sehen müssen.«

»Was, in aller Welt, sagen Sie da?« Bolitho lächelte leicht. »Es ehrt Sie, daß Sie sich in einem Augenblick wie diesem Sorgen um einen einzelnen machen.«

Herrick ging zur Tür. »Werden Sie mit Adam sprechen, Sir?«

»Er ist mein Neffe, Thomas, und steht mir sehr nahe. Aber wie Sie mir damals sagten, als ich meinen Kommodore-Stander auf Ihrer alten *Lysander* setzte: er ist einer von Ihren Offizieren.«

Herrick seufzte. »In Zukunft werde ich es mir zweimal überlegen, bevor ich solch eine Bemerkung vom Stapel lasse.«

Die Tür schloß sich, und durch eine andere trat Yovell, der

Schreiber, mit einem seiner Aktendeckel ein.

Als die Bootsmannsmaatenpfeifen durch die Decks schrillten, und die Maate »Alle Mann! Alle Mann nach achtern zu einem Strafakt« riefen, sah Yovell zum Skylight empor und murmelte: »Soll ich das Oberlicht schließen, Sir?«

»Nein!«

Sie hielten alle zusammen, wollten ihn abschirmen von einer Welt, die ihm seit seinem zwölften Lebensjahr vertraut war.

»Bereiten Sie sich auf neue Befehle für das Geschwader vor. Wir werden heute nachmittag Kurs ändern und auf unsere Station zurückkehren.«

Er hörte Herricks Stimme wie durch Watte, aber langsam und klar, wie der Mann selber.

Er merkte, daß sich seine Bauchmuskeln spannten, und wußte, daß Yovell ihn beobachtete.

Ein Trommelwirbel, und dann hörte man den ersten Schlag wie einen Pistolenschuß auf den nackten Rücken des Mannes klatschen. Bolitho sah die Szene so deutlich vor sich, als wäre er mit an Deck: die finsteren Gesichter ringsum und das Schiff, das sie immer weitertrug, während die Bestrafung fortgesetzt wurde.

Beim dritten Schlag der Peitsche hörte er Babbage schreien, wild und schrecklich wie eine Frau in Todesqual.

Ein neuer Schlag.

Yovel stammelte: »Gott sei uns gnädig, Sir, er hält es nicht aus.«

Zwei Dutzend Schläge war das mindeste für Babbages Vergehen. Viele Kommandanten hätten hundert oder noch mehr verhängt. Herrick war an der unteren Grenze geblieben, um das Opfer zu schonen, aber ohne die Autorität des Unteroffiziers zu untergraben, wenn er wieder zum Dienst kam.

Ein neuer Schlag.

Bolitho stand abrupt auf, die schrecklichen Schreie drangen ihm wie Messer in die Ohren.

Die Trommel schlug jetzt unregelmäßig, und irgend jemand rief Befehle, welche die Ordnung wiederherstellen sollten.

Und dann hörte Bolitho einen anderen Schrei, von weit weg, aus schwindelnder Masthöhe.

»*Lookout* setzt Signal, Sir!«

Bolitho nahm wieder Platz, aber sein Herz schlug gegen die Rippen, und seine Finger krampften sich um die Armlehne. Das

Schreien ging weiter, obwohl die Schläge aufgehört hatten.

Es kostete ihn physische Anstrengung, ruhig sitzenzubleiben. Er sagte: »Nun erklären Sie mir kurz, welche Schriftstücke ich unterschreiben soll.«

Yovell schluckte. »Hier, Sir.« Er legte die Segeltuchhülle mit den sorgfältig geschriebenen Briefen auf den Tisch.

Bolithos Augen wanderten über die runden Buchstaben, sahen aber nur die kleine Korvette, die ihre Signalflaggen hißte, mit denen sie zweifellos eine Meldung von der *Relentless* wiederholte.

Es klopfte, und Browne trat vorsichtig ein.

»Signal von der *Relentless*, Sir: fünf Segel im Nordwesten.«

Bolitho erhob sich. »Vielen Dank. Halten Sie mich auf dem laufenden.« Als der Flaggleutnant sich zum Gehen wandte, fragte er: »Was ging an Deck vor?«

Browne sah ihm direkt ins Gesicht. »Der Delinquent konnte den Schmerz nicht ertragen, Sir. Nach fünf Schlägen bat der Schiffsarzt den Bootsmannsmaaten, so lange einzuhalten, bis er ihn untersucht hatte.« Er lächelte kurz. Babbage kann sich beim Ausguck bedanken, daß der seine Augen offenhielt. Er ist ein Glückspilz.«

»So kann man es auch sehen.« Bolitho faßte einen Entschluß. »Ich werde mit Ihnen an Deck gehen.« Er schaute sich nach seinem Hut um, als Ozzard auch schon damit erschien.

Zusammen traten sie unter der Hütte hervor in den schneidend kalten Wind.

Die Gräting, an der Babbage während des Strafaktes gehangen hatte, war noch an der Laufbrücke festgelascht. Ein Mann der Wache wischte gerade dunkle Blutstropfen weg.

Herrick schritt auf sie zu, das runde Gesicht eine einzige Frage.

Bolitho lächelte. »Ich komme nur hoch, um mehr über die fünf Segel zu erfahren.« Er sah, daß die Spannung aus Herricks Zügen wich. »War es schlimm?«

»Ziemlich. Ich hätte es ohnehin abgebrochen.« Herrick wandte sich ab, um das Wiederholungssignal zu beobachten, das für die anderen Schiffe an der Besanrah gehißt wurde. Die Flaggen wehten nach Steuerbord voraus aus.

Er sagte: »Die fünf Schiffe, wer sie auch sein mögen, haben die Luvposition, Sir.«

Bolitho nickte beruhigt. Herricks nüchterner Verstand, seine berufsmäßige Registrierung aller Einzelheiten hatte wieder die

Oberhand.

Er sagte: »Es wird fast zwei Stunden dauern, bis wir Näheres ausmachen können. Lassen Sie die Leute essen, bevor wir ›Klar Schiff zum Gefecht‹ anschlagen.«

Herrick sah ihn grimmig an. »Sie glauben tatsächlich, daß es Ropars' Geschwader ist, Sir?«

Loveys, der bleichgesichtige Schiffsarzt, kam nach achtern, um über Babbages Zustand zu berichten. Er sah selber wie der wandelnde Tod aus.

Bolitho fragte: »Glauben Sie's nicht, Thomas?«

Herrick zog eine Grimasse. »Ich hätte nie gedacht, daß ich einmal das Insichtkommen eines Feindes begrüßen würde. Aber nach diesem Auftritt mache ich eine Ausnahme.«

Bolitho horchte auf das Getrappel eiliger Füße und vermutete, daß Herricks Ausguckposten endlich die anderen Schiffe gesichtet hatte. Er schluckte eine weitere Tasse starken Kaffees hinunter und warf Allday einen vorwurfsvollen Blick zu, als er Brandy darin schmeckte.

»Sie wissen doch, daß ich in solchen Augenblicken nie Alkohol trinke!«

Allday blieb unbewegt. »Bisher waren wir auch in wärmeren Zonen, Sir. Dies gibt Ihnen Kraft.«

Der Posten rief durch die Tür: »Fähnrich der Wache, Sir!«

Es war Aggett, der älteste ›junge Herr‹ der *Benbow.*

Bolitho sah ihn so ruhig an, wie es ihm möglich war.

»Meldung von Mr. Browne, Sir. Wir haben soeben ein weiteres Signal von der *Relentless* bekommen.«

Bolitho sagte geduldig: »Schön, Mr. Aggett, aber ich kann leider keine Gedanken lesen!«

Der Junge errötete. »Acht fremde Segel im Nordwesten, Sir.«

Bolitho verdaute diese neue Nachricht. Es waren also acht. Ihre Chancen verschlechterten sich.

Er sagte: »Empfehlung an den Flaggleutnant, er möchte ein Signal an *Lookout* zur Weitergabe an *Relentless* machen: ›Erkunden Sie weiteres über die gesichteten Schiffe, und machen Sie Meldung an den Admiral‹!«

Kapitän Peel brauchte man nicht zu drängen, aber es konnte ihm Rückhalt geben, wenn er wußte, daß er Unterstützung vom Flaggschiff hatte. Seit *Styx* heimgeschickt worden war, hatte sich seine Verantwortung verdoppelt. Seine Meldungen war lebenswichtig für das Geschwader.

Allday nahm den alten Säbel herunter und wartete, daß Bolitho den Arm hob, damit er ihn am Koppel einhaken konnte.

»Der paßt besser zu Ihnen, Sir.«

Bolitho reichte Ozzard die leere Tasse. »Sie sind sentimental, Allday.« Nachdem er noch einen schnellen Blick durch die Heckfenster geworfen und sich vergewissert hatte, daß Wind und Beleuchtung unverändert waren, ging er an Deck.

Die Signalgasten schufteten wie die Teufel, Flaggen jagten zur Rah hoch und wieder herunter, Wiederholungen, Verstanden-Meldungen, Fragen. Er stellte abermals fest, daß diese Fachleute den äußerlich unbeteiligten Browne offenbar mochten und anerkannten.

Browne übersah nichts. Vielleicht hatte Inskip recht, daß er einen Platz in Whitehall oder im Parlament verdiente.

Ein Steuermannsmaat gab ein höflich warnendes Räuspern von sich, und Herrick wandte sich um, seinen Vorgesetzten zu begrüßen.

»Haben Sie es gehört, Sir? Ich habe den Sechsten Offizier mit seinem Fernglas auf die Großbramsaling geschickt. Die anderen Schiffe sind in Sicht. Acht, soweit wir bisher wissen, aber noch nicht auszumachen, wie groß sie sind.«

Browne rief: »Von *Lookout*, Sir: Feind in Sicht!«

Bolitho sah ihn unbeweglich an. »Machen Sie ›Verstanden‹. Danach: ›Befehl an alle: Klar Schiff zum Gefecht‹!«

Er achtete nicht auf die plötzliche Erregung ringsum, auf das geschäftige Quietschen der Flaggleinenblöcke, sondern sagte zu Herrick: »Sie hatten recht, Thomas.«

Herrick grinste. »Nur weiß ich nicht, ob ich mich darüber freuen soll.«

Wolfe tippte an seinen Hut und fragte drängend: »Darf ›Klar Schiff‹ angeschlagen werden, Sir?«

»Aye. Fangen wir damit an.«

Sobald die Trommeln alle Mann auf ihre Klarschiffstationen riefen, quollen Matrosen und Seesoldaten wie eine Flutwelle aus den Luken und Niedergängen hervor. Sie hatten schon darauf gewartet, und die meisten merkten nichts von den bangen Ahnungen ihres Kommandanten oder den Zweifeln ihres Admirals.

Bolitho hörte, wie die Vorhänge im Achterschiff abgenommen

und alle Hindernisse, seien es Seekisten oder Möbelstücke, nach unten in die Räume unter der Wasserlinie getragen wurden. Das gehörte dazu, um das Schiff in volle Gefechtsbereitschaft zu versetzen. Das untere Batteriedeck war jetzt ein einziger großer Raum, vom Bug bis zum Heck an jeder Seite mit Kanonen bestückt. Die Zweiunddreißiger waren schon bemannt, ihre Zurrings gelöst, während die Schiffsjungen rundherum, auch um die Beine der Bedienungsmannschaften, Sand ausstreuten. Auf dem oberen Batteriedeck, wo die Achtundzwanzigpfünder standen, zur Hälfte von den Laufbrücken abgedeckt, die Vor- und Achterschiff an beiden Seiten miteinander verbanden, war man ebenso geschäftig.

Bolitho beobachtete die Geschützbedienungen auf dem Achterschiff, die sich wie bei ihrem täglichen Exerzieren bewegten. Sie überholten die Taljen der Neunpfünder und legten sich ihre Werkzeuge so sorgsam zurecht wie Chirurgen vor der Operation, während die Seesoldaten sich wie eine feuerrote Raupe zwischen ihnen hindurch zur Hütte und Back wanden. Von den Seesoldaten wurden die Gefechtsstände in den Masten und die weniger beliebten Posten vor den Luken besetzt, wo sie zu verhindern hatten, daß Verängstigte sich nach unten verdrückten.

Solche Vorkehrungen waren notwendig, denn es kam vor, daß Neulinge durch das fürchterliche Krachen der Artillerie und die schrecklichen Kampfszenen den Verstand verloren und versuchten, in den Tiefen des Schiffsleibes Zuflucht zu finden.

Er hörte Wolfe ärgerlich ausrufen: »Verdammt, Mr. Speke. Die *Indomitable* war schneller als letztes Mal. Sie hat uns geschlagen!«

Browne meldete: »Von *Relentless*, Sir.« Er schielte auf die Merktafel des Fähnrichs. »Fünf Linienschiffe, zwei Fregatten und ein Transporter.«

Bolitho ließ sich ein Teleskop von einem Steuermannsmaaten geben und kletterte in die Wanten. Dabei war er sich bewußt, daß die nächststehenden Geschützbedienungen ihn genau beobachteten. Von einem Mann in feinem Mantel mit glitzernden Epauletten erwarteten sie mehr als von ihresgleichen.

Er wartete und stützte sein Glas gegen die vibrierenden Webeleinen, bis die *Benbow* sich träge auf einer langen See, die diagonal unter ihrem Kiel hindurchlief, erhob, bevor sie wieder in das nächste Wellental hinabsank.

In diesen Sekunden sah Bolitho den Feind zum ersten Mal. Nicht nur als ein paar dunkle Segel vor einem trüben Himmel, sondern als Schiffe. Er zweifelte nicht, daß der französische Befehlshaber ihn ebenfalls beobachtete.

Sechs große Schiffe in zwei Kolonnen. Das zweite der Luvkolonne führte die Flagge eines Vizeadmirals. Wenn es für Bolitho noch irgendwelche Zweifel gegeben hatte, jetzt waren sie verflogen.

Hinter den beiden Kolonnen standen die Fregatten. Wahrscheinlich warteten sie dort – frei vom Geschwader abgesetzt –, bis sie Bolithos Stärke, vor allem an Fregatten, erkannt hatten.

Er rief: »Ich schätze, daß sie Kurs Südost steuern, Captain Herrick.«

Herrick antwortete ebenso förmlich: »Das ist auch meine Ansicht, Sir.«

Bolitho wartete, bis der nächste Roller den mächtigen Leib der *Benbow* anhob, und suchte dann nach dem Transporter. Es war wohl das letzte Schiff in der Lee-Kolonne, entschied er. Das war der beste Platz, um sich abzusetzen oder in den Schutz der Fregatten zu begeben, wenn es befohlen wurde. Was mochte er wohl geladen haben? Gewißt keine Vorräte, eher einige von Napoleons Elitetruppen, Männer, die das Wort Niederlage kaum kannten. Der Zar von Rußland würde sicherlich einige ihrer Ratschläge gebrauchen können, bevor er sich in die allgemeine Kriegsarena wagte. Möglicherweise waren es auch Truppen, die die gekaperten britischen Handelsschiffe bewachen sollten. Gut, dachte Bolitho grimmig, wie der Tag auch ausgehen mochte: diese Schiffe waren vor Ropars nun in Sicherheit. Außerdem hatte die Tat der *Styx* vielleicht die Schweden und Preußen weniger geneigt gemacht, die Ziele des Zaren zu unterstützen.

Er kletterte hinunter an Deck und sah Midshipman Penels zu sich hinüberschielen wie jemand, über den ein Todesurteil gefällt worden war.

»Na, Penels, kommen Sie mal her!«

Der Junge eilte gehorsam herbei, begleitet vom Lächeln einiger Seeleute, als er in seinem Eifer über einen Ringbolzen stolperte.

»Heute war ein schlechter Tag für Sie, scheint es.« Bolitho sah den Jungen unter seinem scharfen Blick zurückweichen. Zwölf Jahre alt, kein Vater, auf See geschickt, um ein Offizier des Königs zu werden. Die Sache mit seinem Freund Babbage ging ihm bestimmt zu Herzen.

Penels kämpfte mit den Tränen. »Er war mir ein guter Freund, Sir. Nun weiß ich nicht, was ich sagen soll, wenn ich ihn das nächste Mal sehe.«

Bolitho dachte an Wolfes gleichgültige Feststellung der Tatsachen. An Penels' Mutter, die sich einem anderen Mann zugewandt hatte. Weiß Gott, Seemannsfrauen hatten viel zu ertragen. Aber Penels war nur gekleidet wie ein angehender Offizier. Er war noch ein Junge, ein Kind.

Bolitho sagte beruhigend: »Mr. Pascoe hat getan, was er konnte. Vielleicht braucht Babbage Ihre Hilfe jetzt mehr denn je. Ich nehme an, in der Vergangenheit war es umgekehrt?«

Penels starrte ihn sprachlos an. Daß sein Admiral sich um ihn kümmerte, mußte ihm unglaubhaft vorkommen. Daß er außerdem mit seiner Annahme über Babbage recht hatte, war noch erstaunlicher.

Er stammtelte: »Ich – ich werde es versuchen, Sir.«

Wolfe tippte ungeduldig mit einem großen Fuß aufs Deck, und als Penels wieder auf seinen Posten an Steuerbord eilte, bellte er: »Helfen Sie dem Flaggleutnant, Mr. Penels. Obwohl ich mich sicherer mit einem Franzosen fühlen würde als mit Ihnen, Gott verdammmich!« Dabei zwinkerte er Leutnant Speke zu.

Der alte Ben Grubb schneuzte sich geräuschvoll und brummte: »Stetiger Wind, Sir. Westlich mit kaum einer Abweichung.« Er guckte nach dem Halbstundenglas im Kompaßhaus und fügte hinzu: »Nicht mehr lange, würde ich sagen.«

Bolitho sah Herrick an und hob die Schulern. ›Nicht mehr lange bis wann?‹ fragte er sich. Frühe Dunkelheit, Sieg oder Tod? Dem Master machte es anscheinend Spaß, solch kryptische Bemerkungen fallenzulassen. Eine seiner mächtigen Fäuste steckte in der Tasche seines abgetragenen Wachmantels, und Bolitho dachte, daß er darin wohl seine Batteriepfeife hielt, mit der er sie bis in die Hölle pfeifen würde, falls erforderlich.

Herrick war nicht so wohlmeinend. »Grubb wird alt, Sir. Er sollte irgendwo an Land sitzen mit einer guten Frau, die für ihn sorgt.«

Bolitho schmunzelte. »Thomas, seit Sie verheiratet sind, können Sie es wohl nicht lassen, Pläne für das Leben anderer zu schmieden?«

Allday, der an der Nagelbank des Großmastes lehnte, fühlte

sich erleichtert. In solchen Augenblicken, in denen er Bolitho beobachtete, wog er immer seine eigenen Chancen ab. Jetzt beobachtete er über die Luv-Laufbrücke hinweg die anderen Schiffe, den Feind. Beide Geschwader bewegten sich wie die Flügel einer großen Pfeilspitze aufeinander zu, wobei der Wind in der Richtung des zugehörigen Pfeilschaftes wehte. Aber die Franzosen hatten die Luvposition und waren zahlreicher. Er wandte sich um und beobachtete die Männer um sich herum. Die alten Hasen überprüften noch einmal ihr Gerät: Steinschlösser und Pulverhörner, Schwämme und Ansetzer, Schraubenspindel und Pricker, obwohl sie das bereits mehrmals getan hatten. Und wenn sie fertig waren, würden sie noch einmal damit anfangen. Sie hatten das alles schon oft erlebt. Die langsame, drohende Annäherung, das Gewirr von Segeln und Masten, das sich allmählich zu Formationen und einzelnen Schiffen auflöste. Es kostete Nerven, dazustehen und auf das unvermeidliche Ende zu warten.

Die neuen Leute sahen es mit anderen Augen. Aufregung war bei ihnen mit Furcht gemischt. Und dann die Erwartung, endlich zu kämpfen, statt endlos und knochenbrechend zu exerzieren.

Etwas abgesetzt von den Geschützbedienungen und von den Matrosen, die für die Segelmanöver während des Gefechtes bereitstanden, gingen die Unteroffiziere noch einmal ihre Namenslisten durch und überprüften ihren eigenen Aufgabenbereich. Hier und da sah man zwischen den Reihen der Geschütze wie blauweiße Farbtupfer die Uniformen der Offiziere, Deckoffiziere und Midshipmen. Im unteren Batteriedeck, wiederholte sich das Bild, aber dort war es hinter den noch geschlossenen Stückpforten unheimlich dunkel.

Leutnant Marston von den Seesoldaten war vorn und sprach mit den Bedienungen der beiden großen Karronaden*. Allday sah noch den Leutnant der Seesoldaten von der *Styx* vor sich, wie er mit dem Kopf in den blutenden Händen dagesessen hatte, weil er von herumfliegenden Splittern in die Augen getroffen worden war.

Major Clinton stand mit Sergeant Rombilow ganz achtern und zeigte mit seinem schwarzen Stock auf das schwenkbare Geschütz im Besantopp. Allday hielt alle Seesoldaten für ein wenig ver-

* Großkalibrige Kartätsche mit geringer Reichweite, aber verheerender Wirkung auf die gegnerische Besatzung

rückt. Clinton bildete keine Ausnahme. Immer wenn das Schiff gefechtsbereit gemacht wurde, führte er seinen Stock mit sich, während eine Ordonnanz seinen Säbel wie ein Schildknappe sorgsam hinter ihm hertrug.

Allday beobachtete Pascoe, der im Vorschiff langsam hinter seinen Kanonen auf und ab ging. Wenn die Schiffe auf dem gleichen Kurs weiterliefen, würden seine Geschütze als erste den Feind unter Feuer nehmen. Wie er doch Bolitho ähnelte. Er dachte plötzlich an Babbage, an das widerliche Schauspiel, als er sich unter den Peitschenhieben gekrümmt und geschrien hatte. Sogar der Bootsmannsmaat, der die ›neunschwänzige Katze‹ schwang, war durch diesen Ausbruch geschockt gewesen.

Nach Bolitho hätte Allday für Pascoe alles getan. Sie hatten zusammen gelebt, gekämpft und gelitten, und wenn Babbage die Ursache für Pascoes besorgte Miene war, dann war das für Allday Grund genug, ihn zu hassen.

Das Schiff war bereit zur Schlacht. Allday kümmerte sich nicht darum, ob sie recht oder unrecht hatten oder was der Anlaß war, der die ganze Welt in den Krieg zog. Man kämpfte für die, um die man sich sorgte, für das Schiff, auf dem man stand, und für wenig mehr.

Die Großen und Mächtigen sollten ihren Portwein trinken und ihre Vermögen verspielen, dachte Allday, aber dies hier war seine Welt, so lange sie bestand. Und wenn Pascoes Gedanken auch nur zum Teil durch die Probleme eines Narren abgelenkt wurden, so befand er sich in größerer Gefahr als alle übrigen.

Bolitho beobachtete seinen Bootssteurer und fragte Herrick leise: »Sehen Sie ihn, Thomas? Ich kann von hier aus fast seine Gedanken lesen.«

Herrick folgte Bolithos Blickrichtung und antwortete. »Aye, Sir. Er ist ein guter Mann, obwohl er sich eher in die Zunge beißen, als Ihnen zustimmen würde.«

Die Luft hallte von plötzlichem Kanonendonner wieder. Wolfe sagte: »Die Franzmänner probieren ein paar Schüsse gegen die *Relentless*, scheint mir, Sir.«

Herrick sah Bolitho an. »Ich werde sie und die *Lookout* auf unsere Leeseite zurückholen, Sir. Sie haben ihre Aufgabe erfüllt.«

Bolitho sah ihn mit Browne sprechen, während die Signale an die Flaggleinen angesteckt wurden. Herrick hatte viel hinzugelernt, seit er damals zum Flaggkapitän der *Lysander* ernannt worden war. Er war selten unschlüssig, und wenn er sich zu etwas entschlossen hatte, dann stand dahinter das ganze Gewicht seiner Überzeugung.

Browne rief: »Sie haben ›verstanden‹ gezeigt, Sir.«

Herrick fragte: »Was, meinen Sie, werden die Franzosen tun, Sir?«

»Wenn wir die Fregatten einstweilen aus dem Spiel lassen, wird Ropars sich mit seinem ganzen Gewicht auf uns werfen. Wenn ich Ropars wäre, würde ich eine einzige Linie bilden, anderenfalls sind wir beim ersten Zusammenstoß vier gegen drei. In einer einzigen Schlachtlinie aber wären die Chancen fünf zu vier gegen uns.«

Herrick sah ihn hoffnungsvoll an. »Sie haben doch nicht vor, ihm diesen Ratschlag zu geben, Sir?«

»Nein.«

Bolitho klopfte ihm auf die Schulter. »Selbst wenn er es so macht, werden wir die feindliche Linie an zwei Stellen durchbrechen.«

Wolfe sagte: »Die Franzmänner gehen in Kiellinie, Sir.« Er grinste voll Bewunderung. »Und es scheint, daß sich der Transporter hinter das Geschwader zurückfallen läßt.«

Bolitho vernahm ihn kaum. »Wir werden in zwei Kolonnen angreifen. *Benbow* und *Indomitable* bilden die erste, *Nicator* und *Odin* die zweite, beide jeweils in Kiellinie. Sagen Sie Brownes Leuten, daß sie die entsprechenden Signalflaggen bereithalten.«

Er wandte sich ab und richtete sein Fernglas auf die französische Linie. Sie war noch ungeordnet, aber er stellte sogleich fest, daß das Flaggschiff auch in der Kiellinie den zweiten Platz hielt: Vielleicht, um Bolithos Taktik zu studieren, bevor er selber handelte. Oder vielleicht überließ er es einem seiner Kommandanten, den ersten Anprall der Schlacht aufzufangen.

Er ging nach achtern um die Rudergänger herum und schaute in Grubbs Karte, die auf einem kleinen Tisch unterhalb des Hüttenüberhangs befestigt war. Damit ersparte sich Grubb die Mühe, seine Körpermasse bis in den Kartenraum zu bewegen.

Wie es schien, befanden sich die beiden Geschwader in einem uferlosen Ozean, und doch lag keine fünfzig Meilen entfernt im Nordosten die norwegische und noch etwas weiter weg im Südosten die dänische Küste, dazwischen eingebettet das Skagerrak.

Bolitho fragte sich plötzlich, was Inskip jetzt wohl machte und ob es wirklich der Kronprinz war, den er getroffen hatte.

Dann verbannte er alle diese Gedanken.

»Wir wollen Kurs ändern, Captain Herrick. Das Geschwader geht auf Nordost zu Ost.«

Er stellte sich hinter die geschäftige Achterdeckswache und beobachtete die *Relentless*, die Segel wegnahm, um sich auf Parallelkurs und in gleicher Höhe mit dem Geschwader zu halten, hinter ihr *Lookout* wie ein Junges.

Die französischen Schiffe änderten weder Kurs noch ein einziges Segel.

Herrick musterte die eigene Leinwand, sobald die Rahen zur Ruhe gekommen waren, und bemerkte: »Das wird ihnen einige Rätsel aufgeben, Sir.«

Bolitho beobachtete das führende französische Schiff. Es war fast genauso groß wie die *Benbow* und jetzt schon dabei, seine Kanonen auszurennen. Für die französischen Seeleute mußten die Chancen schlecht aussehen, dachte er. Sie hatten zu lange im Hafen gelegen, um die Nervenbelastung dieser langsamen Annäherung zu ertragen. Ihre Offiziere würden sie beschäftigen müssen, und so gaben sie vielleicht ein paar Schüsse ins Blaue ab, um in rechte Kampfstimmung zu geraten.

Grubb sagte trocken: »Zwei Meilen, Sir. Wir machen sie in einer halben Stunde fertig.« Dann klopfte er mit einem seiner dikken Finger an die Sanduhr.

Plötzlich ein dumpfer Knall, und Sekunden später schoß Backbord voraus, aber weit entfernt eine dünne Wassersäule hoch.

Ein paar Matrosen lachten höhnisch, und einige der älteren Leute schauten fragend nach achtern, ob es nun auch ihrerseits losging.

»Lassen Sie bitte laden und ausrennen. Sagen Sie Ihren Geschützbedienungen, daß wir heute mit beiden Seiten ins Gefecht kommen, aber die Steuerbord-Pforten bleiben geschlossen, bis wir mitten im Feind sind.«

Bolitho begab sich auf die andere Seite des Achterdecks. Obwohl er zwischen Geschützbedienungen und Seesoldaten, Offizieren und Läufern stand, war er doch völlig allein.

Das französische Geschwader war stärker, aber er hatte schon schlechtere Kräfteverhältnisse erlebt. Was seinen Schiffen an Kanonen und Männern fehlte, machten sie an Erfahrung gut. Die beiden Linien bewegten sich auf einen imaginären Punkt im grauen Wasser zu, als ob sie von unsichtbaren Fäden dorthin gezogen würden.

Bolitho faßte den Griff seines abgenutzten Säbels.

Fast zu sich selber sagte er: »Wir wollen uns auf das französische Flaggschiff werfen. Sie sind alle weit weg von zu Hause. Wenn Ropars' Flagge sinkt, werden die übrigen sich schnell zerstreuen.«

Das französische Spitzenschiff, ein Vierundsiebziger, verschwand für einen Augenblick hinter einer wogenden Mauer von Pulverqualm. Grubb sagte zu seinem Steuermannsmaaten: »Notieren Sie im Logbuch, Mr. Daws: ›Feind hat das Feuer eröffnet.‹«

VIII Ausgetrickst

Bolitho beobachtete den Abschuß der Breitseite des französischen Spitzenschiffes. Es hatte auf viel zu große Entfernung gefeuert, daher vermutete er, daß der Kommandant diese Salve mehr zur Eingewöhnung benutzte. Sicherlich hatten seine Geschützbedienungen bisher wenig Gelegenheit gehabt, auf einen Feind zu zielen.

Für die britischen Seeleute – mochten sie sonst schimpfen und fluchen, was das Zeug hielt – sprach, wenn es zum Kampf kam, die größere seemännische Erfahrung; sie zählte sogar mehr als die Anzahl der Geschütze.

Er konnte sich nicht erinnern, jemals gesehen zu haben, wie eine gesamte Breitseite vor ihm ins Wasser schlug. Es war wie ein unterseeischer Vulkanausbruch, der eine breite und unregelmäßige Wand aus Gischt und Rauch emporschleuderte. Selbst als die letzte Kugel längst verschwunden war, kochte die See noch und zeigte auf ihrer Oberfläche große weiße Placken zischenden Salzes.

Herrick bemerkte trocken: »Was für eine Verschwendung von Pulver und Blei!«

Einige Herumstehende nickten. Wolfe meldete: »Sie verkürzen Segel, Sir!«

Herrick befahl: »Machen Sie es ebenso, Mr. Wolfe.«

Bolitho entfernte sich von ihnen. Es war das übliche Manöver, wenn feindliche Flotten auf Angriffskurs gingen. Da brauchte man nur genug Segelfläche, daß man gerade noch Fahrt voraus machte und manövrieren konnte, aber nicht so viel, daß ein Feuer überflüssige Nahrung fand. Ein glühendheißer Ladepfropfen, eine durch einen Treffer umgestürzte Lampe, jeder beliebige Funke konnte diese herrliche Pyramide von Segeln in ein brüllendes Inferno verwandeln.

Bolitho beobachtete die plötzliche Bewegung auf dem Oberdeck, als die Befehle ausgeführt und die Großsegel aufgegeit wurden. Im langsam vorankommenden britischen Geschwader folgten alle Schiffe dem Beispiel und machten sich kampfbereit.

Und immer noch bewegten sich die beiden Linien erbarmungslos aufeinander zu. Das zweite französische Schiff, das Ropars' Flagge im Fockmast führte, feuerte einige Probeschüsse von den verschiedenen Decks. Sie lagen erheblich näher als die erste eindrucksvolle Breitseite. Bolitho verfolgte den Weg einer Kugel, die flach durch die Wellenkämme strich und dabei eine Spur von aufspritzendem Gischt zog, bis sie schließlich voll ins Wasser einschlug und verschwand.

Bolitho sagte zu Browne: »Wenn wir den Kampf beginnen, geben Sie ein Signal für die *Relentless*: ›Greifen Sie die feindliche Nachhut an.‹ Die *Lookout* werde ich bei uns behalten, damit die Franzosen etwas zum Nachdenken haben.«

Irgend jemand lachte mit kurzen nervösem Ton. Wahrscheinlich einer von den neuen Leuten. Der plötzliche Feuerstoß der Breitseite, die überwältigende Masse Eisen, die das Meer aufgewühlt hatte, war zwar weniger gefährlich gewesen als die sorgfältig gezielten Schüsse von Ropars' Flaggschiff, aber für das Auge eines Unerfahrenen schien es umgekehrt.

Leutnant Speke hatte das Achterdeck verlassen und wanderte, Hände auf dem Rücken, zwischen den beiden Reihen der Achtzehnpfünder nach vorn, bis er Pascoe beim Fockmast traf.

Einige Geschützführer beobachteten sie besorgt, während hier und da ein Geschütz mit einer Handspake noch genauer auf den Feind gerichtet oder mit einem Keil eine kleine Höhenberichtigung vorgenommen wurde. Es schien, als stünde das ganze Schiff unter Hochspannung; als das hart angebraßte Vormarssegel zwei scharfe, ungeduldige Flügelschläge von sich gab, fuhr ein Schiffsjunge erschreckt zusammen.

Bolitho wandte sich um, als das führende französische Schiff abermals feuerte. Diesmal lagen die Einschläge viel besser, und der Gischt fiel so nahe bei ihnen nieder, daß es sich wie ein tropischer Regenguß anhörte.

Bolitho richtete sein Glas auf die französische Linie. Die fünf Schiffe, alles Vierundsiebziger, arbeiteten mit ihren Segeln, geiten auf, refften ein oder wieder aus, je nachdem, was die Kommandanten unternehmen mußten, um ihren Platz in der Linie zu halten und gleichzeitig bereit zu sein, den Feind zu empfangen.

Er sagte: »Ändern Sie Kurs zwei Strich nach Steuerbord, Kapitän Herrick. Das Geschwader soll folgen.«

Männer eilten an die Schoten und Brassen, und das Steuerrad wurde eilig gedreht, als hätten der Rudergänger und seine Gehilfen nur auf den Befehl gelauert.

Grubb meldete: »Kurs liegt an, Sir. Ost zu Nord.«

Die britische Linie hatte sich durch ihre Schwenkung leicht von dem anderen Geschwader entfernt, so daß es einen Augenblick schien, als fielen die Franzosen zurück. Die Rahen quietschten unter dem Zug der Brassen, und der Wimpel an der Mastspitze zeigte nun fast direkt nach vorn.

Bolitho konnte es fühlen, wie das Schiff reagierte und mit dem Wind ›unter seinen Rockschößen‹ eifrig vorwärtsdrängte.

»Die Franzosen haben weitere Segel gesetzt, Sir.« Herrick sah ihn fragend an. »Soll ich die Großsegel wieder setzen?«

»Nein.« Bolitho ging drei Schritte zum nächsten Geschütz und wieder zurück. »Sie sollen glauben, wir wollten lieber ihren Vormarsch stören als auf Schußentfernung herankommen.«

Er bemerkte, wie sich die Richtung der französischen Bramrahen veränderte, als die Schiffe weitere Segel setzten und ihre Geschwindigkeit entsprechend vergrößerten. Sie standen jetzt weniger als eine Meile auseinander.

»Halten Sie sich bereit, Mr. Browne.«

Er versetzte sich in die Lage der Kommandanten, die im Kielwasser der *Benbow* folgten. Er hatte ihnen seine Taktik genau erklärt, als er sie das erste Mal zur Geschwaderbesprechung versammelt hatte: ein Minimum an Signalen, ein Maximum an Initiative. Jetzt sah er sie vor sich: Keverne, Keen, den guten alten Inch. In Erwartung der einzelnen Flagge, die bereits angesteckt war. Die Franzosen konnten ihre Signale lesen, warum sollten sie also ihr Wissen mit ihnen teilen?

»Ich denke, wir sollten das Feuer eröffnen, Kapitän Herrick.«

Bolitho sah, daß seine Worte das Batteriedeck entlang mit Gesten und von Mund zu Mund blitzschnell nach vorn weitergegeben wurden.

»Keine Breitseite. Sagen Sie Ihren Geschützführern, daß sie im Hochkommen des Schiffes und nur dann schießen sollen, wenn sie das Ziel voll im Visier haben.«

Herrick nickte. »Aye, Sir. Das wird die Frösche* springen lassen. Und sie werden keinen Wert darauf legen, in diesem Stadium von einem Zufallstreffer entmastet zu werden. Sie haben die Wahl, nach beiden Seiten auszuweichen.«

Es war schwer zu sagen, welches Geschütz als erstes schoß und mit welchem Erfolg. Auf der feuernden Seite rollten die Kanonen mit großem Krach binnenbords, bis die Brocktaue sie zum Stehen brachten und die Bedienungen hinzuspringen konnten, um die noch rauchenden Rohre auszuwischen und neu zu laden. Geschützführer spähten gebückt durch die Pforten und sahen die Segel des führenden französischen Schiffes wie in einem Wirbelwind schlagen.

Ein Midshipman brachte den Befehl nach unten, und Sekunden später hörte man von dort eine schrille Pfeife.

Die Zweiunddreißigpfünder im unteren Batteriedeck ließen beim Rücklauf die Holzplanken erzittern, während der Pulverqualm aus ihren Mündungen nach vorn trieb und sich beiderseits des Vorstevens wie eine Nebelbank ausbreitete.

»Bei Gott, wir haben getroffen!«

Eine andere Stimme schrie: »Das waren wir, Jungs! Los, rennt wieder aus, damit sie noch eine Prise zu schmecken bekommen!«

Auch die übrigen Schiffe der englischen Linie feuerten nun. Die Kugeln strichen flach über die Wellen, einige fielen kurz vorm Ziel ins Wasser, andere trafen Segel oder Bordwände in einem Gemisch von Gischt und Rauch.

»Die Franzosen haben wieder Kurs geändert, Sir!« Herrick konnte seine Aufregung kaum noch verbergen. »Sie kommen auf uns zu.«

Er zuckte zusammen, als das zweite Schiff in einer Rauchwand verschwand, aus der orangerote Zungen hervorloderten, denen

* Spitzname für Franzosen, nach der französischen Vorliebe für Froschschenkel

ein Donnergetöse folgte.

Wasser flutete über das Vorschiff, und unter seinen Füßen spürte Bolitho, wie sich der massive Schiffsleib unter dem Einschlag der feindlichen Kugeln schüttelte. Fünf, möglicherweise sechs Treffer, aber kein Stag, kein Want war durchschlagen.

»Wisch aus, Mann!« Ein Geschützführer mußte einem seiner Leute einen Schubs geben, damit er seine Schrecksekunde überwand. »Nun laden, du Rindvieh!«

Die ganze schön gemalte Bordwand der *Benbow* entlang brüllten die Kanonen und rollten nach jedem Abschuß in ihren Lafetten zurück. Einzeln, paarweise oder in ganzen Gruppen schossen die Geschützführer, unbehindert durch den Zwang zur geschlossenen Salve.

Jubelrufe von vorn, als die Großbramstenge des französischen Spitzenschiffes im Rauch versank. Schwarze Punkte trieben hinter den Schiffen: Trümmerstücke, verbrannte Hängematten aus den Finknetzen oder vielleicht auch Leichen, die kurzerhand über Bord geworfen wurden, damit die Kanonen weiterfeuern konnten.

»Weiter, Jungs. Gebt's ihnen!« Herrick schrie es durch die hohlen Hände. Was für ein anderer Mann war das jetzt als der beherrschte Hochzeiter vor dem Altar in Kent!

Die ganze französische Linie feuerte nun, und jedes britische Schiff kassierte Treffer oder war derart von Wassersäulen überflutet, daß es wenigstens so aussah.

Eine Kugel fegte durch ihr Großmarssegel, und auch im Vormarssegel erschienen Löcher.

Ein paar durchgeschlagene Leinen schwangen wie abgestorbene Schlingpflanzen über den Kanonen, während Swale, der Bootsmann, seine Stimme dem Getöse anpaßte und seine Männer nach oben schickte, um zu knoten und zu spleißen, bevor irgendwelche wichtigen Teile davongeweht wurden.

Bolitho wich einen Schritt zurück, als Metall klirrend an einem Geschütz der Steuerbordseite zerbarst und die Splitter rund um ihn einschlugen. Ein Matrose fiel der Länge nach hin, und Bolitho sah, daß die Halswirbel unter seinem Zopf bloßgelegt waren. Daneben war ein Unteroffizier auf die Knie gesunken und versuchte, den Mund zu einem tonlosen Schrei aufgerissen, mit bloßen Händen seine Eingeweide festzuhalten.

»Ruhig, Jungs! Ziel auffassen! Feuern!«

Die Neunpfünder auf dem Achterdeck schossen gemeinsam. Ihr scharfer Knall ließ einige Leute schmerzlich zusammenzucken.

»Dasselbe noch einmal!«

Bolitho mußte heftig schlucken, als weitere feindliche Geschosse das Schiff trafen. Eines davon sah er in eine offene Stückpforte des unteren Batteriedecks einschlagen, und er konnte sich die schreckliche Szene dort unten vorstellen, wie die schwere Kugel durch die von Pulverqualm und Abschüssen schon fast blinden und tauben Männer pflügte.

»Feuern!«

Trotz ihrer fehlenden Bramstenge überlappte das französische Spitzenschiff nun die *Benbow*. Es feuerte wütend, doch undiszipliniert, aber einige ihrer Kugeln trafen. Bolitho schaute das obere Batteriedeck entlang, wo die Männer in ständiger Bewegung waren, beiseite sprangen, wenn ihr Geschütz beim Abschuß ächzend zurückrollte, neu luden und es anschließend wieder in Schußposition brachten.

Einige lagen verwundet in den Ecken und warteten auf Hilfe. Andere würden sich nie mehr bewegen. Pascoe stand hinter seinen Männern, schrie etwas und schwenkte dann seinen Hut. Einer seiner Geschützführer drehte sich um, lachte ihm zu und fiel im selben Augenblick tot um. Auf der anderen Seite donnerte die Kugel in die Bordwand und tötete einen weiteren Seemann, obwohl er sich geduckt hatte.

»Feuer!«

Bolitho räusperte sich. »Es ist soweit, glaube ich.« Er blickte mit vom Rauch geröteten Augen zum lose herabhängenden Wimpel empor. »Fertig, Mr. Browne!«

Er hörte Herrick rufen: »Klar zum Anluven, Mr. Grubb! Mr. Speke!« Er mußte sich Wolfes Sprachrohr holen, um sich in dem allgemeinen Lärm verständlich zu machen. »Wir werden gleich mit beiden Batterien schießen. Klar zum Öffnen der Steuerbord-Pfortendeckel!« Er wartete, bis sichergestellt war, daß seine Befehle auch ins untere Batteriedeck weitergegeben wurden, drehte sich dann zu Bolitho um und sagte: »Unsere Leute halten sich großartig, Sir!«

Bolitho nahm ihn am Arm. »Gehen Sie herum, Thomas. Wenn wir die feindliche Linie durchbrechen, werden uns ihre Scharfschützen in den Mastständen aufs Korn nehmen.«

Irgendwo im Qualm schrie ein Mann entsetzlich auf. Blut lief in einem endlosen Rinnsal in den Backbord-Wassergang.

Bolitho prüfte noch einmal die Entfernung. Es war Zeit. Etwas später, und die Franzosen konnten sie lahmschießen oder versuchen, sie voneinander zu trennen.

»Setzen Sie das Signal, Mr. Browne!«

Die einzelne Flagge stieg hoch und wehte an der Rah aus, so daß sie von allen erkannt werden konnte.

Browne wischte sich den Mund mit dem Handrücken. Sein Hut saß schief, und auf seinen weißen Kniehosen waren Blutflecken.

»Nahe dran, Sir!«

Bolitho schaute auf die Männer, die an den Brassen, Schoten und Halsen bereitstanden, und auf die Leute am doppelten Steuerrad, die schon in die Speichen gegriffen hatten und versuchten, sich trotz des Krachens und Donnerns der Kanonen auf Grubb zu konzentrieren.

Ein Seesoldat stürzte vom Großmast, fiel auf das Schutznetz und rollte von dort über die Bordwand ins Wasser. Ein Munitionsträger, der zu den Backbordgeschützen lief, drehte sich plötzlich wie ein Tänzer auf Zehenspitzen und fiel zuckend aufs Deck. Bevor Bolitho wegschaute, sah er noch, daß ihm die Augen aus dem Kopf geschossen worden waren.

»Jetzt!«

Wie straff gespannte Bögen schwangen die Rahen gleichzeitig herum, und als das Ruder in Hartlage gelegt wurde, sah Bolitho die französischen Schiffe plötzlich an Backbord über dem Vorsteven erscheinen. Dann, als die Rahen der *Benbow* fast in Längsrichtung des Schiffes angeholt waren, standen sie direkt vor dem Bug.

Mit Segeln, die aus Protest wild schlugen, hielt die *Benbow* ihren neuen Kurs. Ihr Klüverbaum zeigte direkt auf die vergoldete Galerie des französischen Flaggschiffs. Er konnte das plötzliche Erschrecken auf Hütte und Achterdeck des Gegners sehen. Hektisch gesetzte Flaggensignale erschienen über den Rauchschwaden und riefen offenbar nach Unterstützung.

»Setzen Sie das andere Signal für die *Relentless.*«

Bolitho verfolgte genau, wie sich das Deck unter den dichtgeholten Segeln nach Steuerbord neigte. Würden sie es schaffen, knapp hinter dem Heck des Flaggschiffs durchzubrechen und seine Hütte mit einer vollen Breitseite zu zerschmettern? Oder würde die *Benbow* sie mit ihrem Bugspriet wie mit einer Lanze aufspießen?

Von irgendwoher aus dem Pulverqualm hörte er weitere Hurrarufe, die das Stöhnen und Schreien der Verwundeten übertönten. Die *Indomitable* folgte achtern dichtauf, und ein ganzes Stück weiter weg machte die *Nicator*, mit der kleineren *Odin* von Kapitän Inch im Kielwasser, Anstalten, ebenfalls die feindliche Linie zu durchbrechen. Mit etwas Glück würde Kapitän Keen zwischen dem vierten und dem letzten Schiff des französischen Geschwaders durchstoßen. Wenn er das Schlußschiff abschneiden und ausschalten konnte, war ihm der große Transporter ausgeliefert.

»Öffnet die Pforten! Rennt die Steuerbordbatterie aus!

Quietschend rumpelten alle Kanonen gleichzeitig an die Stückpforten, als könnten sie es nicht erwarten, ihre bisherige Zuschauerrolle aufzugeben.

Herrick sagte durch die Zähne: »Vorsicht, Mr. Grubb. Sie können jetzt einen Strich abfallen.« Er schlug sich mit einer Faust in die andere Handfläche und rief: »Wir haben sie!«

Sie waren so nahe am feindlichen Flaggschiff, daß der Klüverbaum und die zerfetzten Vorsegel schwache Schatten auf dessen Heckfenster warfen.

Bolitho hörte Speke kommandieren: »Ziel auffassen! Fertig!«

Vorn auf der Back sah Bolitho die beiden Karronaden ihre häßlichen Mäuler vorstrecken. Die Karronade an der Steuerbordseite konnte kaum vorbeischießen.

Musketenschüsse peitschten durch das Getöse, und Bolitho sah, daß die Hängematten in den Finknetzen hochgeschleudert wurden, als die französischen Scharfschützen sich einschossen. Die Seesoldaten in den Masten der *Benbow* feuerten zurück und zeigten sich gegenseitig Scharfschützen oder sonstige lohnende Ziele.

Der ungeheure Lärm des Geschützfeuers der verstreut kämpfenden Schiffe steigerte sich zu einem schrecklichen Crescendo. Bolitho sah die Steuerbordkarronade feuern, aber das Ergebnis der todbringenden Kartätschenladung war im Gischt und Pulverqualm nicht zu erkennen. Trotzdem jubelten und schrien die Männer der *Benbow* wie die Verrückten. Ihre Körper waren vom Rauch geschwärzt, doch Augäpfel und Zähne leuchteten, als sie sich wieder an ihre Kanonen warfen oder an die Brassen rannten, um die Rahen nach Wolfes Kommandos, die er vom Achterdeck durchs Sprachrohr brüllte, zu trimmen.

Bolitho wischte sich die brennden Augen und spähte nach dem Heck des Franzosen, das nun Steuerbord voraus sichtbar wurde. Nur undeutlich konnte er den Namen erkennen: *La Loire.* Die schönen Goldbuchstaben waren von den Kartätschenkugeln zersplittert, die Heckfenster darüber ein einziger Trümmerhaufen.

Da hörte er, daß Browne ihm etwas zuschrie und wild gestikulierend auf die andere Seite zeigte.

Das dritte Schiff der französischen Linie, das Bolitho eigentlich von der *Loire* trennen wollte, hatte plötzlich eine Admiralsflagge im Vortopp gesetzt, und im selben Augenblick, als die Flagge auswehte, hatte es gedreht und war der Bewegung der *Benbow* gefolgt, als wären beide Schiffe miteinander verbunden.

Browne schrie, als könne er es selber nicht glauben: »Die *Loire* hat die Admiralsflagge runtergeholt!«

Bolitho drängte sich an ihm vorbei und fühlte, wie sich plötzlich Hoffnungslosigkeit als Dämpfer über die wilden Schlachtszenen legte. Der französische Admiral hatte vorzüglich geplant. Durch die List mit der falschen Flagge hatte er erreicht, daß nun das britische Geschwader und nicht sein eigenes versprengt war.

Herrick schwang seinen Säbel. »Auf sie, Jungs! Schießen Sie wieder nach Backbord, Mr. Speke!«

Die unerwartete Kursänderung des Feindes hatte die *Nicator* und die *Odin* derart verwirrt, daß sie einen Augenblick fast bewegungslos mit killenden Segeln dalagen, bevor sie sich bemühten, wieder eine Linie zu formieren.

Ropars' Schiff kam mächtig bei der *Benbow* auf, seine vorderen Geschütze feuerten in schneller Folge über einen immer kleineren Streifen Wasser. Für die verstörten Seeleute um Bolitho herum hatte es den Anschein, als fände jede Kugel ihr Ziel.

Niemand jubelte, als der Fockmast des falschen französischen Flaggschiffs in einer großen Wuling aus zerfetzter Leinwand, gebrochenen Spieren und losem Tauwerk über Bord fiel. *La Loire* war schwer mitgenommen, aber es sah ganz danach aus, als hätte ihr Opfer dazu gedient, die Schlacht in eine totale Niederlage für Bolithos Geschwader zu wenden.

Bei schlechter werdender Sicht, die durch Rauchschwaden zusätzlich beeinträchtigt wurde, torkelten die Schiffe wie trunken gegeneinander, während ihre Kanonen auf nächste Entfernung mitleidlos aufeinander einhämmerten. Ringsum ein Wald von Masten

und flatternden Fahnen – es war ein Bild wie in der Hölle.
Herrick schien überall zu sein, anfeuernd, befehlend, Mut zusprechend und immer wieder neue Anstrengungen fordernd.

Der junge Sechste Offizier, Courtenay – jener, den Allday aus seinem Boot verdrängt hatte –, lag ausgestreckt auf dem Bauch, und seine Füße schlugen auf das Deck, als ein Seesoldat ihn zum Niedergang zog. Er war von einem französischen Scharfschützen getroffen worden, sein ganzer Unterkiefer war weggeschossen.

Browne rief: »*Relentless* greift den Transporter an, Sir!« Er senkte sein Glas. »Die beiden französischen Fregatten sind hinter ihr her. *Lookout* bittet um Erlaubnis zum Eingreifen.«

»Abgelehnt!« Bolitho wischte sich über das Gesicht. »Wir können sie hier noch brauchen.«

Wozu? Um Überlebende aufzufischen? Oder um die Nachricht von einer vernichtenden Niederlage nach England zu bringen?

Er sagte: »Signal an alle: ›Auf geeignete Positionen zur gegenseitigen Unterstützung gehen. Einen Gegner nach dem anderen angreifen‹!«

Flaggen schleiften über das Deck, als eine Kanonenkugel durch die Gruppe der eifrig tätigen Signalgasten fegte, doch trotz des Schreckens und der Schmerzensschreie stiegen die Signale ohne Verzögerung hoch bis unter die Rah. Bolitho war zwar sicher, daß sie kaum nötig waren. Seine Kommandanten wußten von selber, was in dieser Lage zu tun war, und würden ihr Bestes geben. Doch wenn die Flaggen über dem alles umhüllenden Pulverqualm auswehten, war das ein Zeichen, daß sie immer noch ein Verband waren, mit einem Kopf, der sie führte.

Bolitho sah traurig auf einen schluchzenden Matrosen, der an ihm vorbeihumpelte.

Herrick meldete: »*Indomitable* ist in Schwierigkeiten, Sir. Ihr Besanmast ging gerade über Bord.«

Grubb sagte: »Aye, aber die alte *Nicator* setzt mehr Segel, um ihr zu helfen.«

»Alle haben ›verstanden‹ gezeigt, Sir.« Browne schaute auf die Blutflecken an seiner Hose, die er erst jetzt bemerkte. »Zum Teufel auch!«

Bolitho sah gebannt auf Ropars' Flaggschiff. Es war jetzt weniger als eine halbe Kabellänge entfernt, nahm Segel weg, und auf seiner Laufbrücke sammelten sich Bewaffnete, während die Steuerbordgeschütze mit verminderter Geschwindigkeit weiterfeuerten.

Herrick schrie: »Sie wollen uns entern, Sir!«

Bolitho blickte zu den schlaff hängenden Segeln der *Benbow* empor. Ropars' Kommandant war ein gewiefter Seemann. Er nahm ihnen den Wind aus den Segeln und damit jede Manövrierfähigkeit, bevor er zum endgültigen Knockout ausholte.

Wolfe brüllte: »Klar zur Abwehr von Enterkommandos!«

Über ihnen der scharfe Abschußknall einer Drehbasse, und dann ein Hagel von Kartätschenkugeln, der eine blutige Schneise durch die dicht gedrängt stehenden französischen Seeleute und Soldaten schlug.

Die gespannten Gesichter der sich duckenden Geschützbedienungen leuchteten plötzlich grellrot auf, und Sekunden später schüttelte eine gewaltige Explosion die ineinander verbissenen Schiffe wie Spielzeugboote im Sturm.

Rauchende Trümmerstücke fielen zischend rundherum vom Himmel. Bolitho wußte sofort, daß es die *Loire* war, auf der während des Gefechts unbemerkt Feuer ausgebrochen war. Jetzt war ihr Pulvermagazin explodiert.

Männer rannten mit Wassereimern achteraus, um – vom Bootsmann angetrieben – die auf ihr Schiff herabfallenden Funken und brennenden Holzteile zu löschen.

»Von *Indomitable,* Sir: ›Bitte um Unterstützung‹!«

Bolitho blickte seinen Flaggleutnant an, sah aber nur Kapitän Keverne – den Kommandanten der *Indomitable* – vor sich. Er schüttelte den Kopf. »Geht nicht. Wir müssen zusammenbleiben.«

Browne beobachtete ihn neugierig und nickte dann seinem Signalgasten zu.

»Zeigen Sie ›Verstanden‹!«

Die *Indomitable* wurde von den beiden Schiffen angegriffen, die am Ende des gegnerischen Geschwaders gestanden hatten. Behindert durch einen gebrochenen Mast und die über Bord hängende Takelage, fiel sie langsam zurück, während *Nicator* und *Odin* ihrem Flaggschiff hinterherjagten, mehr Segel setzten und aus allen Rohren schossen.

Auch Ropars' Flaggschiff setzte eine Menge Signale, und Bolitho nahm an, daß die meisten davon für die beiden Fregatten und den Transporter bestimmt waren. Er wollte sicher alles tun, um zu verhindern, daß der Transporter schwer beschädigt wurde oder seine Ladung – seien es Truppen oder was auch immer – in die Hände des Feindes fiel.

Bolitho brüllte heiser: »Haltet durch, Jungs! Gleich geht's ums Ganze!« Er packte Herricks Arm. »Feuern Sie unsere Leute an, Thomas! Schicken Sie welche auf die Laufbrücke, als ob Sie den Feind entern wollten!«

Herrick starrte ihn an. »Ich werd's versuchen, Sir.«

Bolitho riß seinen goldverbrämten Hut herunter und schwenkte ihn über dem Kopf. »Ein Hurra, Leute!« Mit langen Schritten lief er die Backbordlaufbrücke entlang, über die glühendheißen Kanonen hinweg, vorbei an den zerfetzten Hängematten und Schutznetzen. »Hurra, Jungs! Zeigt ihnen, was wir noch draufhaben!«

Auch der Dümmste an Bord der *Benbow* hatte wohl erkannt, daß sie vom französischen Admiral ausgetrickst und ausmanövriert worden waren. Wenn sie jetzt den Kopf verloren, waren sie erledigt. Die *Benbow* würde in die Hände des Feindes fallen und eines Tages in einer französischen Schlachtlinie segeln.

Der Gedanke war zu schrecklich, um ihn auszuspinnen. Bolitho achtete weder auf Herricks Entsetzen noch auf Alldays besorgte Miene, mit der er ihm auf die ungeschützte Laufbrücke folgte.

Aber die Männer der *Benbow* reagierten. Obwohl weitere Treffer in die Bordwand einschlugen oder Teile der Takelage wie mit einer unsichtbaren Sichel abmähten, traten sie von ihren Kanonen zurück, riefen Hurra, umarmten einander und kletterten zu Bolitho auf die Laufbrücke hinauf.

Die verminderten Geeschützbedienungen aber beeilten sich, neu zu laden, angetrieben durch Spekes ungebrochene Energie, der laut kommandierte: »Volle Breitseite! Fertig!«

Bolitho griff in die Netze und starrte auf das Wasser, das neben ihm hochspritzte. Es mußte bald zu Ende sein.

Das starre Lächeln auf seinen Zügen tat ihm beinahe weh; nur undeutlich und verzerrt hörte er die Stimmen der Matrosen um sich herum, die dem Feind Flüche und Beschimpfungen entgegenschrien: wie bedrängte Bluthunde, die nur noch töten wollten, und koste es ihr eigenes Leben.

»Breitseite: Feuer!«

Der Rückstoß der gemeinsam feuernden Batterie warf Bolitho beinahe um, und als er sich umschaute, meinte er auf einem einsamen Steg zu stehen, denn der Pulverqualm, der vom Batteriedeck und an der Bordwand aus allen Stückpforten hochgestiegen war, hatte das Schiff völlig eingehüllt.

Irgendwo schmetterte plötzlich eine Trompete mit dringlichem Ton, und Bolitho mochte seinen Augen kaum trauen, als er bemerkte, daß Ropars' Schiff abdrehte. Seine Besanstange war verschwunden, und aus ihren Geschützpforten und sonstigen Löchern in der Bordwand drang Rauch. Er sah auch Flammen und Leute, die mit Wassereimern herbeieilten, um das Feuer, ihren schlimmsten Feind, zu bekämpfen.

Allday schrie begeistert: »Die Frösche kneifen, Sir! Wir haben's ihnen gegeben!«

Männer jubelten trotz der Kugeln, die noch über ihre Köpfe hinwegpfiffen.

Bolitho registrierte das alles im Unterbewußtsein, aber die Wirklichkeit war stärker. Bald würde es zu dunkel sein, um den Feind zu verfolgen, wenn seine hart mitgenommenen Schiffe dazu überhaupt noch imstande waren. Ropars würde ebenfalls nicht in der Lage sein, sich erneut zu einem geordneten Kampf zu stellen. Ihm war bestimmt am meisten daran gelegen, so vollzählig wie möglich davonzukommen.

Pascoe kam eilig die Laufbrücke entlang. In seinem Gesicht standen noch die Spuren der Überanstrengung, irgendwie wirkte es wehrlos.

Bolitho wandte sich zu ihm um – und zuckte im selben Augenblick schmerzhaft zusammen. Irgend etwas war hart gegen seinen Oberschenkel geschlagen. Einen Augenblick glaubte er, jemand hätte ihn getreten oder ihn in der Begeisterung über ihren Sieg mit einer Muskete oder einem Spieß gestoßen. Als er dann aber den großen Blutfleck erblickte, der sich schnell über das ganze Bein ausbreitete, überfiel ihn gleichzeitig ein wilder Schmerz, als habe ihn glühend heißes Eisen gebrannt.

Bolitho konnte nicht mehr klar denken. Er hörte sich selber aufschreien, als sein Gesicht die Decksplanken berührte, und ihm war, als fiele er in grenzenlose Tiefen, obwohl sein Körper bewegungslos auf der Laufbrücke lag.

Dann meinte er, Herrick von weither schreien zu hören, und auch Allday, der seinen Namen rief. Pascoe war bei ihm, schaute auf ihn herab und strich ihm die Haare aus dem Gesicht, bevor ihn völlige Dunkelheit umfing und ihm zeitweises Vergessen bescherte.

Bolitho drehte den Kopf nach rechts und links, doch das einzige, was er wahrnahm, waren schreckliche Schreie, von denen er einen Augenblick glaubte, sie kämen aus seiner eigenen Kehle. Alles war dunkel, bis auf einige schwankende Lichtpunkte und verwischte Farben.

Eine Stimme sagte dringlich: »Er ist bei Bewußtsein. Helfen Sie mir, ihn hinüberzuheben.«

Irgend etwas Rotes verschwand über ihm, er erkannte es als Major Clintons Uniformrock. Er und einige seiner Leute mußten ihn unter Deck getragen haben. Kalter Schweiß lief ihm über die Brust. Nach unten getragen! Er war tief unten im Orlopdeck, und der Schrei kam von jemandem unter dem Messer des Chirurgen.

Er hörte Allday, seine Stimme war kaum zu erkennen, als er sagte: »Wir sollten ihn nach achtern bringen, Herr Major.«

Eine andere Stimme flehte in wahnsinniger Angst: »O nein, o nein! Bitte nicht!«

Bolitho fühlte, daß sein Kopf von einer hilfreichen Hand leicht angehoben wurde. Wasser tröpfelte zwischen seine Lippen, und während er zu schlucken versuchte, bemühten sich seine Augen, die halbe Finsternis des Orlopdecks zu durchdringen. Ein Bild wie in der Unterwelt: Männer, die gegen die soliden Planken der *Benbow* lehnten. Leblose Gestalten und andere, die sich in schrecklichen Schmerzen wanden.

Unter einer Traube von Laternen arbeitete Loveys, der Schiffsarzt, über den provisorischen Operationstisch gebeugt, seine Schürze blutbespritzt wie die eines Metzgers.

Der Mann, der geschrien hatte, lag ausgestreckt auf dem Tisch und hatte jetzt einen Lederknebel zwischen den zusammengepreßten Zähnen, wodurch das Schreien aufgehört hatte. Er war nackt und wurde von Loveys Gehilfen energisch festgehalten. Nur seine Augen rollten wie Murmeln, als er den Arzt flehentlich anstarrte.

Bolitho sah, daß der Arm des Mannes zerschmettert war. Eine feindliche Kugel oder ein großer Eisensplitter hatte ihn aufgeschlitzt.

Das Messer in Loveys Hand schimmerte, als er die Scheide einen Augenblick, der ihm wie eine Ewigkeit vorkam, über das weiße Fleisch oberhalb der Wunde hielt, wenige Zentimeter unterhalb der Schulter. Er nickte seinen Gesellen kurz zu, schnitt dann mit steinernem Gesicht hinein und einmal rundherum. Ein anderer Gehilfe reichte ihm eine Säge, und in wenigen Minuten war es geschafft, das abgetrennte Glied in einen bereitstehenden Eimer unter den kreisenden Laternen geworfen.

Jemand murmelte: »Gott sei Dank, er ist ohnmächtig geworden, der arme Kerl.«

Allday stand hinter Bolithos Kopf. »Lassen Sie sich von uns nach achtern tragen, Sir. Bitte, dies ist kein Ort für Sie!«

Bolitho mühte sich, den Kopf zu drehen und ihn anzusehen. Er wollte ihn trösten, ihm erklären, daß er hierbleiben müsse, und sei es nur, um Anteil an den Schmerzen der Männer ringsum zu nehmen, Schmerzen, die er verursacht hatte. Doch er brachte keine Worte heraus, sah nur mit Schrecken, wie Tränen über Alldays Backen liefen.

Kaum hörbar brachte Bolitho hervor: »Wo ist Kapitän Herrick?«

Browne kniete neben ihm. »Er muß sich um das Geschwader kümmern, Sir. Er wird gleich wieder unten sein.«

Wieder? Obwohl so viel an Deck zu tun war? Da waren die Toten beizusetzen, Reparaturen auszuführen, bevor ein Sturm sie überfiel, und doch war Herrick schon einmal hier gewesen, um nach ihm zu sehen!

Loveys schaute auf ihn herab, sein strähniges Haar glänzte im Lampenschein. »Nun, Sir, lassen Sie mich mal sehen.« Er kniete nieder, sein Totenschädelgesicht zeigte kein Zeichen von Ermüdung oder Entsetzen. Eben hatte er den Arm eines Mannes amputiert, und Gott weiß wie viele davor. So schwach er aussah, schien er doch mehr Kraft zu besitzen als viele andere.

Bolitho schloß die Augen. Der Schmerz war schon so stark, daß er weder die tastenden Finger spürte noch das Messer, das seine Hose aufschlitzte.

Loveys sagte: »Eine Gewehrkugel, aber sie muß irgendwie abgelenkt worden sein.« Langsam stand er auf. »Ich werde tun, was ich kann, Sir.«

Browne flüsterte: »Ihr Neffe kommt, Sir. Soll ich ihn wegschikken?«

»Nein.«

Selbst dieses Wort bereitete ihm Pein. Das war es also, was er immer befürchtet hatte. Diesmal war es keine Schramme, keine Kugel von weither, welche die Schulter nur angekratzt hatte. Dies hier saß tief im Schenkel. Sein Bein und sein Fuß brannten. Er versuchte, nicht an den Mann zu denken, den er gerade auf dem Tisch gesehen hatte.

»Lassen Sie ihn zu mir.«

Pascoe kniete neben ihm. Sein Gesicht wirkte sehr beherrscht, unbewegt wie eines der alten Porträts in Falmouth.

»Ich bin hier, Onkel.« Er nahm Bolithos Hand. »Wie geht's?«

Bolitho schaute zu den Decksbalken hoch. Oben schwiegen die Kanonen.

Er sprach mühsam: »Es ging mir schon besser, Adam.« Er fühlte, daß Pascoes Griff fester wurde. »Ist beim Geschwader alles in Ordnung?«

Er sah, wie Pascoe sich bemühte, einen Mann zu verdecken, der den Eimer mit amputierten Gliedmaßen hinaustrug.

Pascoe nickte. »Du hast sie besiegt, Onkel. Hast es ihnen gezeigt!«

Bolitho versuchte, die Schmerzen zu unterdrücken und abzuschätzen, welchen Schaden er seinem Körper zugefügt hatte.

Loveys kam zurück. »Ich muß Sie ausziehen, Sir.«

Allday sagte: »Das mache ich!« Er konnte Bolitho kaum anschauen, als er sich ungeschickt mit dem Hemd und der aufgeschlitzten Hose abmühte.

Loveys sah geduldig zu. »Den Rest überlassen Sie besser meinen Sanitätsgasten.« Er winkte seinen Gehilfen. »Los, Leute!«

Gerade jetzt hätte Bolitho seinem Neffen gern vieles gesagt. Über seinen Vater, und was wirklich mit ihm geschehen war. Aber schon hoben ihn fremde Hände über ein paar leblose Gestalten hinweg. Sie hatten – vollgepumpt mit Rum und gegen Infektionen verbunden – immerhin eine Chance zu überleben. Plötzlich packten ihn Angst und Entsetzen.

Er rief: »Du sollst das Haus in Falmouth haben, Adam. Alles. Da ist ein Brief . . .«

Pascoe schaute verzweifelt Allday an. »O Gott, ich kann's kaum noch ertragen.«

Allday sagte gebrochen: »Er wird doch wieder gesund werden, oder?«

Seine Worte machten Pascoe hellwach. Wie schon oft war es der kräftige Bootssteurer, bei dem Pascoe sich Zuversicht holte.

Er packte Allday am Ärmel. »Ganz bestimmt!«

Bolitho lag auf dem Tisch und blickte in den schwingenden Lichtkreis der Laternen. Er hatte immer vorausgesetzt, daß es schnell gehen würde, wenn es ihn einmal traf. Heute rot, morgen tot. Aber nicht so etwas: ein nutzloser Krüppel, bemitleidet oder verlacht.

Loveys sagte ruhig: »Ich will Ihnen nichts vormachen, Sir. Sie sind in größter Gefahr, das Bein zu verlieren. Aber ich will mein Bestes tun.«

Eine Hand steckte Bolitho einen Lederballen zwischen die Zähne. Er war mit Brandy getränkt.

Loveys sagte: »Beißen Sie kräftig zu, Sir.«

Bolitho fühlte Entsetzen in sich hochsteigen. Der Augenblick war da, an dem er vor all diesen unsichtbaren Zuschauern seine Angst zeigen würde.

Hände packten seine Arme und Beine wie Schraubstöcke. Er sah Loveys rechte Schulter zurückweichen und sich dann plötzlich herabsenken, und in diesem Augenblick steigerte sich der Schmerz in seinem Schenkel, als wäre flüssiges Blei hineingegossen worden.

Er versuchte, den Kopf seitwärts zu drehen, aber Loveys Leute verstanden ihr Geschäft. Weiter und weiter ging es, sondierend und schneidend, mit kleinen Pausen, wenn das Schiff überholte, und der schreckliche Schmerz breitete sich immer weiter aus.

Durch den Schleier von Furcht und halber Bewußtlosigkeit hörte er eine Stimme rufen: »Halte durch, Dick! Es ist gleich vorbei!«

Der Zuruf des unbekannten Matrosen oder Soldaten gab Loveys die Sekunden, die er noch brauchte.

Mit einer letzten Drehung seines dünnen Handgelenks beförderte er die platte Musketenkugel aus dem geschwärzten Fleisch und ließ sie in eine Schale fallen.

Sein Sanitätsmaat murmelte: »Er ist ohnmächtig geworden, Sir.«

»Gut.« Loveys stach noch einmal und tiefer hinein. »Da ist noch ein Stück!« Er wartete, bis der Maat das Blut weggewischt hatte. »Haltet ihn jetzt fest.«

Herrick näherte sich langsam dem Tisch, und seine Leute traten beiseite, um ihn durchzulassen. Es war nicht richtig, Bolitho so zu sehen, nackt und hilflos. Aber im tiefsten Innern wußte er, daß Bolitho es nicht anders gewollt hätte. Er mußte erst den Kloß aus seiner Kehle wegräuspern, bevor er etwas sagen konnte.

»Ist es geschafft?«

Loveys Finger schnippten nach der nächsten Binde. »Aye, Sir. Für den Augenblick.« Er wies auf die Schale. »Die Kugel hat einen seiner Knöpfe getroffen und die Splitter mit einigen Stoffetzen tief ins Fleisch hineingetrieben.« Er begegnete Herricks besorgtem Blick. »Sie und ich stehen seit langem im Dienst des Königs, Sir, und wissen, was ihm passieren kann. Vielleicht werde ich es später bereuen, daß ich das Bein nicht gleich amputiert habe.«

Herrick sah, daß Bolitho sich bewegte und leise stöhnte, als ihm ein Mann den Knebel aus dem Mund nahm.

Er fragte: »Können wir ihn hinauftragen?«

Loveys wies seine Leute an: »In mein Krankenrevier. Einen längeren Weg können wir nicht riskieren.«

Als sie ihn in den dunklen Teil des Orlopdecks trugen, schien Loveys Bolitho aus seinen Gedanken zu streichen. Er wies auf einen Mann, dessen Kopf dick eingewickelt war. »Jetzt der!« Dann fügte er, zu Herrick gewandt, hinzu: »Dieser Raum, diese Bedingungen hier sind alles, was mir zur Verfügung steht, Sir. Was erwartet die Admiralität da von mir?«

Herrick stellte sich hinter den Mann, der als nächster dran war. Zu Pascoe sagte er: »Sie täten mir einen Gefallen, wenn Sie bei ihm blieben.« Er wählte seine Worte mit Rücksicht auf Pascoes aufsteigende Angst sehr sorgsam, als er hinzufügte: »Wenn sich sein Befinden verschlechtert, möchte ich es sofort wissen.« Er sah Pascoe ernst an. »Und *er* wird wissen wollen, ob Sie bei ihm sind.«

Er machte auf dem Absatz kehrt und winkte Browne. »Kommen Sie. Wir wollen durch die Batteriedecks gehen und mit unseren Leuten sprechen. Sie haben es heute gut gemacht, der Himmel segne sie.«

Browne folgte ihm zum Niedergang, in die frische Luft der oberen Decks. Zu sich selber sagte er: ›Und Sie auch, Captain Herrick. Ich weiß, was dieser Augenblick für Sie bedeutet.‹

Als Herrick schließlich aufs Achterdeck zurückkam, waren die Ausbesserungsarbeiten noch im Gange. In den Masten und an Deck waren Männer dabei, unter Wolfes wachsamen Augen Taue zu spleißen und Hölzer als Ersatzstücke zurechtzuschneiden.

Spike, der die Wache übernommen hatte, tippte an seinen Hut und meldete: »*Indomitable* hat einen Behelfsmast anstelle ihres Besans aufgetakelt. Das Geschwader folgt Ihrem Kommando.«

Seltsam, dachte Herrick, er hatte noch keinen Augenblick über seine plötzliche Autorität nachgedacht und daß ihm nun die Verantwortung allein zugefallen war. Es schien ihm auch jetzt nicht von Bedeutung zu sein. Er biß die Zähne zusammen, als ein Mann aus dem unteren Batteriedeck mitleiderregend schrie. Dann nahm er sein Teleskop und richtete es auf die anderen Schiffe. Ihre Kiellinie war unregelmäßig, und die Segel bestanden fast mehr aus Löchern als aus Leinwand, aber Herrick wußte: wenn man ihnen etwas Zeit ließ, würden die Schiffe ihre Schäden ausbessern und alles wieder ins Lot bringen. Er mußte an die Menschen im Orlopdeck denken. Bei ihnen war es nicht so einfach.

Herrick wandte sich an Browne. Bald würde es zu dunkel sein, um noch Signale zu erkennen. Er hatte bereits befohlen, daß in bestmöglicher Formation Kurs Südost gesteuert werden sollte.

»Ich möchte Meldung über sämtliche Verluste und Beschädigungen haben, Mr. Browne. Mr. Speke wird Ihnen bei der Aufstellung helfen. Bei Tagesanbruch holen Sie die gleiche Meldung von allen Schiffen des Geschwaders ein.« Er schluckte und wandte sich ab. »Unser Admiral wird danach als erstes fragen, wenn er wieder auf den Beinen ist.«

Spike war ein phantasieloser Mann. »Wird er denn genesen, Sir?«

Herrick drehte sich brüsk zu ihm um und sagte mit sprühenden Augen: »Was sagen Sie da, Mann? Kümmern Sie sich gefälligst um Ihren Dienst!«

Als die beiden Leutnants davoneilten, trat Major Clinton aus dem Halbdunkel hervor und sagte: »Nehmen Sie's leicht, Sir. Er hat es nicht böse gemeint.«

Herrick nickte. »Sie haben wohl recht.« Dann ging er auf die Luvseite und begann, dort auf und ab zu marschieren.

Der alte Grubb schneuzte sich geräuschvoll und ging schwerfällig zum Major hinüber. »Mit allem Respekt: Lassen Sie ihn in Ruhe, Sir. Dies ist ein schwarzer Tag für den Käpt'n, seien Sie dessen sicher, und für viele andere auch.«

Clinton lächelte traurig und kletterte auf das Hüttendeck, wo einige seiner Leute am Nachmittag gefallen waren.

Er hatte viele erstaunliche Geschichten über das Gespann Bolitho und Herrick gehört. Daß sie offensichtlich auf Wahrheit beruhten, war noch erstaunlicher, dachte er.

Kapitän Thomas Herrick saß mit aufgestützten Ellenbogen am Schreibtisch und blätterte mißmutig im Tagesbericht des Zahlmeisters. Die viele Arbeit und mancherlei Sorgen drückten auf Leib und Gemüt, und die unangenehmen Bewegungen der *Benbow* trugen nicht dazu bei, seine Stimmung zu heben. Immer wieder sackte das Schiff jäh in ein Wellental ab, und jedesmal endete diese Bewegung mit einem anhaltenden Zittern, das durch alle Decks und Aufbauten lief.

Zusammen mit den anderen Linienschiffen lag die *Benbow* unter dem Schutz der Landspitze von Skagen vor Anker. Nach dem langsamen Marsch hierher von der Stelle, an der sie mit Ropars Geschwader gekämpft hatten, und nach einem Tag vor Anker waren sie immer noch bei den notwendigsten Ausbesserungsarbeiten: beim Auswechseln oder Flicken von Segeln, Spleißen von laufendem und Teeren von stehendem Gut und dergleichen mehr. Es war beinahe, als lägen sie sicher im Dock und nicht draußen in der unfreundlichen Nordsee.

Ein kurzes Klopfen riß Herrick aus seinen Gedanken. »Herein!«

Loveys, der Schiffsarzt, schloß die Tür hinter sich und nahm auf einem angebotenen Stuhl Platz. Er war wie immer: totenbleich und doch unermüdlich.

Loveys sagte: »Sie sehen erschöpft aus, Käpt'n.«

Herrick wischte alle Angelegenheiten des Geschwaders und seines Schiffes beiseite wie welke Blätter. Obwohl er gezwungen gewesen war, seine täglichen Arbeiten ohne Erholungspause zu erledigen, hatte er seinen Freund in der Kajüte keinen Augenblick vergessen.

Männer waren zu befördern gewesen, um Lücken zu schließen, die ihre toten oder verwundeten Kameraden hinterlassen hatten. Midshipman Aggett war zum diensttuenden Leutnant anstelle des jungen Courtenay ernannt worden. Es war ein Wunder, daß Courtenay, dem der Unterkiefer weggeschossen worden war und der auch geistig verwirrt schien, überhaupt noch lebte. Die Wach- und Klarschiff-Rollen mußten neu aufgestellt und erfahrene Leute entsprechend verteilt werden. Der Zahlmeister hatte über die Rationen gejammert: Einige Fässer mit Salzfleisch waren durch eine verirrte Kanonenkugel vernichtet worden. Dann das harte Geschäft der Seebestattungen, und schließlich die vielen Anfragen der anderen Kommandanten, die beantwortet werden mußten. Alles hatte an seinen Kräften gezehrt.

»Machen Sie sich um mich keine Sorgen.« Herrick bemühte sich, gelassen zu sprechen. »Wie geht's ihm heute?«

Loveys schaute auf seine kräftigen Hände. »Die Wunde ist stark entzündet, Sir. Ich habe den Verband mehrmals gewechselt und versuche es nun mit einer trockenen Kräuterauflage.« Er schüttelte bedenklich den Kopf. »Ich bin mir nicht ganz sicher, Käpt'n. Noch riecht es nicht nach Wundbrand, aber die Wunde selbst ist schlimm genug.«

Loveys Finger machten eine Scherenbewegung. »Die Kugel wurde beim Aufprall auf den Knopf abgeflacht, das ist normal. Aber der Knopf ist zersplittert, und ich fürchte, Teile davon stekken noch in der Wunde, möglicherweise auch Stoffetzen, die einen Fäulnisprozeß begünstigen.«

»Wie trägt er es?«

Über Loveys Gesicht huschte ein Lächeln. »Das wissen Sie wohl besser als ich.« Das Lächeln verschwand. »Er braucht sorgsame Pflege an Land. Jeder Stoß an seine Koje bereitet ihm Schmerz, jede Bewegung könnte den Wundbrand auslösen. Für die Nacht gebe ich ihm Schlafmittel, aber ich darf ihn nicht weiter schwächen.« Er sah Herrick in die Augen. »Ich kann wohl noch etwas warten, aber wenn es sich verschlechtert, muß ich das Bein abnehmen. Das aber kann den Stärksten umbringen und auf jeden Fall einen Mann, der darauf brennt, sich in der Schlacht zu bewähren.«

Herrick nickte. »Ich danke Ihnen.« Es war wie befürchtet, obwohl er noch immer nach einem Hoffnungsschimmer Ausschau hielt und auf Bolithos Glück vertraute.

Loveys machte Anstalten zu gehen. »Ich schlage vor, daß Sie Mr. Pascoe wieder zu seinem normalen Dienst schicken, Sir.« Mit einer Handbewegung stoppte er Herricks Protest. »Mag sein, daß unser Admiral stirbt, aber der junge Mr. Pascoe wird weiterkämpfen müssen. Da muß es ihn nur unnütz belasten, wenn er dableibt und dem allen zusieht.«

»Sie haben recht. Sagen Sie Mr. Wolfe, er möge das für mich regeln.«

Als Herrick wieder allein war, überlegte er, was er tun sollte. Da die *Styx* schon fehlte, konnte er unmöglich auch noch die *Relent-*

less abstellen, um Bolitho nach England zu bringen. Die *Relentless* hatte in der Schlacht alle überrascht. Großartig, wie sie den Transporter gejagt hatte, der – wie Kapitän Peel annahm – voll französischer Soldaten steckte. Damit hatte sie Ropars' Fregatten vom eigentlichen Kampfplatz abgezogen, und das – neben dem unerwarteten Einsatz der *Benbow* – brachte die Wendung zum Guten. Und dabei hatte die *Relentless* kaum Beschädigungen davongetragen.

Herrick hatte schon überlegt, ob er die *Lookout* schicken sollte. Nach Loveys' entmutigendem Bericht schien es nun keine andere Möglichkeit zu geben. Doch würde er dafür von Bolitho kaum Dank ernten. Bei ihm rangierten die dienstlichen Notwendigkeiten stets vor den privaten Bedürfnissen, ohne Rücksicht auf irgendwelche Gefühle. Aber in diesem Fall ...

Herrick fuhr auf, als jemand an die Tür klopfte und Lyb, der den Posten als dienstältester Midshipman von Aggett übernommen hatte, hereinspähte.

»Meldung von Mr. Byrd, Sir: *Lookout* hat ein Segel in westlicher Richtung gesichtet.«

Herrick stand zögernd auf. »Melden Sie dem Vierten Offizier, daß ich in Kürze an Deck komme. Und informieren Sie das Geschwader. Ist die *Relentless* in Sichtweite?«

Lyb stockte bei der unerwarteten Frage. Er war ein nett aussehender Junge, sechzehn Jahre alt, und sein Haar hatte die gleiche rote Farbe wie das von Wolfe. Deswegen hatte er sicher schon manche spitze Bemerkung einstecken müssen, dachte Herrick.

»Aye, Sir. Sie steht immer noch nordwestlich von uns.«

»Dann melden Sie Mr. Byrd, er soll das Signal für die *Relentless* wiederholen. Nur zur Sicherheit.«

Lyb kapierte nicht. »Zur Sicherheit, Sir?«

»Verdammt noch mal, Mr. Lyb, muß ich denn jeden Satz wiederholen?«

Er packte die Stuhllehne und zwang sich damit zur Ruhe. Nur zur Sicherheit ... Er konnte doch unmöglich seine Besorgnis laut aussprechen. Der Satz war ein Zeichen seiner inneren Spannung, die ihn wie ein Schraubstock umfangen hielt.

Er rief: »Mr. Lyb!«

Der Junge kam zurück und bemühte sich offensichtlich, nicht ängstlich zu erscheinen.

»Ich hatte eben keinen Grund, Sie anzuschnauzen. Also gehen

Sie schon und melden Sie dem Vierten Offizier, was ich gesagt habe.«

Lyb zog sich leicht verwirrt zurück. Erst der Anschnauzer, der gar nicht die Art des Kommandanten war, und dann die unerwartete Entschuldigung. Herrick griff nach seinem Hut und machte sich auf den Weg nach achtern. Tag für Tag hatte er sich bemüht, im Interesse Bolithos so zu tun, als sei alles wie zuvor. So hatte er Bolitho täglich Bericht erstattet und seine Meldungen über das Schiff und das Wetter abgegeben, selbst dann, wenn er Bolitho im Halbschlaf oder kaum aufnahmefähig angetroffen hatte. Indem er ihn für die Alltäglichkeiten des Lebens zu interessieren versuchte, hoffte er, die Seelenqual seines Freundes zu lindern.

Er fand Allday in einem Stuhl sitzend und Ozzard, der einige blutdurchtränkte Binden in der Schlafkammer auflas. Herrick winkte Allday ab, der aufspringen wollte. »Bleiben Sie, Mann. Dies sind schwere Zeiten für uns alle. Wie schaut's mit ihm aus?«

Allday fand nichts Ungwöhnliches darin, von einem Kapitän um seine Meinung befragt zu werden. Herrick war anders als die meisten und ein wirklicher Freund. Hilflos streckte Allday die Hände aus. »Er ist so furchtbar schwach, Sir. Suppe hat er nicht bei sich behalten. Ich hab's mit Brandy versucht und dann Ozzard gebeten, der ja ein gebildeter Mensch ist, ihm etwas vorzulesen.«

Herrick nickte. Alldays schlichte Fürsorge rührte ihn. »Ich werde ihm jetzt berichten.«

Er trat in die kleine Schlafkammer und näherte sich zögernd der mit den Schiffsbewegungen schwingenden Koje. Es war immer dasselbe: die schreckliche Angst vor dem Wundbrand und was er aus einem machen konnte.

Er sagte: »Guten Morgen, Sir. *Lookout* hat eben ein Segel im Westen gesichtet, wahrscheinlich ein Däne oder ein anderer glücklicher Neutraler. Ich habe der *Relentless* befohlen, näher heranzugehen und ihn zu erkunden.«

Herrick beobachtete Bolithos zerquältes Gesicht. Er schwitzte stark, und die schwarze Haarlocke, die gewöhnlich die schreckliche Narbe auf seiner Stirn verdeckte, klebte an der Seite. Herrick betrachtete die Narbe. Auch das mußte knapp gewesen sein. Aber Bolitho war damals ein junger Leutnant gewesen, jünger noch als Pascoe heute oder der unglückliche Leutnant Courtenay.

Plötzlich bemerkte er, daß Bolitho die Augen geöffnet hatte. Sie waren fast das einzig Lebendige an dem ganzen Mann.

»Ein Segel, sagen Sie?«

Herrick antwortete sehr bedachtsam: »Aye. Wahrscheinlich nichts von Bedeutung.«

»Wir müssen dem Admiral Meldung machen, Thomas.« Das Sprechen bereitete ihm offenbar Schmerzen. »Melden Sie ihm alles über Ropars und den großen Transporter. Sobald wir eine Aufklärungsfregatte der Flotte sichten, müssen Sie . . .«

Herrick beugte sich über die Koje. Er spürte die Verzweiflung des Freundes, und wie er litt. »Keine Sorge, ich werde mich um alles kümmern.«

Bolitho machte einen Versuch, ihm zuzulächeln. »Ich bin wie in der Hölle, Thomas. Zeitweise brenne ich, aber manchmal fühle ich überhaupt nichts.«

Herrick wischte Bolithos Gesicht und Nacken mit einem Tuch ab. »Ruhen Sie sich jetzt aus.«

Bolitho ergriff sein Handgelenk. »Ausruhen? Sehen Sie sich doch selber an. Sie sehen schlechter aus als ich.« Er hustete und stöhnte danach, weil die Bewegung ihm Schmerzen bereitete. Dann fragte er: »Was macht das Schiff? Wie viele Leute haben wir verloren?«

»Dreißig Tote, Sir, und vier weitere werden ihnen wohl folgen, fürchte ich. Im gesamten Geschwader hatten wir rund einhundert Tote und Schwerverwundete.«

»Zu viele, Thomas.« Er sprach jetzt ganz ruhig. »Wo ist Adam?«

»Ich habe ihn zum Dienst geschickt. Er grübelt sonst zu viel.«

Herrick bemerkte erstaunt, daß Bolitho sich ein Lächeln abrang. »Gut, daß Sie daran gedacht haben.«

»Es war die Idee des Schiffsarztes, um ehrlich zu sein.«

»Der?« Bolitho versuchte, den Arm zu bewegen. »Er kommt mir vor wie der Sensenmann. Immer in Wartestellung.«

»Aber ein besserer Arzt als mancher andere, Sir.« Herrick stand auf. »Ich muß jetzt nach oben gehen und mich um den Neuankömmling kümmern. Ich komme bald zurück.«

In einer Gefühlsaufwallung berührte er Bolithos Schulter, aber der war schon wieder ins Dösen zurückgesunken. Sehr vorsichtig zog Herrick die Decke herunter und legte nach einem Augenblick des Zauderns die Hand auf Loveys' sorgfältig angebrachten Kräuterumschlag. Er zog sie schnell wieder zurück und verließ die Kammer. Selbst durch den Verband hindurch hatte sich Bolithos

Schenkel angefühlt wie Feuer, als ob sein Körper sich von innen verzehre.

Allday bemerkte seinen Gesichtsausdruck. »Soll ich zu ihm gehen, Sir?«

»Lassen Sie ihn schlafen.« Herrick sah ihn traurig an. »Er hat ganz klar mit mir gesprochen, aber ...« Er beendete den Satz nicht, sondern ging schnurstracks hinaus.

Im trüben Licht des Vormittags bemerkte er, daß die Offiziere, die auf dem Achterdeck über das fremde Segel diskutierten, seinen Blick mieden. Er hörte Wolfe sagen: »Ich verstehe, was Sie empfinden, Mr. Pascoe, aber Dienst ist Dienst. Ich bin zu knapp an Leuten, wenn auch Sie sich noch von Ihrer Division fernhalten.«

Wolfe machte eine flüchtige Ehrenbezeigung zu Herrick und meldete: »Erledigt, Sir. Besser, er hört es von mir. Mich kann er in die Hölle wünschen, so viel er will, vorausgesetzt, er macht seine Arbeit.«

Midshipman Lyb rief: »Signal von *Lookout*, Sir. Das andere Schiff ist ...« Er reckte sich, um über den Arm eines anderen Kadetten in die Liste der Schiffsnummern blicken zu können. »Es ist die Brigg *Marguerit,* Sir.«

Wolfe atmete erleichtert auf. »Mit Neuigkeiten, hoffentlich.« Dann warf er Lyb einen scharfen Blick zu und donnerte: »Himmel und Hölle, Sir! Beantworten Sie das Signal der *Lookout*, wenn's recht ist!«

Herrick wandte sich ab. Man hatte es leichter, wenn man so war wie Wolfe: innerlich unberührt und dadurch nicht so verletzlich. Doch im selben Augenblick, als er das dachte, wußte er, daß es eine Täuschung war.

Die Besatzung ging zum Mittagessen, und als sie wieder zum Dienst antrat, lag die muntere kleine Brigg *Marguerite* schon nahe bei ihnen im Wind und war dabei, ein Boot zu Wasser zu lassen.

Herrick sagte matt: »Lassen Sie die Fallreepsgäste aufziehen, Mr. Wolfe. Der befehlshabende Offizier der Brigg scheint herüberzukommen.«

Achtern quälte sich Bolitho ab, der die vertrauten Geräusche vom Achterdeck hörte, um sich in seiner Koje in Seitenlage zu wälzen. Oben traf man also Vorbereitungen zum Empfang des Kommandanten eines anderen Schiffes. Allday hatte ihm den Namen der Brigg gesagt, und Bolitho hatte ihn an Deck geschickt, um zu erkunden, was sie brachte.

Der Schmerz schien sein Bein zu packen wie ein wildes Tier. Schwitzend und stöhnend zog sich Bolitho weiter an den Rand der Koje. In seinem fiebrigen Hirn war es jetzt plötzlich lebenswichtig, daß er wieder Wasser und die anderen Schiffe sah. An diese Idee klammerte er sich wie an eine Rettungsleine.

Es war wie damals auf der Laufbrücke: Eben noch stand er da, und in der nächsten Sekunde fühlte er, wie sein Gesicht das Deck berührte, ohne Erinnerung an die Zeitspanne dazwischen.

Auf der anderen Seite des Türvorhangs rief der aufgeschreckte Posten: »Sir, Sir!« Allday stürzte herbei, stieß den Posten beiseite und rannte entgeistert zu Bolitho, der ausgestreckt auf dem Boden lag. Die schwarz-weiß karierte Bodenbespannung unter ihm war mit dunklem Blut getränkt, das sich weiter ausbreitete. Allday schrie: »Holt den Doktor!« Er nahm Bolitho in die Arme und hielt ihn fest.

Als Herrick und Loveys eintraten, gefolgt von dem erschreckten Kommandanten der Brigg, hatten sich weder Allday noch Bolitho bewegt.

Loveys kniete neben ihnen nieder und sagte kurz: »Die Wunde wird aufgebrochen sein.« Er schaute zu Herrick empor: »Bitte lassen Sie meine Instrumente holen.« Er schien laut zu denken.

Herrick starrte ihn entsetzt an, als Ozzard losrannte, um Loveys Assistenten zu holen. »Doch nicht amputieren . . .?«

Allday klagte »Es ist meine Schuld. Er hat mich weggeschickt. Ich hätte es wissen müssen.«

Loveys sah ihn scharf an. »Was hätten Sie wissen müssen?«

Männer drängten sich in die Kajüte, und Befehle gingen von Mund zu Mund wie beim Gewehrexerzieren.

Allday machte eine Kopfbewegung zu den Heckfenstern hin. »Er wollte zum Wasser. Es ist sein Leben, verstehen Sie?«

Loveys schnitt den Verband weg, und der Offizier von der *Marguerite* fuhr bei dem Anblick der Wunde zurück. »Mein Gott, er muß furchtbare Schmerzen gehabt haben«, sagte er.

Loveys bedachte ihn mit einem eiskalten Blick. »Hinaus mit Ihnen, Sir, wenn Sie nichts anderes als Gemeinplätze zu bieten haben!«

Milder meinte er zu Allday: »Gehen Sie auch, es ist besser. Glauben Sie mir.«

Allday löste nur zögernd seinen Griff um Bolithos schlaffen

Körper, als die Männer des Schiffsarztes einen Ring um ihn bildeten.

In der danebenliegenden Kajüte sagte Herrick sehr beherrscht: »Nun, was haben Sie mir zu melden, Herr Leutnant?«

Der Leutnant, der noch immer unter dem Eindruck des Hinauswurfs durch den Arzt stand, antwortete: »Ich habe eine Depesche für Ihren Admiral, Sir. Das französische Geschwader ist nicht nach Irland gesegelt. Es ist so gut wie sicher, daß es versuchen wird, in die Ostsee einzudringen. Kommodore Rice vom Geschwader in den Downs wird zu Ihnen stoßen und Sie verstärken.«

Herrick gab sich Mühe, nicht auf die Geräusche hinter der verschlossenen Tür zu achten. Dann antwortete er schlicht: »Wir sind vor drei Tagen mit Vizeadmiral Ropars zusammengetroffen. Der Mann, den Sie eben gesehen haben und der vielleicht innerhalb der nächsten Stunde stirbt, hat das feindliche Geschwader auseinandergetrieben und einen seiner Vierundsiebziger vernichtet.« In der totenstillen Kajüte klangen seine Worte wie Pistolenschüsse.

Der Leutnant sagte mit etwas zittriger Stimme: »Das war eine tapfere Tat, Sir. Haben Sie Befehle für mich?«

Herrick schaute zur Tür. »Nachher.«

Der Ehrenwerte Leutnant Oliver Browne beobachtete, wie der Schatten von Herricks gedrungenem Körper im Licht der Deckslaternen schwankte.

Die Schiffsbewegungen waren im Lauf des Tages noch schlimmer geworden, und Browne konnte nur ahnen, welche Schwierigkeiten der Schiffsarzt unter diesen Bedingungen hatte. Es war inzwischen fast dunkel geworden. Herrick schien kurz vor dem Zusammenbruch, wenn er nicht endlich ausruhte. Browne wußte wohl, warum er sich all die Arbeit auflud, die – zum Teil wenigstens – auch andere erledigen konnten; aber er wußte nicht, wie er Herrick davon abhalten sollte.

Die Ausguckposten im Masttopp hatten ein Signal von der *Relentless* gemeldet, die auf ihrer Sicherungslinie im Nordwesten der vor Anker liegenden Schiffe patrouillierte. Sie hatte das aus den Downs kommende Geschwader von Commodore Rice gesichtet. Aber kaum war das Signal abgelesen und für die anderen Schiffe wiederholt worden, hatten Dämmerung und eine plötzliche Regenbö jede weitere Beobachtung unmöglich gemacht.

Herrick sagte: »Ich werde Kommodore Rice über unsere Lage unterrichten. Wir sind zwar kampffähig, aber einige Schäden an unserem Schiffsrumpf bedürfen sorgfältigerer Reparatur. Ich werde um Erlaubnis bitten, dieses Gebiet zu verlassen und einen Hafen anzulaufen.«

Browne nickte. Die *Benbow* hatte bei dem Gefecht zweifellos am meisten abbekommen und mehr als ein Drittel der Verluste des ganzen Geschwaders. Weitere zwei Männer waren erst an diesem Tag beigesetzt worden, und gerade sie hatte man schon außer Lebensgefahr geglaubt.

Herrick warf seine Papiere auf den Tisch und fragte verzweifelt: »Was tut dieser verdammte Schlächter eigentlich?«

»Sein Bestes, Sir!« Das klang abgedroschen und so ganz anders, als Browne es gemeint hatte, daß er einen heftigen Anranzer von Herrick erwartete.

Statt dessen sagte Herrick nur: »Ich habe mich noch nie so um einen Mann gesorgt, verstehen Sie das? Wir haben auf allen Meeren von hier bis in die Südsee zusammen gekämpft. Ich könnte Ihnen Dinge von ihm erzählen, die Sie allein beim Zuhören vor Angst und Stolz zittern ließen.« Herrick schaute Browne bei diesen Worten an, aber seine blauen Augen schienen weit weg und bei Erinnerungen, an denen Browne, wie er wohl wußte, niemals teilhaben würde.

Herrick fuhr fort: »Ich war es auch, der ihm die Nachricht vom Tode seiner jungen Frau überbringen mußte. Man sagte, es wäre besser, wenn er es von mir hörte, aber wie können solch schrecklichen Dinge jemals besser klingen?« Herrick saß, zum Leutnant hingeneigt, auf der Kante des Kajüttisches, als könne er seinen Worten so mehr Nachdruck verleihen. »Da unten im Orlopdeck hat ihm einer eine Ermunterung zugerufen und ihn dabei ›Dick‹ genannt.« Ein Lächeln huschte über sein Gesicht. »Auf seiner Fregatte *Phalarope* nannten sie ihn so. ›Der gerechte Dick‹. Er sorgt sich um alle, das ist es. Verstehen Sie?«

Herrick blickte über Brownes Kopf hinweg, als die Kajüttür aufging, wobei die üblichen Schiffsgeräusche wie ungewohnter Lärm zu ihnen hereindrangen.

Allday stand da mit steinernem Gesicht. Sein Körper füllte den Eingang völlig aus.

Herrick sprang auf. »Was ist, Mann?«

Browne kam mit langen Schritten durch die Kajüte und ergriff Alldays Arm. »Nun reden Sie schon, um Gottes willen!«

Allday sagte mit schwacher Stimme: »Ich könnte ein Glas Schnaps vertragen, Sir.«

Er wirkte wie betäubt, als ob er nur halb mitbekäme, was um ihn herum vorging. Die drei Männer standen eng beieinander und folgten den Schiffsbewegungen, als die *Benbow* wieder in ein tiefes Wellental sackte. Jeder von ihnen war mit seinen Gedanken beschäftigt.

»Erzählen Sie!« Herrick ging rückwärts durch die Kajüte, als würde alles zunichte, wenn er die Augen von Allday abwandte, und tastete nach einer Flasche und Gläsern.

Allday nahm den Brandy und schluckte ihn nahezu geistesabwesend hinunter.

Herrick sagte vorsichtig: »Ich dachte, der Doktor hätte Sie aufgefordert, den Raum zu verlassen?«

»Sie wissen, daß ich das nicht konnte, Sir.« Allday hielt das Glas zu neuer Füllung hin. »Aber es war nicht leicht. All das Blut. Sogar der alte Loveys ...« Er schüttelte sich. »Bei allem Respekt, Sir, aber auch ihn hat's fast umgehauen.«

Herrick hörte ihm gebannt und gleichzeitig erleichtert zu.

Allday fuhr fort: »Der Doktor sagt, wenn er nicht aus der Koje gefallen wäre, hätte er das Bein verloren. So aber ist die Wunde aufgebrochen, und Mr. Loveys fand mit seiner Pinzette noch einen Metallsplitter und einige Stoffetzen.«

Herrick ließ sich in einen Stuhl fallen. »Gott sei Dank!« Bis zu diesem Augenblick hatte er geglaubt, Bolitho lebe zwar, habe aber sein Bein eingebüßt.

Allday schaute sich immer noch benommen in der Kajüte um. »Ich ... Tut mir leid, Sir, ich hätte hier nicht so hereinplatzen sollen, ohne Sie um Erlaubnis zu fragen.«

Herrick übergab ihm die Flasche. »Nehmen Sie die mit in Ihr Quartier, und trinken Sie den Rest aus. Sie haben es verdient.«

Allday nickte und ging langsam zur Tür. Doch er drehte sich noch einmal um und murmelte: »Er hat plötzlich die Augen aufgemacht, Sir.« Wie zur Bekräftigung rieb er sich das Kinn. »Und wissen Sie, was er als erstes zu mir sagte?«

Herrick antwortete nicht, als er die Tränen sah, die über Alldays stoppelige Backen liefen.

»›Du hast dich heute nicht rasiert, du Lümmel!‹ Das hat er gesagt, Sir.«

Browne schloß vorsichtig die Tür, die Allday in Gedanken offengelassen hatte, setzte sich wieder und schaute zu Boden. »Jetzt verstehe ich Sie, Sir.«

Als Herrick nicht antwortete, bemerkte er, daß der Kapitän in seinem Stuhl eingeschlafen war.

Sehr vorsichtig verließ Browne die Kajüte und ging zum Niedergang. Dort stieß er fast mit dem Schiffsarzt zusammen, der einen Augenblick abwartete, in dem das Schiff wieder auf ebenem Kiel lag. Browne bemerkte Loveys Hände, die aussahen, als trüge er rote Handschuhe.

Er sagte: »Kommen Sie mit in die Messe. Ich mache eine Flasche auf. Die haben Sie mehr als verdient!«

Loveys betrachtete ihn mißtrauisch. »Ich bin kein Zauberer, wie Sie wissen. Konteradmiral Bolitho kann noch einen Rückfall bekommen, und selbst wenn alles gutgeht, wird er bis an sein Lebensende leicht humpeln und Schmerzen haben.« Völlig unerwartet lächelte er, und dabei war besonders deutlich zu erkennen, wie erschöpft er war. »Glauben Sie mir, Mr. Browne, ich bin selber überrascht.«

Herrick kam aus seinem Stuhl hoch und ertastete sich den Weg aus der Kajüte. Seine Erschöpfung war ein guter Grund dafür gewesen, daß er eingeschlafen war. Wenn er sich noch länger mit Browne unterhalten hätte, wäre es ihm – genau wie Allday – unmöglich gewesen, seine Gefühle zu verbergen.

Er tapste hinauf aufs Achterdeck, wobei seine Augen in der Dunkelheit doch noch die schemenhaften Kanonen erkennen konnten, während die Finknetze sich klar wie Schattenrisse gegen den Abendhimmel abzeichneten.

Der Steuermannsmaat der Wache stand beim Aufgang zur Hütte, einer der Midshipmen schrieb etwas auf seine Tafel, die er dazu ans Kompaßlicht hielt. Das Schiff ächzte und quietschte bei seiner heftigen Dümpelei vor der Ankertrosse. Die Decks glänzten naß vom Regen, und die Luft war eiskalt. An der entgegengesetzten Ecke des Achterdecks entdeckte Herrick den wachhabenden Offizier. Er rief: »Mr. Pascoe!«

Pascoe eilte herbei, seine Schritte waren auf dem nassen Deck kaum zu hören. Er blieb vor seinem Kommandanten stehen und versuchte die Dunkelheit zu durchdringen. »Sie haben mich gerufen, Sir?«

»Es ist vorüber, Adam. Er wird überleben, und zwar mit beiden Beinen!« Herrick wandte sich ab und sagte nur noch im Gehen: »Ich bin in meiner Kajüte, wenn etwas sein sollte.«

»Aye, aye, Sir!« Pascoe wartete, bis er verschwunden war, und schlug dann glücklich die Hände zusammen.

Der Midshipman fragte ängstlich: »Ist etwas nicht in Ordnung, Sir?«

Pascoe mußte seine Freude teilen, jemandem berichten. »Nicht mehr. Ich habe mich nie besser gefühlt.«

Er stakste davon und ließ den Midshipman so ratlos stehen wie zuvor. Auch dieser machte sich selbstverständlich Sorgen um den Admiral. Aber im Leben eines Midshipman gab es viele Dinge, über die er sich Sorgen machen konnte. Diese Rechenaufgabe zum Beispiel. Der alte Grubb wollte sie noch vor Tagesanbruch haben. Da gab es keinerlei Entschuldigung.

Die Tafel zitterte, als der Junge sich an den schrecklichen, aber großartigen Augenblick erinnerte. An den Konteradmiral, der seinen Hut schwenkte und die Kanonen des Feindes mißachtete. An die jubelnden oder sterbenden Männer. Und er, Midshipman Edward Graham aus der Grafschaft Hampshire, hatte überlebt.

Der dreizehn Jahre alte Midshipman konnte nicht wissen, daß Richard Bolitho fast genau dasselbe dachte.

X Traumgebilde

Nach einer der stürmischsten Überfahrten, an die Bolitho sich erinnern konnte, hatte die *Benbow* schließlich in Spithead geankert. Fast drei Monate waren sie fort gewesen, eine kurze Zeit nur für einen erfahrenen Seeoffizier, doch Bolitho hatte nicht erwartet, daß sie Spithead oder einen anderen heimatlichen Hafen jemals wiedersehen würden.

Die schmutzig gelben Wellenkämme schienen ihm beinahe schön, und die klamme Luft in der Kajüte war ihm nicht länger lästig. Bolitho trat vorsichtig von den Heckfenstern zurück; obwohl er sich bemühte, sein verwundetes Bein nicht zu belasten, hätte er vor Schmerz fast aufgeschrien. Jeden Tag hatte er sich gezwungen, von Allday und Ozzard gestützt, ein paar Schritte zu gehen.

Stolz oder Zorn – er war sich noch nicht sicher, was von beiden überwog – hatte ihn auf den Weg der Genesung getrieben. Er hegte den Verdacht, daß Kommodore Rice vom Downs-Geschwader vielleicht ungewollt einiges damit zu tun gehabt hatte.

Herrick hatte darum gebeten, daß Rice das Kommando über die vereinten Geschwader übernahm, während er selber die *Benbow* zur Inspektion und Reparatur ins Dock brachte.

Rice hatte Herrick zunächst abgewiesen, weil er wohl darauf aus war, baldmöglichst auf seine eigene, weniger schwierige Station zurückzukehren. Es konnte aber auch sein, daß er Bolitho schon abgeschrieben hatte und Herrick für zu jung hielt, um ihm Anweisungen zu geben. Was es auch gewesen sein mochte: Bolitho hatte nach Yovell gerufen und ihm eine kurze Anweisung für den Kommodore diktiert. Rice sollte danach bis auf weiteres das Kommando über das vereinte Geschwader übernehmen. Wenn Ropars' oder andere feindliche Schiffe den Versuch machen sollten, in die Ostsee einzudringen, würden sie auf eine sehr viel stärkere Streitmacht als bisher stoßen und ein weit größeres Risiko eingehen.

Herrick klopfte an die Tür und trat ein. »Wir haben geankert, Sir.« Er schaute Bolitho prüfend an und fügte hinzu: »Sie sollten sich schonen.«

»Wollen Sie mich vielleicht im Bootsmannsstuhl in mein Boot abfieren, Thomas? Wie den Arzt, den wir einmal hatten, oder wie ein Stück überzähliger Ladung?« Er zuckte zusammen, als das Deck sich plötzlich seitwärts neigte. »Aber ich werde vorsichtig sein.«

Herrick lächelte.» Aye, Sir. Sobald die Tide wechselt, beabsichtige ich, in Portsmouth ins Dock zu gehen. Ich habe dem Hafenadmiral entsprechende Nachricht geschickt.« Dann setzte er ernst hinzu: »Der Sechste Offizier ist eben gestorben. So nahe am Zuhause.«

Bolitho nickte. Es war besser so. Ein junger Offizier, dem das halbe Gesicht weggeschossen und der auch geistesgestört war, wäre an Land eine Tragödie gewesen. Jetzt konnte wenigstens die Erinnerung an ihn von seiner Familie hochgehalten werden.

Er sagte: »So viele gute Leute, Thomas. Ich hoffe, sie sind nicht umsonst gestorben.«

Herrick lächelte. »Werfen Sie es hinter sich, Sir. Das haben wir doch schon oft genug tun müssen.«

»Und was wollen Sie machen?«

»Wenn wir eingedockt sind, werde ich die Midships und einige der Verheirateten nach Hause schicken.«

Bolitho verstand. Mit Verheirateten meinte Herrick Offiziere und Deckoffiziere. Gemeine Seeleute, so loyal sie auch sein mochten, hätten sich wahrscheinlich verdrückt, wenn sie erst einmal wieder die Annehmlichkeiten ihres Zuhauses kennenlernten.

Herrick sagte: »Ich bleibe natürlich an Bord. Wenn's Gott gefällt, wird meine Frau mich hier besuchen.«

Bolitho setzte sich sehr vorsichtig hin. »Sie machen das beste daraus, Thomas, recht so.«

»Das ist wahr. Und ich bin glücklich.« Es klang etwas weniger glücklich, als er fragte: »Werden Sie die Admiralität aufsuchen, Sir?«

Bolitho zog eine Grimasse. »Ja, aber ich würde lieber zehn solche Überfahrten auf Ihrem Schiff machen als eine Reise im Dienstwagen nach London.«

Allday schaute herein. Er war schick angezogen, mit Goldknöpfen am Rock und Schnallenschuhen. »Ich habe die Bootsbesatzung zusammengerufen, Sir.«

Herrick starrte Bolitho entsetzt an. »Sie haben doch nicht etwa die Absicht, sich an Land rudern zu lassen, Sir? Wir werden noch heute nacht im Dock sein. Sie können dann leicht morgen früh den Wagen am ›George‹ erreichen.«

Bolitho lächelte über seine Aufregung. »Ich muß wieder lernen zu gehen, Thomas. Und irgend etwas sagt mir, daß ich nicht länger hier an Deck herumschlurfen soll.«

Herrick seufzte. »Wenn Sie entschlossen sind . . .«

Allday grinste. »Wir wissen beide, was das heißt, nicht wahr, Sir?«

Über der Kajüte hörte Bolitho Fußgetrampel und das Quietschen von Taljen. Die *Benbow* war wieder zu Hause, aber für die Beobachter am Ufer war sie einfach irgendein Schiff, das besser etwas in der Ferne blieb. Man las lieber darüber in der *Gazette*, als daß man es von nahem betrachtete. Ein Schiff war für Unbeteiligte eben nur ein Schiff, und nicht Fleisch und Blut, Angst und Heldenmut.

Bolitho erlaubte Ozzard, ihm in den Mantel zu helfen. Er zwang sich zu einem unbewegten Gesichtsausdruck, nahm aber an, daß weder Herrick noch Allday sich täuschen ließen. Der Schmerz trieb ihm Schweißperlen auf die Stirn, und jede kleinste Anstrengung kostete ihn fast mehr Kraft, als er besaß. Jetzt noch Säbel und Gurt, dann der Hut, während Ozzard den Zopf über den goldbestickten Kragen legte.

Allday zupfte den Gurt zurecht und murmelte: »Wenn Sie noch etwas dünner werden, Sir, können wir Ihnen ein Hundehalsband umlegen.«

Browne, schon im Bootsumhang, erschien am Eingang. »Boot liegt längsseit, Sir.« Er ließ die Blicke über Bolithos Erscheinung wandern und nickte billigend.

Mit Herrick an der Spitze, marschierten sie von der Hütte auf das nasse Achterdeck.

Bolitho gewahrte erstaunt die große Zahl von Seeleuten, die in den Wanten hingen oder auf den Laufbrücken standen. Herrick sagte schnell: »Ich habe keineswegs Befehle dazu gegeben, Sir.«

Bolitho nahm den Hut ab und ging langsam in Richtung Fallreep. Die Einstiegspforte schien eine Meile weg zu sein, und jedes langsame Neigen des Decks drohte ihn umzuwerfen. Zum erstenmal seit dem Augenblick, als ihn die Musketenkugel niedergestreckt hatte, war er an Deck. Er brauchte nicht an die Schmerzen und den Blutverlust erinnert zu werden. Noch fühlte er sich innerlich leicht und wie betäubt von der Gewißheit, daß er lebte.

Browne flüsterte: »Stützen Sie sich auf mich, Sir.» Selbst er hatte seine übliche Ruhe verloren. »Bitte.«

Auf einmal rief einer der Männer: »Bravo!«, was ein allgemeines Beifallsgebrüll auslöste, das wie eine Flutwelle durch das Schiff lief.

Pascoe schwenkte mit allen anderen den Hut, und sein lachendes Gesicht sagte alles. Da war Grubb in seinem verschlissenen Mantel, dann die mächtige Gestalt von Leutnant Wolfe, dazu all die anderen Gesichter, die zu Namen geworden waren. Persönlichkeiten.

»Gehen Sie schon vor, Mr. Browne.« Bolitho streckte Herrick die Hand hin. »Ich werde Sie auf dem laufenden halten, Thomas. Empfehlen Sie mich Ihrer Frau.« Er sprach mit zusammengepreßten Zähnen, um den Schmerz zu unterdrücken.

Dann schaute er hinunter auf das stark dümpelnde Boot, musterte die Kuttergäste in ihren sauberen karierten Hemden und geteerten Hüten und die Riemen, die sich gegen das dunkle Wasser sehr weiß abhoben.

Jetzt oder nie! Bolitho schwang sich nach außen aufs Fallreep und konzentrierte sich völlig auf das Boot und auf Allday, der – den Hut in der Hand – bereitstand, ihm beim Hinunterklettern zu helfen.

Die Triller der Bootsmannsmaatenpfeife und die Hochrufe der Matrosen halfen ihm, seine Mühe bei jedem Schritt abwärts zu verbergen, bis er mit einer letzten Anstrengung das Boot erreichte.

Als der Kutter sich von der *Benbow* entfernte, sah Bolitho hinauf zu dem Durcheinander an Deck, zu den provisorischen Abdichtungen der Einschußlöcher in der Bordwand, und zu den vielen Schrammen und Kratzern von Kartätschenkugeln.

Als die Kuttergäste kräftig durchholten und das Boot am Bug vorbeirauschte, schaute Bolitho zurück auf die hervorstechende Galionsfigur. Vizeadmiral Benbow hatte sein Bein verloren. Fast hätte er es ihm gleichgetan.

Sie hatten ein langes und hartes Stück zu rudern, doch irgendwie half es Bolitho, seine Kräfte zu erneuern. Die lebhaften Bewegungen des Kutters, die Spritzer, die sein Gesicht netzten, waren doch besser als sein feuchtes Gefängnis an Bord des Linienschiffes.

Ein paar Wachtposten der Seesoldaten bahnten Bolitho einen Weg durch die Menge von Neugierigen, die bei seiner Ankunft zuschauen wollten.

In Falmouth und sogar in Plymouth hätte man ihn gleich erkannt. Hier dagegen sahen die Leute fast jeden Tag Admirale kommen und gehen, oft weit ranghöhere als Bolitho.

Eine Frau hielt ihr Kind hoch und rief: »Ist es Nelson?«

Eine andere sagte: »Er ist in der Schlacht gewesen, wer's auch sein mag.«

Bolitho sah erstaunt eine elegante Kutsche, die im Schutz einer Mauer auf sie wartete.

Browne erklärte fast entschuldigend: »Ich habe sie bestellt, als wir ankerten. Sie gehört einem Freund meiner Familie, und ich bin froh, daß sie rechtzeitig kam.«

Bolitho lächelte. Die Kutsche war wunderbar gefedert und würde sich angenehm von dem Dienstwagen Portsmouth–London unterscheiden.

»Sie überraschen mich immer wieder.«

Ein junger Leutnant trat vor und zog den Hut. »Ich habe Befehl, Ihnen diese Schreiben zu übergeben, Sir.« Er beobachtete Bolitho mit so unverhohlener Neugier, als wolle er sich jede Einzelheit genau einprägen. »Vom Hafenadmiral und aus Whitehall, Sir.«

Browne nahm die Papiere an und übergab sie Allday. »Legen Sie sie in den Wagen, und dann sagen Sie dem zweiten Bootssteurer, daß er mit dem Kutter zur *Benbow* zurückfahren kann.« Trokken setzte er hinzu: »Ich nehme an, Sie beabsichtigen, mit uns zu kommen?«

Allday grinste. »Ich habe eine kleine Tasche gepackt, Sir.« Browne seufzte. Allday strahlte seit Bolithos Genesung wie die Tropensonne.

»Meine Empfehlung an den Hafenadmiral.« Bolitho stellte sich vor, wie Herrick jetzt seinen Bericht für die Werft diktierte, eine Arbeit, die er haßte, wie die meisten Kommandanten. »Richten Sie ihm bitte Grüße von mir aus.«

Browne warf dem Leutnant, dem Boten des Hafenadmirals, einen vernichtenden Blick nach, als er in der Menge untertauchte. Allday kam zurück und kletterte zu dem dicht vermummten Kutscher auf den Bock.

Bolitho zögerte noch. Er drehte sich um und warf einen Blick durch das Hafentor auf die Reede hinaus. Viele Schiffe lagen draußen vor Anker, aber er suchte die *Benbow.* In zwei Wochen begann ein neues Jahr: 1802. Was mochte es der *Benbow* und allen, die sie auf ihren mächtigen Planken trug, bringen?

Endlich kletterte er in die Kutsche und ließ sich erleichtert in die weichen Kissen sinken.

»Haben Sie Schmerzen, Sir? Wir können hier eine Zeitlang stehenbleiben, wenn Sie es wünschen. Wagen und Pferde stehen zu Ihrer Verfügung, so lange Sie es wünschen.«

Bolitho bewegte sein Bein probeweise. »Das muß aber ein sehr guter Freund sein.«

»Ihm gehört die halbe Grafschaft, Sir.«

Bolitho zwang seine Glieder, sich Zentimeter um Zentimeter zu entspannen. »Fahren Sie los. Die Arbeit des Doktors scheint zu halten.« Er lehnte sich zurück und schloß die Augen. Dabei kehrten noch einmal all die flüchtigen Erinnerungen zurück: Alldays Gesicht, die Gehilfen des Schiffarztes rundum, die Schmerzen, seine eigene Stimme, ächzend und flehend wie die eines Fremden. Und dann dieser Morgen. Die Seeleute, die ihm zujubelten. Er hatte sie an die Schwelle des Todes geführt, und sie wünschten ihm trotzdem noch Gutes.

Die Bewegungen der Kutsche glichen denen eines Bootes in kabbeligem Wasser, und als das Geklapper der Hufe und Knarren der Räder auf Kopfsteinpflaster in das dumpfe Geräusch einer schlammigen Landstraße überging, übermannte Bolitho der Schlaf.

»Brrr, Ned! Halt, Blazer!«

Bolitho schreckte aus seinem Schlaf hoch und bemerkte gleich mehrere Dinge auf einmal: daß es viel kälter geworden war und daß sich Graupelkörner in den Ecken der Wagenfenster gesammelt hatten. Außerdem schaukelte sein Sitz heftig. Das lag daran, daß Browne mit aller Gewalt versuchte, das Fenster zu öffnen. Er hielt dabei eine gespannte Pistole in der anderen Hand.

Browne fluchte: »Gottverdammich, es ist festgeklemmt!« Er bemerkte, daß Bolitho aufgewacht war, und setzte unnötigerweise hinzu: »Draußen gibt's Schwierigkeiten, Sir. Straßenräuber, oder so ähnlich.«

Das Fenster fiel so plötzlich herunter wie das Messer einer Guillotine, die kalte Luft strömte herein und füllte in Sekunden das Wageninnere.

Bolitho hörte, daß die Pferde unter Kontrolle waren und ihre Hufe nur auf sumpfigem Untergrund schlitterten. Es war der recht Ort für einen Raubüberfall, weit und breit kein Haus zu sehen.

Der Wagen hielt, und ein Mann mit weißen Augenbrauen schaute zu ihnen herein.

Bolitho schob Brownes Pistole zur Seite. Es war Allday, Gesicht und Brust mit Schnee und Graupelkörnern bedeckt.

Allday sagte: »Ein Unfall, Sir. Der andere Wagen ist von der Straße abgekommen. Jemand scheint verletzt zu sein.«

Browne kletterte aus dem Wagen und protestierte, als Bolitho ihm folgte.

Draußen blies ein starker, stetiger Wind, und als die beiden Offiziere sich hinter Allday vorwärtskämpften, wehten ihre schweren Bootsumhänge wie Banner aus. Der Kutscher war auf seinem Bock geblieben und beruhigte die Pferde, die mit dampfenden Leibern nervös stampften.

Die andere Kutsche, kleiner als ihre, lag im Graben neben der

Straße. Ein Pferd stand in der Nähe und schien völlig unbeteiligt am Geschehen. Neben dem Hinterrad hob sich ein Blutflecken deutlich vom Schneematsch ab.

Allday sagte: »Hier unten, Sir!« Er arbeitete sich mühsam den Abhang hoch und schleppte dabei einen Mann hinter sich her. Dessen eines Bein stand in einem unnatürlichen Winkel ab, offensichtlich war es gebrochen.

»Vorsichtig!« Browne kniete schon neben ihm. »Bewußtlos, der arme Teufel.«

Allday sagte: »Sieht aus, als habe er wegkriechen wollen. Um Hilfe zu holen, nehme ich an.«

Sie sahen einander an, und Bolitho befahl: »Schauen Sie in der Kutsche nach. Hier, ziehen Sie mich hoch!«

Mit einigen Schwierigkeiten bekamen sie die Tür auf und schlugen sie wie den Deckel einer Stückpforte zurück. Die andere Seite des Wagens lag tief im Matsch.

Bolitho sagte: »Es ist eine Frau. Und ganz allein.« Er packte den Türrahmen so fest, daß das zersplitterte Holz seine Haut ritzte. Das konnte doch nicht sein! Er schlief noch, und dies war nur ein quälendes Traumgebilde.

Er spürte Allday neben sich. »Alles in Ordnung, Sir?«

»Schauen Sie hinein!« Kaum konnte er seine Stimme beherrschen.

Allday zwängte ein Bein durch den Türspalt und schlüpfte dann vorsichtig hinein. Drinnen schien es ohne den beißenden Wind und die Nässe fast warm. Er streckte die Hand aus und berührte die Frau, fuhr aber erschreckt zurück, als ihr Kopf ihm langsam entgegensank.

»O mein Gott!«

Bolitho sagte: »Helfen Sie mir hinein!«

Er fühlte nicht einmal, daß sein bandagiertes Bein gegen die Tür stieß. Alles, was er sah, war der Körper der Frau. Ihr Samtmantel war ihr durch den Sturz auf die Füße gerutscht. Das gleiche lange, kastanienbraune Haar, fast das gleiche Gesicht, ähnliche Züge. Sie mußte sogar in Cheneys Alter sein, dachte er verzweifelt.

Vorsichtig, fast ohne zu atmen, umfaßte er ihre Schultern und fühlte zögern nach ihrem Herzen. Nichts. Er konzentrierte sich, dachte an die Kraft, die von Allday ausging. Sie mußte leben!

Da, ein schwacher Herzschlag unter seinen Fingern.

Allday sagte heiser: »Nichts gebrochen, Sir. Nur eine häßliche Beule an der Schläfe.« Überraschend zart wischte er ein paar Haarsträhnen aus ihrem Gesicht. »Ich würde es einfach nicht glauben, wenn Sie nicht hier wären.«

Bolitho hielt sie vorsichtig in den Armen, spürte ihren schwachen Atem und fühlte, wie sich ihr Körper an seinem erwärmte.

Er hörte Browne von der Straße rufen: »Was ist los, Sir?« Von seinem Platz bei dem verletzten Kutscher konnte er wahrscheinlich nichts sehen.

Was war denn los? Bolitho überlegte. Ein Mädchen, das wie Cheney aussah, aber nicht Cheney war. Eine Kapriole des Schicksals, die sie hier auf der leeren Straße zusammengeführt hatte, sicher nur für einen Augenblick.

Allday sagte: »Wir tragen sie am besten in unseren Wagen, Sir.« Er sah Bolitho besorgt an. »Wenn wir nicht gekommen wären, hätten sie bei dieser Kälte kaum überlebt.«

Bolitho kletterte verwirrt aus dem Wagen. Die ganze Szene war so, wie er sie sich immer vorgestellt hatte: der zerschmetterte, umgestürzte Wagen und darin wie in einer Falle Cheney mit dem Kind unter ihrem Herzen. Der Kutscher tödlich verletzt, aber Ferguson, sein einarmiger Verwalter, bei ihr. Irgendwie hatte Ferguson es geschafft, Cheney auf der Suche nach Hilfe zwei Meilen weit zu tragen, aber ohne Erfolg. Bolitho hatte sich das Bild so oft vorgestellt. Wenn diese Fremden hier Schauspieler gewesen wären, hätten sie es nicht wahrhaftiger, nicht grausamer nachstellen können.

Browne sagte: »Ich habe sein Bein provisorisch geschient. Er ist noch etwas benommen.« Unsicher spähte er durch den Schneeregen, sein Dreispitz glitzerte wie Glas. »Lord Swinburnes Landsitz liegt hier in der Nähe.« Er rief ihrem Kutscher zu: »Kennen Sie ihn?«

Der Kutscher nickte, offenbar nicht gewillt, weiter in die Sache hineingezogen zu werden. »Ja, Sir.«

In diesem Augenblick schien Browne zu bemerken, daß da noch etwas anderes vorsichging. Er beobachtete Allday, der die bewußtlose Frau zum Wagen trug, und wandte sich an Bolitho, um ihn zu befragen. Aber Bolitho kletterte schon in ihren Wagen, das Gesicht so verschlossen, wie Browne es noch nie gesehen hatte.

Allday kam zurück und sah sich den verletzten Kutscher an.

Browne flüsterte ihm wütend zu: »Was ist eigentlich los, Mann?«

Allday blieb ruhig, obwohl er innerlich kochte. »Mr. Browne, Sir – wenn Sie dem Amiral helfen wollen, dann schlage ich vor, daß Sie in dem anderen Wagen mit nach Gepäckstücken suchen. Hier werden sich bald Diebe einfinden wie Krähen um den Galgen. Dann könnten Sie vielleicht das Pferd hinten an unseren Wagen binden. Ich kann mit Pferden nicht umgehen.«

Als Browne sich gehorsam zur umgestürzten Kutsche begab, fügte Allday hinzu: »Der Admiral wird es Ihnen später erklären, Sir. Das ist keine Mißachtung Ihrer Person, nichts für ungut.«

Er sagte es so geradeheraus, daß Browne wußte, es hieß: »Geh' zur Hölle, wenn du willst!« Doch dann dämmerte ihm etwas.

»Sie sieht seiner toten Frau ähnlich, ist es das?«

Allday seufzte. »Es ist kaum zu glauben. Ich kannte Mrs. Bolitho gut und meinte vorhin, ich könnte meinen Augen nicht trauen.« Er starrte zu dem anderen Wagen hinüber, dessen Umriß in dem anhaltenden Schneeregen gerade noch zu erkennen war. »Als ob er nicht schon genug zu verkraften hätte!«

Das sagte er derart bitter, daß Browne beschloß, es dabei bewenden zu lassen.

Später, als ihre Kutsche behutsam in die andere Straße einbog, das dritte Pferd gehorsam hinter ihnen hertrottend, beobachtete Browne, wie sorgsam Bolitho und Allday sich bemühten, die Frau gegen jeden plötzlichen Ruck des Wagens abzuschirmen.

Unter der durch ihre Ohnmacht verursachten Blässe sah man, daß ihre Haut mehr als nur flüchtig erworbene Sonnenbräune aufwies. Sie war offensichtlich erst kürzlich in Übersee gewesen. Browne schätzte ihr Alter auf etwa dreißig Jahre. Sie war liebreizend, ein anderer Ausdruck fiel ihm nicht ein. Die zarten Linien ihres Mundes hatten auch Schock und Schmerz nicht entstellen können.

Und dann ihr Haar. Er hatte noch nie eine derart warme Brauntönung gesehen.

Eine ihrer Hände fiel herunter, und Browne sah, wie Bolitho sie vorsichtig zurücklegte. Er bemerkte, daß Bolitho dabei zögerte, was er noch nie bei ihm bemerkt hatte. Vielleicht war es der Ring an ihrem Finger, der Ring eines anderen. Das war zu erwarten, dachte Browne. Er sah den traurigen Ausdruck in Bolithos Augen und fühlte sich davon seltsam bewegt. Selbst im Traum sollten solche Dinge nicht passieren.

Allday sagte: »Wir fahren gerade an einem Pförtnerhaus vorbei, Sir.« Er spitzte die Ohren, um mitzubekommen, was ihr Kutscher dem Pförtner zurief. Wie zu sich selber sagte er bitter: »Ich wünschte, wir hätten auf Kapitän Herrick gehört und noch eine Nacht an Bord verbracht. Dann hätte er von ihrer Existenz nie erfahren.«

Die Kutsche hielt an, und der Klang weiblicher Stimmen drang zu ihnen herein.

»Gott steh' uns bei: Marineoffiziere! Helfen Sie mir. Und Sie bestellen Andy, daß er sein Pferd satteln und den Doktor holen soll!«

Browne sagte: »Ein Glück, daß ich mich an dieses Gut erinnerte, Sir.«

Aber Bolitho hörte ihn nicht. Er folgte bereits den anderen zum Eingang des Herrenhauses.

Lord Swinburne schien viel zu klein für einen Mann, der so viel Autorität und ein derart großartiges Haus besaß. Er stand mit seinem Allerwertesten gefährlich nahe am prasselnden Kaminfeuer und blickte mit der wachen Neugier einer Winterdrossel abwechselnd Bolitho und Browne an.

»Donnerwetter, was für eine Geschichte, Sir! Gut, daß wir Sie bei uns haben, Bolitho. Offiziere des Königs kommen selten hierher. Und Armee und Flotte haben uns alle jungen Leute weggeholt. Wie mein Verwalter zurechtkommt, wage ich gar nicht zu fragen.«

Ein Dienstmädchen trat durch die hohe, zweiflügelige Tür und machte einen Knicks. »Verzeihung, Mylord, aber der Doktor ist gekommen.«

»Dann bring' ihn doch nach oben, Mädchen. Und sag' ihm, daß ich etwas zum Aufwärmen habe, wenn er nachher fertig ist.«

Das Mädchen knickste wieder und verschwand. Swinburne lachte in sich hinein. »Sie sind also auf dem Weg nach London, sagen Sie? Gut, aber warum wollen Sie nicht bei uns übernachten? Mein Stallmeister meint, das Unwetter verzieht sich bis zum Morgen. Sie sind hier sehr viel besser aufgehoben als in einem flohinfizierten Gasthof, das darf ich wohl sagen.« Er genoß den unerwarteten Besuch.

Bolitho streckte das verwundete Bein aus und fühlte, daß die Wärme des Feuers ihm wohltat und den pochenden Schmerz linderte.

Swinburne sagte plötzlich sehr ernst: »Gut zu wissen, daß wir noch junge Männer haben, die unsere Flotten befehligen. Gott weiß, daß wir sie dringend brauchen. Wie ich höre, ist Nelson aus dem Mittelmeer zurück und bereits bei der Kanalflotte. Große Dinge bereiten sich vor.«

Bolitho nahm ein Glas von einem anderen Diener. Der Wein war kühl und klar, höchstwahrscheinlich auf dem Gut nach einem alten Rezept selbst hergestellt, wie sie es oft in Cornwall machten und in allen anderen Grafschaften, die von ihren eigenen Erzeugnissen leben mußten.

Lord Swinburne wußte mehr als er, aber Bolitho war nicht in der Stimmung, Informationen einzuholen. Seine Gedanken kreisten allein um das Mädchen oben. Diese Ausstrahlung! Dieser Duft ihres Haares, als er sie im Wagen gehalten hatte! Es war närrisch, ja verrückt, sie mit Cheney zu vergleichen. Denn das war vorbei. Früher oder später, auf diese oder jene Weise, würde er sich davon befreien müssen.

Browne sagte: »Ich würde gern hierbleiben, Mylord. Mein Vater hat oft von Ihnen gesprochen.« Er sah Bolitho an. »Wäre es Ihnen recht, Sir?«

Bolitho wollte ablehnen, notfalls unhöflich werden, um nur dem allen zu entfliehen und seine Verzweiflung zu verbergen. Aber in diesem Augenblick sah er einen kleinen, rundlichen Mann mit Brille eintreten und wußte, daß es der Arzt war.

»Nun, wie geht es ihr?«

Der Doktor nahm ein Schwenkglas mit Brandy entgegen und hielt es voller Bewunderung gegen das Feuer.

»Nichts gebrochen, aber sie benötigt Ruhe. Es war ein böser Sturz, und sie hat Prellungen wie ein Preisboxer.«

Browne bemühte sich, uninteressiert zu erscheinen, aber er stellte sich vor, wie das reizende Mädchen nackt und hilflos vor den Augen des Arztes gelegen hatte.

Der Doktor setzte hinzu: »Sie ist jetzt bei Bewußtsein, Gott sei Dank. Ihre Gatttin kümmert sich um sie, Mylord, also ist sie in guten Händen.« Er hielt das Glas zu neuer Füllung hin. »Bei Gott, ich hatte keine Ahnung, daß die Schmuggler ihre Ware bis hierher liefern.«

Lord Swinburne grinste verschmitzt. »Sie unverschämter Teufel! Wenn es im Umkreis von fünf Meilen einen anderen Arzt gäbe, würden Sie den Fuß nicht mehr über meine Schwelle setzen.«

Sie waren offenbar sehr gute Freunde.

Der Doktor stellte sein Glas vorsichtig ab und kam zu Bolitho herüber. »Bitte, halten Sie einen Augenblick still, Sir.«

Bolitho wollte protestieren, sah dann aber das Blut auf seinem Bein im Feuerschein wie ein grausames Auge schimmern. Der Arzt knöpfte sich den Rock auf.

»Erlauben Sie mir, daß ich Sie in einen anderen Raum führe?«

Browne beobachtete fasziniert, wie Bolithos Widerstand sich in Verlegenheit verwandelte, als der Arzt ruhig hinzusetzte: »Ich habe genügend tapfere Männer kennengelernt und weiß mit Wunden umzugehen, Sir.«

Als sie den Raum verließen, der hochgewachsene Offizier auf den rundlichen Doktor gestützt, sagte Swinburne: »Sie dienen unter einem bemerkenswerten Mann, Oliver. Welch ein Glück für Sie!«

»Wenn der Konteradmiral morgen nicht in der Lage ist, weiterzufahren, werde ich ohne ihn abreisen, Mylord.« Browne dachte über die Konsequenzen seines Entschlusses nach. Es mußte sich lohnen, Admiral Beauchamps Gesicht zu sehen, wenn er mit Bolithos Berichten in der Admiralität aufkreuzte.

»Ich fürchte, er würde sich sonst Sorgen machen.«

»Gute Idee, mein Junge. Die Straßen sind nicht so, wie sie sein sollten.«

Der Arzt kehrte zurück und knöpfte seinen Rock zu, womit er andeutete, daß er nun nicht länger arbeitete. Er senkte die Stimme. »Er hat eine schreckliche Wunde, Leutnant, aber sie ist gut versorgt worden. Allerdings verlangt sie sehr viel mehr Geduld, als Ihr Vorgesetzter wohl aufbringt.« Er hielt die Hände ans Feuer. »Er hatte Glück, daß ein so guter Arzt an Bord war. Ich habe von ihm schon gehört und gelesen.«

Swinburne sagte: »Und was gedenken Sie, mit dem Admiral zu tun?«

»Ich werde ihn hierbehalten, wenn ich darf. Ich glaube, er ist ein einsamer Mann. Der schnelle Wechsel zum stillen Landleben könnte ihm mehr schaden als guttun.« Er machte eine ausholende Bewegung, die den großen, mit Säulen geschmückten Raum umfaßte. »Doch in dieser bescheidenen Hütte und mit dem Weihnachtsfest vor der Tür könnte er schnell genesen.«

Swinburne zwinkerte Browne zu. »Also erledigt. Sie fahren zu diesen Eierköpfen von der Admiralität, wenn Sie müssen. Aber seien Sie rechtzeitig zum Fest wieder hier.« Er rieb sich die Hände. »Es wird wieder ganz wie in alten Zeiten.« Als Bolitho zurückkam, wußte er, daß es zwecklos war, zu protestieren oder zu streiten. Manchmal war Nachgeben besser. Schicksal? Herricks berühmte Fortune. Wie man es auch nennen wollte: irgend etwas hatte entschieden, daß er die *Benbow* so früh wie möglich verlassen sollte. Irgend etwas hatte Browne eingegeben, die bequeme Kutsche auszuleihen, statt den Dienstwagen nach London zu nehmen. Wenn er auf letzterem bestanden hätte, wären sie eine andere, stärker benutzte Straße gefahren.

Er versuchte, seine lächerliche Hoffnung zu unterdrücken, bevor sie ihn vernichtete.

Swinburne sagte laut: »Verdammt noch eins, natürlich: Bolitho! Mir ist bis jetzt nicht eingefallen, daß *Sie* es sind! Ich habe von Ihnen in der *Gazette* und in der *Times* gelesen.« Er drohte Browne mit der Faust. »Sie sind ein noch größerer Dummkopf als Ihr Vater, Oliver. Mir nichts zu sagen! Gottverdammmich, Mann!« Er war außer sich vor Vergnügen. Browne sagte sanft: »Sie haben mir kaum Gelegenheit dazu gelassen, Mylord.«

Ein Diener riß die Tür auf, und Lady Swinburne rauschte mit der imposanten Würde eines Linienschiffs herein, um ihre Gäste zu begrüßen. Sie nickte Browne zu. »Ah, Oliver!« war alles, was sie sagte, doch Bolitho vermutete, daß es viel mehr bedeutete. Dann nahm sie Bolithos Hand und musterte ihn neugierig. Sie war eine sehr große Dame, gut einen Kopf größer als ihr Mann.

»Konteradmiral Bolitho, Sie sind herzlich willkommen. Sie sehen so aus, wie mein Sohn jetzt wohl ausgesehen hätte. Er fiel bei der Schlacht in der Chesapeake-Bucht.«

Swinburne sagte: »Quäl' dich nicht damit, Mildred. Es ist lange her.«

Bolitho drückte ihre Hand. »Nicht für mich, Mylady. Ich war dabei.«

Sie nickte. »Das dachte ich mir, da Sie gleichaltrig sind.« Ein Lächeln wischte ihre plötzliche Trauer beiseite. Sie sagte: »Oben liegt ein junge Dame, die Sie zu sehen wünscht. Um Ihnen zu danken.« Lady Mildred sah, daß der Arzt kurz den Kopf schüttelte, und bemerkte den Blutfleck auf Bolithos Hose, den auch der Alkohol des Arztes nicht ganz beiseitigt hatte. »Na schön, dann eben später.« Sie warf den anderen einen strahlenden Blick zu. »Ein verwundeter Seeheld und eine Dame in Not, kann es bessere Voraussetzungen für ein schönes Weihnachtsfest geben?«

XI Eine alte Rechnung

Bolitho stand unentschlossen am frisch entfachten Kaminfeuer und lautschte auf das Prasseln des Graupelregens gegen die Fenster. Es war Abend und er, soweit er wußte, fast allein in dem großen Haus. Sie hatten ihm ein kleines Zimmer im Erdgeschoß eingeräumt und ihn nicht einmal zum Mittagessen geweckt.

Als er schließlich aufgewacht war, hatte er seine Kleider sauber zurechtgelegt gefunden und seine Kniehosen wie neu und ohne eine Spur der Blutflecken.

Das Haus mußte sehr alt sein, stellte er fest, und viele Generationen von Swinburnes hatten immer wieder daran gebaut. Sein Zimmer war mit hohen Regalen ausgestattet, in denen offenbar vielbenutzte Bücher standen. Es erinnerte ihn an den Raum in Kopenhagen, in dem ihn der Kronprinz empfangen hatte. Auch das schien jetzt Teil eines Traumes zu sein. Nur die schmerzhafte Erinnerung an seine Wunde bürgte für die Realität.

Er versuchte, die Frau aus der Kutsche als völlig Fremde zu sehen, wie es selbstverständlich gewesen wäre, wenn sie anders ausgesehen hätte. Ihm war, als träte er von einem Gemälde zurück, dessen Einzelheiten ihn fasziniert hatten, um es nun als Ganzes zu betrachten.

Die Tür öffnete sich leise, und er wandte sich um und dachte, es sei Browne oder einer von Swinburnes aufmerksamen Dienstboten.

Sie stand da – umrahmt vom Licht aus dem Nebenraum –, Gesicht und Arme vom Feuerschein des Kamins angeleuchtet.

Bolitho wollte ihr entgegengehen, aber sie sagte: »Nein, bitte bleiben Sie, wo Sie sind. Ich habe von Ihrer Verwundung gehört. Sie haben Ihr Leben riskiert, als Sie auf der Straße halfen, meines zu retten.«

Sie näherte sich dem vollen Licht des Kaminfeuers, und ihr Kleid schleifte dabei über den Fußboden. Es war weiß mit gelbem Blumenmuster. Ihr langes, kastanienbraunes Haar war mit einem Band der gleichen Farbe zurückgebunden. Sie bemerkte, daß er sie anstarrte, und erklärte: »Das Kleid gehört mir nicht. Lady Swinburnes Tochter hat es mir geliehen. Mein Gepäck habe ich schon nach London geschickt.« Sie zögerte und streckte dann die Hand aus. »Ich bin in Ihrer und Ihrer Freunde Schuld.«

Bolitho nahm ihre Hand und suchte hilflos nach den rechten Worten. »Gut, daß wir zur rechten Zeit kamen.«

Behutsam machte sie ihre Hand frei und setzte sich. »Sie sind Konteradmiral Bolitho.« Sie lächelte leicht. »Und ich bin Mrs. Belinda Laidlaw.«

Bolitho saß ihr gegenüber. Ihre Augen glichen Cheneys überhaupt nicht. Sie waren dunkelbraun.

Er sagte: »Wir waren auf dem Weg nach London zur Admiralität. Wir kamen gerade von See.« Er bemühte sich, nicht auf sein Bein zu schauen. »Ich hatte das Pech, mich in einem Augenblick aufzurichten, in dem ich mich besser gebückt hätte.«

Sie ging auf seinen mageren Witz nicht ein.

»Auch ich bin gerade nach England zurückgekommen. Aus Indien. Mir scheint hier alles ganz anders.« Sie schüttelte sich. »Nicht nur das Klima, alles. Der Krieg ist so nahe, daß ich den Feind fast sehe, der auf der anderen Seite des Kanals wartet, um bei uns zu landen.«

»Ich wüßte einige gute Gründe, warum die Franzosen nie kommen werden.« Er lächelte verlegen. »Obwohl sie es versuchen.«

»Das nehme auch ich an.« Sie sah gedankenverloren aus.

Bolitho vermutete, daß die Erschütterungen und Prellungen doch schlimmer gewesen waren, als der Arzt festgestellt hatte. Er fragte vorsichtig: »Kam Ihr Gatte mit Ihnen?«

Ihre Augen verdunkelten sich, während sie zur geschlossenen Tür sah. »Mein Mann ist tot.«

Bolitho sah sie an. »Das tut mir leid. Es war taktlos von mir, so neugierig zu fragen. Bitte verzeihen Sie.«

Ihr Blick war prüfend.

»Sie meinen es ehrlich. Aber ich bin schon über das Schlimmste hinweg. Er war bei der Ostindischen Handelsgesellschaft und beschäftigte sich mit kaufmännischen Angelegenheiten, um den sich ausweitenden Handel auszubauen. Ursprünglich war er Soldat, aber er war zu weich dafür und froh, als er wieder Zivilist werden konnte.«

Sie zuckte kurz mit der Schulter, und diese Bewegung berührte Bolitho tief.

»Dann wurde er krank. Auf einer Mission ins Landesinnere hatte er sich ein Fieber geholt.« Ihre Augen waren träumerisch wie ihr Ton, als riefe sie sich jeden Augenblick in die Erinnerung zurück. »Es wurde schlimmer und schlimmer, bis er schließlich das Bett nicht mehr verlassen konnte. Ich habe ihn drei Jahre lang gepflegt. Es war Teil meines Lebens geworden, etwas, das ich tragen mußte, ohne Mitleid oder Hoffnung. Dann, eines Morgens, starb er. Ich wußte nicht, daß er auch einige Geschäfte auf eigene Rechnung gemacht hatte, schlechte Geschäfte. Wenige Stunden nach seinem Tod stellte ich fest, daß ich ohne Geld und völlig allein dastand.«

Bolitho versuchte sich vorzustellen, wie es für sie gewesen sein mußte. Und doch sprach sie ohne Bitterkeit oder Groll. Vielleicht hatte sie während der langen Krankheit ihres Mannes gelernt, die Dinge so zu nehmen, wie sie waren.

Er sagte: »Wenn ich irgend etwas tun kann . . .«

Sie hob die Hand, lächelnd über seinen Eifer. »Sie haben genug getan. Sobald die Straße wieder befahrbar ist, werde ich in London ein neues Leben beginnen.«

»Darf ich fragen, was Sie vorhaben?«

»In Bombay hatte ich ein einziges Mal großes Glück. Ich traf zufällig einen leitenden Herrn der Handelsgesellschaft, und zu unser beider Erstaunen stellten wir fest, daß wir verwandt sind.« Sie lächelte bei der Erinnerung. »Sehr entfernt nur, aber es war wie eine rettende Hand, die sich einem Ertrinkenden entgegenstreckte.«

Bolitho blickte auf den Teppich, aber sein Verstand rotierte. »Rupert Seton.«

»Wie, um alles in der Welt, konnten Sie das wissen?«

Er erwiderte: »Ich war kürzlich in Kopenhagen. Dort hörte ich, daß er wenige Tage zuvor auf der Durchreise nach England da gewesen war.«

Sie beobachtete besorgt sein Gesicht. »Was bedrückt Sie?«

»Ich war mit seiner Schwester verheiratet.« Er sprach düster und hoffnungslos. »Sie starb bei einem Wagenunfall, als ich auf See war. Als ich Sie in der Kutsche sah, Ihr Haar – da dachte ich . . .Ich stellte mir vor . . .« Es dauerte einige Sekunden, bevor er den Satz vollendete. »Sie sind ihr sehr ähnlich.«

In dem langen Schweigen hörte er eine Uhr ticken, den Schlag seines eigenen Herzens, und weit weg einen Hund aufgeregt bellen. Sie sagte sanft: »So habe ich mir also doch nicht alles nur eingebildet. Die Art, wie Sie mich hielten ... Sie gab mir irgendwie die Gewißheit, daß ich geborgen war.«

Die Tür öffnete sich, und Browne trat ein. »Verzeihung, Sir, aber ich dachte, Sie wären allein.«

Belinda Laidlaw sagte: »Bitte kommen Sie herein, Leutnant. In diesem Haus fühlt man sich wie ein Flüchtling.«

Browne rieb sich die Hände am Feuer. »Sie sehen besser aus nach der Ruhepause, Sir. Ich habe mit Lord Swinburnes Stallmeister gesprochen. Er sagt, die Straße wird bei Tagesanbruch wieder benutzbar sein. Das Schneetreiben geht in Regen über.« Als Bolitho nichts sagte, fuhr er eifrig fort: »Wenn Sie erlauben, werde ich Ihre Berichte nach London bringen.«

»Einverstanden.« Bolitho blickte auf die Bügelfalte seiner Kniehose nieder und verfluchte seine Wunde. »Ich werde hier auf Ihre Rückkehr warten.«

Ihr Kleid raschelte über den Boden, als sie fragte: »Darf ich in Ihrem Wagen mitfahren, Leutnant? Ich fürchte, man wird in London beunruhigt sein, wenn ich noch später komme.«

Browne blickte von einem zum anderen und war ungewöhnlich verwirrt. »Gut, gnädige Frau – wollte sagen: gerne, ich bin entzückt, wenn ich Ihnen dienlich sein kann.«

Sie drehte sich zu Bolitho um und wartete, als er aufstand. »Ich hätte unser Gespräch gern fortgesetzt.« Sie legte ihm die Hand auf den Arm. »Aber ich fürchte, es hätte uns beiden Schmerz bereitet. Darum möchte ich Ihnen nur noch einmal für Ihre Freundlichkeit danken, und dann früh schlafen gehen, um für einen frühzeitigen Aufbruch bereit zu sein. Es war ein sehr anstrengender Tag, in jeder Hinsicht.«

Bolitho starrte auf ihre Hand, die sie von seinem Arm zurückzog. Der kurze Kontakt war unterbrochen.

Browne schaute hilflos drein, als die Tür sich hinter Mrs. Laidlaw schloß. »Ich bin wirklich sehr traurig, Sir.«

»Traurig? Warum?« Bolitho wandte sich zum Feuer. »Sie haben es fertiggebracht, daß ich eine alte Regel durchbrach. Ich hatte kein Recht, Sie in meine Angelegenheiten hineinzuziehen.« Er wußte, Browne wollte etwas sagen, und fuhr dann schnell fort: »Sie sind ein guter Kerl, Browne. Zuerst war es mir gar nicht recht, einen Flaggleutnant zu haben und mit ihm vertrauliche Kenntnisse zu teilen. Aber inzwischen habe ich Sie kennen und schätzen gelernt.«

»Dafür danke ich Ihnen, Sir.« Browne schien erstaunt.

»Sprechen wir nicht mehr davon. Ich habe mich lächerlich gemacht und die Dame unnötig beunruhigt. Ich bin wohl schon zu lange Seemann, um mich noch zu ändern. Mein Platz ist auf See, Browne, und wenn ich dazu nicht mehr tauge, lebte ich besser nicht mehr.«

Browne verließ leise den Raum und schloß die Tür. Wenn bloß Pascoe oder Herrick da wären, dachte er. Selbst Allday hatte es bisher nicht geschafft, das Reglement des Swinburnschen Haushalts zu durchbrechen und zu seinem Herrn zu gelangen. Aber Bolitho brauchte jemanden.

Browne dachte an die Berichte, an die nagenden Zweifel, die er anfangs bei Bolithos Kommandierung zum Ostseegeschwader gehabt hatte. Nun warf er einen Blick zurück auf die geschlossene Tür und rief sich Bolithos Worte in Erinnerung: ›Ich habe Sie schätzen gelernt.‹ In Brownes Kreisen sagte man solche Sachen nicht, daher hatte es ihn tief bewegt.

Er sah einen Diener, der mit einem silbernen Tablett unter dem Arm zur Treppe strebte. Er winkte ihn heran. »Würden Sie meinem Admiral wohl einen Schluck zu trinken bringen?«

Der Diener sah ihn ausdruckslos an. »Französischen Brandy, Sir?«

»Nein, das nicht. Mein Admiral führt seit vielen Jahren Krieg gegen die Franzosen.« Er sah, daß seine Worte keinen Eindruck auf das Froschgesicht machten, und fuhr fort: »Etwas kühlen Landwein. Er scheint ihn zu mögen.«

Als der Diener sich entfernte, sah Browne Lord Swinburne die große Treppe herunterkommen.

Swinburne fragte: »Alles in Ordnung, Oliver?«

»Ich habe eine Bitte, Mylord.«

»Das überrascht mich nicht. Ganz wie dein Vater.« Er schüttelte sich. »Also?«

»Ließe es sich ermöglichen, daß der Bootssteurer des Admirals seinem Herrn etwas Gesellschaft leistet?«

»Sein Bootssteurer? Hier?« Die Vogelaugen blitzten. »Aber sicher, er hat gar keinen Diener mitgebracht! Ich werde gleich mit dem Butler sprechen. Hat er speziell seinen Bootssteurer verlangt?«

Browne schüttelte den Kopf. »Das nicht, Mylord, aber ich habe das Gefühl, daß es ihm wohltäte.«

Seine Lordschaft schlurfte kopfschüttelnd davon. »Völlig verrückt, ganz wie sein Vater.«

Später, als der Diener mit dem Tablett zurückkam und gerade in Bolithos Zimmer gehen wollte, hielt Allday ihn am Arm fest und sagte brüsk: »Halt, Kamerad, das mache ich!«

Der Diener sah Allday hochmütig an, bemerkte dann aber dessen Gesichtsausdruck und die Größe seiner Fäuste.

Allday balancierte das Tablett in einer Hand und öffnete mit der anderen die Tür. Das wird zunächst eine Bö geben, ein paar Flüche und Ausbrüche, dachte er. Aber danach . . . Nun, wir werden sehen.

Während Allday ihm Halstuch und Kragen zurechtrückte, überlegte Bolitho ungeduldig, wie er diesen Abend überstehen sollte. Es war Erster Weihnachtstag, ein Tag mit vielem Kommen und Gehen in diesem großen Haus: Bauern, Nachbarn und Lieferanten mit Nachbestellungen in letzter Minute für das festliche Dinner, auf das Swinburnes Küche sich schon seit Wochen vorbereitete.

Er hörte muntere Geigenklänge von unten und spielte mit dem Gedanken, unter dem Vorwand der Erschöpfung Lord Swinburne und seine Gäste zu meiden. Aber eine derartige Lüge wäre ungezogen und nach all der Fürsorge unverzeihlich gewesen.

Draußen schneite es, aber schwächer, so daß die Fahrwege und Dächer das Licht der Laternen, die Besuchern den Weg zum Eingang wiesen, in einem Dutzend schimmernder Farben widerspiegelten.

Bolitho war vom Erdgeschoß in diesen Raum umgezogen, aber auch die bessere Aussicht hatte wenig zu seiner Zerstreuung beigetragen. Er wünschte nun, er wäre gleich mit nach London gefahren, ohne Rücksicht auf die Folgen für seine Wunde.

Allday trat einen Schritt zurück. »Nun sehen Sie wieder aus wie Sie selber, Sir.«

Bolitho bemerkte, daß Allday gedämpft sprach und daß sein prüfender Blick aus halb geschlossenen Augen kam, um ihn keinesfalls zu reizen.

Bolitho schämte sich. Allday mußte es in letzter Zeit nicht leicht mit ihm gehabt haben.

Er sagte: »Ich wünschte, Sie könnten meinen Platz am Tisch

einnehmen.« Dabei warf er einen Blick auf Alldays Spiegelbild. »Sie verdienten es, und noch viel mehr.«

Allday fing seinen Blick im Spiegel auf und grinste. Seine Zurückhaltung wich, als er antwortete: »Bei all den feinen Damen, Sir? Da würde ich schön in Verlegenheit kommen, ehrlich.«

Irgendwo wurde ein schwerer Gong angeschlagen. Allday nahm Bolithos besten Rock auf. »Ich hab' außerdem ein reizendes kleines Mädchen aufgetan, Sir. Mal sehen, ob ich es zum Dienst für Sie pressen kann.«

Bolitho fuhr in die Ärmel. »Sie werden sich hoffentlich für ihr Entgegenkommen revanchieren.«

Allday folgte ihm zur Tür. »Ganz gewiß, Sir.«

Bolitho hielt noch einmal an. »Ich bin Ihnen noch eine Erklärung schuldig, Allday. Es scheint, ich habe alle schlecht behandelt, die mir in diesen Tagen zu helfen versuchten.« Er drehte sich um und lautschte auf die Stimmen und Klänge, welche die Freitreppe heraufbrandeten.

Allday sagte ruhig: »Da müssen Sie durch, Sir. Aber Sie schaffen es nicht, wenn Sie Ihre Marssegel backbrassen!«

Bolitho nickte und ging langsam die Treppe hinunter; dabei fühlte er sich ohne Hut und Säbel seltsam unsicher.

Er erkannte die Halle kaum wieder. Sie war voll farbenprächtiger Kleider, halbnackter Schultern und Busen, voll roter Uniformröcke und einem solch bunten Gemisch von Leuten, daß er sich fragte, wo sie alle hergekommen sein mochten.

Ein Diener sah ihn kommen und kündigte ihn an: »Konteradmiral Richard Bolitho!«

Einige Köpfe wandten sich ihm zu, aber die meisten Gäste hatten die Ankündigung in dem Stimmengewirr nicht einmal gehört.

Swinburne löste sich aus der Menge. »Ah, Bolitho, alter Junge!« Er lenkte ihn durch die weniger wichtigen Gruppen am Rande der Versammlung und murmelte: »Ich möchte Sie mit meinen Freunden bekanntmachen. Die meisten von ihnen haben noch nie im Leben einen aktiven Seeoffizier gesehen.« Er senkte die Stimme, als sie an einem Major mit scharlachrotem Gesicht vorbeikamen, der so alt aussah, als habe er schon an den vergangenen beiden Kriegen teilgenommen. »Er, zum Beispiel, soll Rekruten anwerben. Aber wenn unsere Bauernjungen ihn zu Gesicht bekommen, laufen sie weg und melden sich bei den Franzosen, würde mich nicht wundern.«

Bolitho hielt plötzlich ein Glas in der Hand. Innerhalb von Sekunden fand er sich in einer Ecke, umgeben von lächelnden und neugierigen Gesichtern. Fragen prasselten von allen Seiten auf ihn nieder, und zum erstenmal empfand er ein Unbehagen, das auch die weihnachtliche Hochstimmung nicht verdrängen konnte.

Manchmal während seiner Dienstzeit war Bolitho über solche privilegierten Leute entrüstet gewesen und hatte sogar Verachtung für sie empfunden. Auf See starben jeden Tag Männer aus diesem oder jenem Grund, und auch die Soldaten an Land hatten es nicht viel besser. Aber dank der großen Anstrengung der Marine und ungezählter Vorposten und Garnisonen der Rotröcke wuchs der britische Handel und sein Einfluß in Übersee ständig, ungeachtet mancherlei Schwierigkeiten und vieler Feinde.

Als er jetzt ihre Fragen hörte und diese Unkenntnis spürte, wenn man von der Verteidigung des Landes sprach und über deren Schwäche, die den Franzosen eine Invasion ermöglichen würde, war Bolitho dem Verständnis für die hilflose Zivilbevölkerung näher denn je.

Lady Swinburne rauschte durch die Menge und sagte: »Zeit zum Essen.« Sie bot Bolitho ihren Arm. »Wir wollen vorangehen.«

Als sie durch die Reihen animierter Gesichter und knicksender Damen gingen, sagte sie: »Das ist eine Strafe für Sie, nehme ich an. Aber es sind alles Freunde. Sie möchten verstehen, möchten wissen, was ihnen bevorsteht. Was für Sie ein zufälliger Zufluchtsort ist, ist für diese Leute ein Ort der Hoffnung auf ihr Überleben.«

Als sie die lange, glitzernde Tafel erreichten, gab es in der Halle etwas Unruhe. Bolitho hörte Swinburne einem seiner Diener zurufen: »Legen Sie noch ein Gedeck für den Leutnant auf, Arthur!« Browne war zurückgekommen.

Während die Gäste sich langsam zu den ihnen zugedachten Plätzen an der schwer beladenen Tafel begaben, schaffte es Browne, sich zu Bolitho hindurchzuarbeiten und ihm zu melden: »Die Berichte sind abgeliefert, Sir. Sir George Beauchamp brennt darauf, Sie zu sprechen, sobald Sie reisefähig sind.« Er senkte die Stimme, als er wahrnahm, daß einige Gäste, die von seinem unerwarteten Auftauchen überrascht waren, die Hälse reckten und zu lauschen versuchten. Es war wie eine Szene im Theater: der zerzauste junge Offizier, der von der Front zurückgeeilt kommt, um seinem General zu melden: ›Die Franzosen sind erledigt. Unsere Kavallerie greift an.‹ Browne fuhr fort: »Die Dinge in der Ostsee spitzen sich zu, wie Sie befürchtet hatten, Sir.«

Es gab ein großes Rascheln von Gewändern und Rücken von Stühlen, als die Gäste Platz nahmen und bewundernd die Speisen musterten, die so hoch aufgetürmt waren, daß sie die Köpfe der Gegenübersitzenden verbargen.

Bolitho wandte sich zur Seite und blickte in die Augen einer jungen, attraktiven Dame. Ihr Kleid war tief ausgeschnitten und ließ der Phantasie wenig Spielraum. Sie fing seinen Blick auf: »Sie starren mich an, Sir?« Lächelnd fuhr sie sich mit der Zunge über die Lippen. »Gefällt Ihnen, was Sie sehen?«

Ein breites Gesicht hinter ihrer Schulter sagte mit heiserer Stimme: »Vorsichtig, lieber Freund. Das ist eine Wildkatze, wenn nicht Schlimmeres.«

Sie zuckte nicht einmal mit der Wimper, sondern schaute Bolitho weiter an. »Mein Herr Gemahl. Ein Flegel.«

Bolitho war fast dankbar, als das Mahl endlich begann. Und was für ein Mahl das war! Es hätte sämtliche Midshipmen seines Geschwaders für eine Woche gesättigt, und doch wäre noch genug übriggeblieben.

Die Gänge wurden von geschulten Dienern angeboten und die leeren Teller und Schüsseln mit gleicher Präzision abgeräumt. Bolitho war erstaunt, daß wirklich die meisten Schüsseln leergegessen waren, während er sich bereits unangenehm satt vorkam.

Es gab verschiedene Sorten Fisch. Einen erkannte Bolitho als Steinbutt, einen anderen hielt er, obwohl er von einer dicken Sauce bedeckt war, für Weißfisch.

Weiter und weiter ging es, und jeder neue Gang war größer und prächtiger dekoriert als der vorherige: ein riesiger Ochsenrücken, über kleinem Feuer gegrillt, gebackener Schinken und gedünsteter Puter, und alles wurde mit einer reichen Auswahl von Lord Swinburnes Weinen hinuntergespült.

Bolitho fühlte das Knie seiner Tischdame, und als er sich leicht bewegte, drückte sie stärker zu, beharrlich und sinnlich erregend. Aber als er sie anschaute, war sie anscheinend völlig aufs Essen konzentriert und griff sich zielsicher die genußreichsten Speisen heraus.

Er sah, daß Browne ihn vom anderen Ende der Tafel beobachtete. Der hatte sich offenbar immer nur vom Besten auf den Teller gepackt. Seine Erfahrungen mit dem Londoner Leben zahlten sich aus.

Die Dame neben ihm fragte: »Sind Sie mit geheimem Auftrag hier?« Ihre Augen blickten jetzt unruhig und unverhüllt.

Er lächelte. »Nein, ich ruhe mich nur ein paar Tage aus.«

Ihr Hand verschwand unter dem Tisch, und er fühlte ihre Finger behutsam über seinen Schenkel streichen.

»Ach ja, Sie sind verwundet worden, hörte ich.«

Bolitho sah den Diener auf der anderen Seite des Tisches. Sein Gesicht war ausdruckslos, aber seine Augen sprachen Bände.

»Langsam, Madame! Oder wollen Sie, daß Ihr Gatte mich vor die Tür bittet?«

Sie warf den Kopf zurück und lachte. »Der? Bevor die Damen sich zurückziehen, wird er stockbetrunken sein und bald darauf umfallen.« Ihr Ton wurde flehentlich: »Das ist der Grund, warum man mich neben Sie gesetzt hat: Unser Gastgeber hält mich für ein Flittchen. Für ihn bin ich nur ein mehr oder weniger nützliches Haustier, das man verkuppelt.«

»Und nun ...« Lord Swinburne stand auf, ein volles Glas in der Hand. »Bevor die Damen sich zurückziehen, möchte ich den Trinkspruch aufs Herrscherhaus ausbringen.«

Stühle wurden zurückgestoßen, und Diener eilten herbei, um Seidenkleider vor herunterfallenden Essensresten und umgestürzten Gläsern zu bewahren.

Bolitho mühte sich etwas zu spät hoch, da es in der Marine Brauch war, beim Toast auf den König sitzenzubleiben.

»Auf seine Majestät, König Georg!«

Wie feierlich sie plötzlich alle waren, dachte Bolitho. Danach wechselte die Stimmung wieder, und die Damen verabschiedeten sich. Bolithos Tischdame strich mit dem Fächer über seinen Arm und raunte verheißungsvoll: »Später.«

In einem Punkt hatte sie recht, dachte Bolitho: Ihr Mann lag mit dem Kopf auf den Armen zwischen den Tellern, das Haar mit einer Mischung aus Pastete und holländischem Flammeri verschmiert.

Lange Pfeifen wurden hereingebracht, und die Portweinflasche kreiste langsam um den Tisch. Die Luft war schnell voll Tabaksqualm, der sich mit dem Rauch aus dem Kamin vermischte und schmerzhaft in die Augen stach.

Bolitho tat, als döse er – wie viele andere – vor sich hin, und ließ die Unterhaltung an seinem Ohr vorbeiplätschern. Es ging um landwirtschaftliche Fragen, um Preise, ausgebliebene Lieferungen und fehlende Arbeitskräfte. Das war ihr Anteil am Krieg, aber Bolitho so fremd, wie ihnen ein Batteriedeck an Bord gewesen wäre.

Er versuchte, an seinen kommenden Besuch bei der Admiralität zu denken. Wie lange würde Herrick für die Ausbesserung des Schiffes benötigen? Was machten inzwischen die Franzosen? Die Dänen? Die Russen?

Aber zwischen ihm und seinen Gedanken tauchte immer wieder Belindas Gesicht auf. Die Art, wie sie ihn angeschaut hatte, bevor sie zu Bett gegangen war. Wie sie vor seinen lächerlichen Hirngespinsten flüchtete ... Inzwischen war sie wahrscheinlich längst in einem schönen Haus in London heimisch geworden und so von ihren neuen Aufgaben erfüllt, daß sie sich an ihn kaum noch erinnerte.

Browne ließ sich in dem Stuhl neben ihm nieder. »Ein tolles Essen, nicht wahr, Sir?«

»Berichten Sie mir von London. Wie war die Fahrt?«

»Passabel, Sir. Je näher wir London kamen, desto besser wurde die Straße. Wir machten natürlich mehrmals Pausen und hatten Glück mit unseren Gasthöfen.«

Bei den Worten ›wir‹ und ›unseren‹ mußte Bolitho gegen aufsteigende Eifersucht ankämpfen.

Browne berichtete weiter: »Sir George war kurz angebunden wie immer, Sir. Ich glaube, Admiral Damerum hatte ihn besucht. Einiges, was Sir George sagte, überraschte mich.«

»Was hat er gesagt?«

»Nicht viel.« Browne wurde unter Bolithos forschenden Blikken etwas unruhig. »Aber in der Admiralität heißt es, der Zar behindere weiter unsere Handelsschiffahrt in der Ostsee. Ich glaube, die Schiffe, die Sie der französischen Fregatte abgejagt haben, werden die letzten gewesen sein, die herauskamen.«

Bolitho nickte. »Ich hatte gehofft, es käme anders, aber eigentlich fürchtete ich das immer. Dänemark wird keine Wahl haben. Und wir auch nicht.«

Browne griff mit langem Arm nach einem verlassenen Glas mit Brandy. Er zögerte einen Augenblick und kippte es dann entschlossen hinunter. Seine Augen verschleierten sich, als es ihn innerlich durchglühte. Dann fragte er sehr förmlich: »Darf ich offen sprechen, Sir?«

»Ich habe Ihnen schon oft gesagt . . .« Bolitho hielt inne, als er die Unsicherheit des Leutnants bemerkte. »Was es auch sei, erzählen Sie.«

»Ich habe nie viel mit dem aktiven Marinedienst im Sinn gehabt, Sir. Mein Vater bestand aber darauf, daß ich die Uniform anzog, und gebrauchte seinen Einfluß, damit ich ein Offizierspatent bekam.« Er lächelte trübe. »Ich wurde Kurier, ein Botenjunge, ein bevorzugter Zuschauer oder was mein Admiral sonst von mir verlangte. Erst seit ich Ihnen diene, und das ist ehrlich gemeint, Sir, bin ich manchmal ein wenig stolz auf mich.« Ein verlegenes Lächeln huschte über sein Gesicht. »Aber wenn da nicht eine gewisse Dame gewesen wäre, hätte ich Sir Georges Dienst kaum verlassen.«

Browne hatte seine Worte und den Brandy wie einen Schutzschild benutzt. Als er wieder sprach, hörte es sich an, als käme es von einem ganz anderen Menschen.

»Ich war über Ihre Ernennung beunruhigt, Sir, und noch mehr darüber, wie Admiral Damerum das Ostseegeschwader verließ, ohne Ihnen sämtliche Informationen zu geben, die seine Patrouillen gesammelt hatten.« Er schaute Bolitho an, als erwartete er, wegen Mißbrauchs ihrer jungen Freundschaft zum Schweigen gebracht zu werden. »Ihr verstorbener Bruder, Sir . . .« Er leckte sich verlegen die Lippen. »Ich weiß nicht, ob ich fortfahren soll?«

Bolitho blickte zu Boden. Da war es also wieder, noch immer nicht begraben, und würde es wohl auch niemals sein. Er sagte sehr ruhig: »Mein Bruder war ein Überläufer, ein Verräter, wenn Sie es genau wissen wollen.« Er sah, daß seine Worte trafen. »Er war ein hemmungsloser Spieler und besaß schon als Junge ein aufbrausendes Temperament. Er forderte einen Kameraden zum Duell, und der Offizier starb. Mein Bruder floh nach Amerika und stieg während der Revolution zum Kapitän eines Kaperschiffes auf. Nach dem Krieg kam er ums Leben, als er ein ausgebrochenes Pferd einfangen wollte.« Der letzte Teil war eine Lüge, aber er hatte sich so an sie gewöhnt, daß es nicht mehr darauf ankam. Er sah Browne ruhig an. »Ist es das, was Sie mir sagen wollten?«

Browne starrte in sein Glas, aber es war leer.

»Vielen Dank, Sir, daß Sie mich ins Vertrauen gezogen haben.« Er heftete den Blick auf einen Punkt über Bolithos Schulter.

»Kannten Sie den Offizier, der getötet wurde?«

»Nein, zu der Zeit war ich in der Karibik. Als ich heimkam, erfuhr ich es von meinem Vater. Der Schock hat ihn fast umgebracht.« Etwas in Brownes Ton ließ Bolitho aufmerken. »Warum?«

»Sein Name war Damerum, Sir. Sir Samuels Bruder.«

Bolitho rief sich sein erstes Zusammentreffen mit dem Admiral an Bord seines Flaggschiffes *Tantalus* in Erinnerung: keine Andeutung, kein einziger Hinweis auf Vergangenes, auf eine gespannte Beziehung.

In den wenigen Minuten schien Browne ziemlich betrunken geworden zu sein.

In schleppendem, vertraulichem Ton murmelte er: »Und, äh, wenn Sie annehmen, daß er seine privaten Empfindungen niemals vor dienstliche Belange stellen würde, Sir, dann irren Sie.«

Bolitho stand auf. »Ich glaube, es wäre klug, wenn wir uns jetzt zurückzögen.« Er nickte Swinburne zu, aber der nahm kaum noch wahr, was um ihn herum vorging.

Als sie gemeinsam die Treppe hinaufgingen, schwankte Browne bei jedem Schritt.

Vor der Tür zu Bolithos Zimmer saß Allday auf einem zierlichen Stuhl, der aussah, als würde er jeden Augenblick unter ihm zusammenbrechen. Er bemerkte Browne und grinste. »Bißchen viel für einen kleinen Leutnant, wie, Sir?«

»Bringen Sie ihn ins Bett, Allday.« Bolitho strich sich den Rock glatt, als Allday einen Arm um Brownes Taille legte, gerade noch rechtzeitig, sonst wäre er vornübergefallen. »Ich gehe wieder hinunter in die Halle.« Er rang sich ein Lächeln für Allday ab. »Als einziger noch vorhandener Vertreter der Königlichen Marine kann ich die Gastgeber nicht enttäuschen.«

Allday stieß die Tür auf und schleppte die willenlose Gestalt zum Bett. »Soll er denn hier schlafen, Sir?«

Bolitho blickte zur Uhr. »Ja. Aber ich habe den Verdacht, daß er nicht lange alleinbleiben wird. Mag sein, daß bald eine junge Dame aufkreuzt. Also stehen Sie hier nicht im Wege.«

Allday starrte ihn an. »Sie denkt, es ist *Ihr* Schlafzimmer?«

Bolitho wandte sich zur Treppe. »Ich nehme an, daß es beiden ziemlich gleichgültig sein wird und daß sie sich morgen früh an nichts mehr erinnern. Dessen bin ich mir sogar ziemlich sicher.«

Allday sah Bolitho nach, bis dieser auf der Treppe verschwunden war, und seufzte neidvoll. Kurz spielte er mit dem Gedanken, den Leutnant in einen anderen Raum zu tragen und sich selber in das Bett zu legen. Dann aber dachte er an das niedliche Dienstmädchen, das am anderen Ende des Hauses auf ihn wartete.

Er verbeugte sich zur Tür hin und sagte: »Schlafen Sie wohl, Mr. Browne mit ›e‹ am Schluß. Sie sind ein Glückspilz, auch wenn Sie es selber nicht merken.«

XII Liebe und Haß

Admiral Sir George Beauchamp stand mit dem Rücken zum hohen Raum am Fenster und blickte verdrießlich auf den weiten Platz von Whitehall hinaus.

Es war ein naßkalter Tag, aber viele Kutschen und Lastwagen waren unterwegs. Es wimmelte von geschäftigen, dick vermummten Gestalten und dampfenden Pferden. Für Beauchamps ausgeprägten Ordnungssinn wirkte das alles chaotisch.

Bolitho saß sehr gerade auf einem Stuhl und zwang sich, nicht an das schmerzende Bein zu fassen.

Es war eine lange Fahrt von Swinburnes schönem Landsitz bis hierher gewesen. Browne hatte ausnahmsweise einen traurigen Gesellschafter abgegeben. Jedesmal, wenn eines der Wagenräder in eine Furche rutschte, hatte er gestöhnt und gegen Erbrechen gekämpft. Als sie an einem Gasthof Pause machten, hatte Allday schadenfroh geäußert: »Ihr kleiner Trick scheint ein voller Erfolg gewesen zu sein, Sir. Mr. Browne sieht aus wie ein lebender Leichnam.«

Bolitho war sofort nach seiner Ankunft in diesen Raum gebeten worden, und als er die obersten Treppenstufen nahm, sah er, daß ein unglücklicher Offizier, der offenbar gerade hineingehen wollte, ihm den Vortritt lassen mußte.

Beauchamp hatte Bolitho ohne Wärme die Hand geschüttelt und ihn dabei gemustert wie ein Pferdekenner ein abgehetztes Roß. Dann saß er, die dürren Finger zusammengepreßt, wie verloren in seinem großen Stuhl, während Bolitho den Angriff auf die französische Fregatte und das spätere Zusammentreffen mit Ropars' Geschwader schilderte. Gelegentlich beugte Beauchamp sich vor, die Ausführungen mit Bolithos schriftlichem Bericht zu vergleichen, aber er unterbrach ihn nicht.

Bolitho schloß mit den Worten: »Ich möchte betonen, daß der Erfolg der Initiative und dem Können meiner Kommandanten zu verdanken war.«

Als Bolitho verstummte, war Beauchamp zum Fenster hinübergegangen, als wolle er damit andeuten, daß er Zeit brauche, sich ein Urteil zu bilden. Jetzt wandte er sich um und sagte: »Ich habe inzwischen von Ihrem Freund Inskip gehört. Ihre Aktion scheint nicht ganz in sein diplomatisches Konzept gepaßt zu haben.« Er lächelte flüchtig. »Zur Zeit laufen mehr Gerüchte durch die Korridore der Admiralität und von St. James als damals, als die Franzosen ihren König köpften.« Er spitzte den Mund. »Einige behaupten, Ihr Angriff auf die *Ajax* sei eine Provokation in neutralen Gewässern gewesen. Zar Paul von Rußland hat dieses Argument bestimmt benutzt, um weiteren Rückhalt für seinen Plan, an Napoleons Seite zu treten, zu gewinnen. Hätten die dänischen Batterien auf die *Styx* geschossen, als Sie in Kopenhagen einliefen, so hätte das unverzüglich zu einem Krieg geführt, den durchzustehen, geschweige denn zu gewinnen, wir angesichts unserer anderen Verpflichtungen wenig Aussicht gehabt hätten. Nein, Bolitho, es gibt hier einige Leute, die behaupten, meine Entscheidung für Sie als Befehlshaber des Ostsee-Geschwaders sei übereilt, ja falsch gewesen.«

Bolitho blickte zum Fenster, an dem lange Bäche von Regenwasser herunterrannen. Seine Gedanken schweiften zurück zu dem Leutnant der Seesoldaten, der die blutüberströmten Hände vor das Gesicht geschlagen hatte. Zu dem jüngsten Leutnant der *Benbow*, dem der Unterkiefer weggeschossen worden war. Andere Gesichter, in der Hitze der Schlacht von Leidenschaft und Haß verzerrt, marterten sein Hirn. Das alles sollte vergeblich gewesen sein? Zar Paul hatte sechs Prisen verloren, die er unrechtmäßig beschlagnahmt hatte, aber die schnelle Aktion der *Styx* hatte ihm den Vorwand geliefert, den er benötigte.

»Wenden wir uns nun einen Augenblick Ihrer Begegnung mit Ropars' Geschwader zu.« Beauchamps bestimmter Ton brachte Bolitho zurück in die Gegenwart. »Unsere Informanten berichten, daß der französische Transporter tatsächlich Soldaten an Bord hatte, die als Ausbilder für die Armee des Zaren vorgesehen waren. Ihre Aktion, Bolitho, insbesondere die Vernichtung des feindlichen Vierundsiebzigers, zerstreute Ropars' Schiffe. Er verlor dann außerdem eine Fregatte beim Blockadegeschwader im

Kanal.«

»Das also wurde anerkannt, Sir?« Bolitho konnte seine Verbitterung nicht verbergen.

Beauchamp antwortete scharf: »Reagieren Sie nicht wie der jüngste Leutnant, Bolitho. Ich muß Gerüchte ebenso berücksichtigen wie Tatsachen. Als Flaggoffizier täten Sie gut daran, meinem Beispiel zu folgen!« Er beruhigte sich wieder. »Selbstverständlich wurde es anerkannt, verdammt noch mal. Die Geschichte lief entsprechend übertrieben und verzerrt wie ein Lauffeuer durch London. Wenn Ropars in die Ostsee gelangt wäre, hätten wir ihn nur mit Gottes Hilfe wieder hinausbefördern können. Mit französischen Ausbildern und all diesen Schiffen hätte uns Zar Pauls ›Unheilige Allianz‹ an der Kehle packen können. Man hat mir mit gleicher Sicherheit gesagt, daß eine Invasion von den französischen Kanalhäfen aus gleichzeitig mit einem großen Ausfall aus der Ostsee geplant war. Nun, was uns die Zukunft auch bringen mag: für den Augenblick haben wir durch Ihren Sieg Zeit gewonnen. Aber bevor das Eis in den russischen Häfen schmilzt, müssen wir bereit sein.«

Bolitho überlegte, was geschehen wäre, wenn ihm ein anderer Admiral gegenübergesessen hätte. Beauchamp war unbarmherzig, wenn es sein mußte, aber auch bekannt für seine Fairneß.

Der kleine Admiral fuhr fort: »Dessen ungeachtet gibt es Kritiker, die fragen, warum Ihr Flaggkapitän nicht auf die Meldung der *Brigg*, daß Ropars nach Irland unterwegs sei, reagiert habe. Ein derartiges Ziel schien vielen einleuchtend. Der König hat erst kürzlich einer Änderung unserer Flagge zugestimmt, durch die Irland dem Vereinigten Königreich auch äußerlich angegliedert wird. Vom 1. Januar an, also ab nächster Woche, wird es Fremden weniger einfach erscheinen, dort einen Aufstand auszulösen.«

»Kapitän Herrick hat – wie sich zeigte – richtig gehandelt, Sir. Hätte er das getan, was Sie andeuten, wäre niemand mehr dagewesen, um Ropars aufzuhalten.«

»Möglicherweise. Aber ich hatte Sie gewarnt, als Sie die Ernennung annahmen. Neider sind nie weit weg.«

Hinter der hohen Tür hüstelte jemand diskret, und Beauchamp schaute auf die Uhr. »Sie werden nach der Reise müde sein.«

Die Besprechung war beendet.

Bolitho stand auf und belastete vorsichtig sein Bein. Es fühlte sich wie abgestorben, völlig leblos an. Er wartete auf das erste prickelnde Stechen, das die Wiederkehr der Blutzirkulation ankündigte, und fragte: »Werden Sie mich noch einmal benötigen, Sir?«

»Möglicherweise. Ich habe mir erlaubt, eine angenehme Unterkunft für Sie reservieren zu lassen. Mein Sekretär wird Ihrem Flaggleutnant die Adresse geben. Wie macht sich Browne übrigens?«

Bolitho ging zur Tür, von Beauchamp begleitet. Er war sich immer noch nicht klar, ob der Admiral seine Handlung billigte oder sich erst noch eine Meinung darüber bilden wollte.

»Ich kann mir nicht vorstellen, wie ich ohne ihn ausgekommen wäre, Sir.« Er sah ihm in die Augen. »Er ist außerordentlich tüchtig.«

Beauchamp zog eine Grimasse. »Und unverschämt, wenn es ihn überkommt.« Eine Hand auf der Türklinke, sagte er: »Die nächsten Monate werden sehr aufreibend, vielleicht sogar kritisch werden. Wir brauchen jeden guten Offizier, jeden loyalen Mann, wenn wir überleben oder gar siegen wollen.« Er studierte Bolithos unbewegliches Gesicht und setzte hinzu: »Sie wissen über Sir Samuel Damerum Bescheid? Natürlich, ich sehe es Ihnen an. Meine Agenten haben berichtet, daß Browne hier überall nach Informationen herumschnüffelte. Das Übrige ist leicht zu erraten.«

»Ich habe nicht die Absicht, Sie oder meinen Auftrag irgendwie in mein Privatleben hineinzuziehen, Sir.« Er kam nicht weiter.

Beauchamp sagte: »Ich mag Sie, Bolitho, und bewundere Ihre Kühnheit ebenso wie Ihre Menschlichkeit. Aber wenn Sie *irgendwen* mit hineinziehen, wird es keinen Auftrag geben. Habe ich mich klar ausgedrückt? Sie stehen jetzt darüber. Bleiben Sie so.«

Er öffnete die Tür, und etwa sechs Offiziere, die draußen gewartet hatten, sprangen hoffnungsvoll auf.

Browne erhob sich mühsam von einer Bank, das Gesicht aschfarben. »Ich habe die Adresse, Sir.« Er beschleunigte seinen Schritt, um mit Bolitho mitzukommen. »War es zufriedenstellend, Sir?«

»Wenn Sie es zufriedenstellend nennen, sich wie ein Schuljunge abkanzeln zu lassen, dann kann ich sagen: ja. Und wenn es Sie befriedigt, jeden schriftlichen Befehl zu befolgen, selbst wenn er von einem Esel mit verbundenen Augen ausgestellt wurde, dann muß ich noch einmal bejahen.«

Browne sagte: »Dann war es also kein Erfolg, Sir?«

»Nein.« Bolitho wandte sich ihm am Fuß der Treppe zu. »Wollen Sie noch immer bei mir bleiben?«

Vor Brownes bedrücktem Gesicht konnte Bolitho ein Lächeln nicht unterdrücken. Seine Tischdame mußte ihn bis zur Erschöpfung beansprucht haben.

Browne riß sich zusammen. »Das will ich, Sir.« Er schielte auf ein Stück Papier. »Unser Quartier ist nicht allzuweit weg, Sir. Ich kenne mich am Cavendish Square ziemlich gut aus.« Gequält setzte er hinzu: »Wir wohnen nicht auf der vornehmen Seite, fürchte ich.«

Allday wartete draußen am Wagen, klopfte den Pferden die Hälse und schwatzte mit dem Kutscher.

Bolitho kletterte hinein und zog seinen Umhang aus. Dabei erinnerte er sich an die Frau, die er in seinen Armen gehalten hatte, als sie zu Lord Swinburne fuhren.

Die Kutsche schwang in ihrer guten Federung, als Browne neben ihm Platz nahm.

»Erinnern Sie sich an die junge Dame, Browne?«

Browne sah ihn direkt an. »An Mrs. Laidlaw, Sir?«

»Ja.« Fast hätte er ›natürlich‹ gesagt. »Haben Sie herausgefunden, wo sie wohnt?«

»Das Haus gehört einem alten Richter, Sir. Er hat, soweit ich erfuhr, eine ebenso alte Frau, die außerdem ziemlich unangenehm sein soll.«

»Und weiter?«

Browne fand offenbar zu sich selbst zurück. Er spreizte die Hände. »Das ist alles, Sir. Der Richter ist oft im Gericht und auch sonst viel von zu Hause weg.« Er schluckte unter Bolithos fragendem Blick. »Mrs. Laidlaw ist Gesellschafterin der Richtersgattin, Sir.«

»Großer Gott!«

Browne fuhr zurück. »Ich . . . Tut mit leid, Sir. Habe ich etwas Falsches gesagt oder getan?«

Bolitho hörte ihn nicht. Also Gesellschafterin. Viele Witwen waren in dieser Zeit genötigt, derartige Stellen anzunehmen, aber sie doch nicht? So jung, so vital und begehrenswert? In seinen Gedanken mischten sich Ärger und Besorgnis. Rupert Seton hatte ihr Hilfe angeboten und für ihre Heimfahrt gesorgt. Seton war reich und hätte mühelos auch für ihren Unterhalt und Schutz Sorge tragen können. Was Bolitho jetzt erfuhr, klang so gar nicht nach dem

Seton, den er kannte, dessen Schwester er geliebt hatte. Er konnte es kaum glauben. Aber was sollte er tun? Eines war sicher: Er würde die Dinge nicht auf sich beruhen lassen, und wenn er sich in den Augen anderer damit wieder zum Narren machte.

Der Wagen hielt vor einem eleganten Gebäude mit breitem, säulenumrahmten Eingang: Wieder ein nur vorübergehender Wohnsitz. Wenn er auch, laut Browne, nicht auf der ›vornehmen‹ Seite des Platzes lag, so war er doch recht eindrucksvoll.

Browne nickte müde zwei Dienern zu, die herbeieilten, um ihnen zu helfen. Zu Bolitho sagte er: »Benötigen Sie mich noch, Sir?«

»Ruhen Sie sich aus. Wenn Sie erfrischt und nach Ihrer Orgie einigermaßen wiederhergestellt sind, möchte ich Sie bitten, einen Brief für mich zu besorgen.«

»Einen Brief?« Brownes Augen blickten ins Leere.

»Ja. Ins Haus des Richters, das Sie erwähnten.«

Browne schluckte. »Ist das klug, Sir?«

»Wahrscheinlich nicht. Aber im Augenblick scheint Klugheit sowieso wenig gefragt zu sein.«

Allday beobachtete von der Tür aus, wie die Diener ihre Seekisten in die warme Diele trugen. So gefiel ihm Bolitho schon besser. Sie wollten Zunder haben, also gab er ihnen welchen. Er wandte sich um, als eine Frau fragte: »Möchten Sie etwas essen, Sir?«

Allday ließ seinen Blick wohlgefällig auf ihr ruhen. Sie hatte eine vollschlanke Figur, und ihre drallen, runden Arme waren zur Hälfte weiß von Mehl. Aber ihr Gesicht war freundlich und klar. Lässig erwiderte er: »Nennen Sie mich einfach John, meine Liebe.« Ihre nackten Arme streichelnd, fügte er hinzu: »Ich helfe Ihnen auch gern dabei, wenn Sie wollen. Sie wissen doch, was man über Seeleute sagt.«

Die Küchentür schlug hinter den beiden zu.

Kapitän Herrick nippte an einem Krug Starkbier und ließ den Blick über die restlichen Abrechnungen und Akten schweifen, die seiner Beachtung harrten.

Es war ungewöhnlich, die *Benbow* so ruhig zu erleben, und das – zusammen mit der vielen Arbeit und dem starken Bier – machte ihn ziemlich schläfrig.

Im geschützten inneren Hafenbecken von Portsmouth zu liegen

war doch etwas anderes, als im lebhaften Solent oder in der rauhen Bucht unterhalb von Skagen zu ankern.

Er ging die Liste der erforderlichen Reparaturen und Ersatzlieferungen wohl zum hundertstenmal durch, immer in der Erwartung, doch noch einen Fehler, einen vergessenen Posten zu entdecken.

Herrick war mit Recht stolz auf das, was er und seine Besatzung geschafft hatten. Für die meisten war es bestimmt nicht leicht gewesen, fast ununterbrochen zu arbeiten und dabei zu wissen, daß in der Stadt und rundum im Lande andere mit großem Aufwand Weihnachten feierten.

Aus eigener Tasche hatte Herrick so etwas wie ein Festmahl für seine Seeleute und Soldaten spendiert. Einige hatten sich dabei derart betrunken, daß man sie mit Gewalt an Bord festhalten mußte. Aber es hatte sich trotzdem gelohnt, denn als sie dann wieder zur Arbeit kamen, hatte er eine Veränderung bei den Leuten gespürt, die wie ein munterer Shanty durch das Schiff lief.

Er dachte an seine Frau, die darauf wartete, daß er an Land kam, wenn er seine Arbeit für diesen Tag erledigt hatte. Es war alles so neu und wunderbar: der nette kleine Gasthof, der von einem freundlichen Wirt und seiner Frau geleitet wurde; ihr eigenes Zimmer, in dem er mit Dulcie Pläne schmieden und gemeinsam träumen konnte.

Mit einem tiefen Seufzer wandte er sich wieder seinen Listen und Büchern zu: dem Arbeitsbuch, der Personalliste, der Vorratsliste mit Angaben über Munition, Ersatzsegel und all die anderen Dinge, die auf einem vollgetakelten Linienschiff vorhanden sein mußten.

Herrick hatte viel an Bolitho gedacht und sich gefragt, wie dieser wohl in London zurechtkam. Er wußte, daß Bolitho sich in der Hauptstadt noch nie wohl gefühlt hatte. Straßen voller Pferdemist, ein Ort, der sich mit seinem eigenen Gestank vergiftet, hatte er einmal gesagt. London war inzwischen derart mit Fahrzeugen aller Art überfüllt, daß die vermögenden Leute Stroh auf das Kopfsteinpflaster vor ihren Türen streuen ließen, um den Lärm der eisenbeschlagenen Räder zu dämpfen.

Mehr als einmal versuchte Herrick, sich seiner Gefühle während des Kampfes mit dem französischen Admiral Ropars zu erinnern. An der Seite Bolithos hatte er dem Tod mehr als einmal ins Auge geschaut, aber jedesmal schienen sie näher daran zu sein als zuvor. Er sah Bolitho wieder auf der Laufbrücke der *Benbow* stehen und – die feindlichen Scharfschützen mißachtend – seinen Hut schwenken, um seinen Leuten für den aussichtslos scheinenden Kampf Mut zu machen.

Viele Männer waren an jenem Tag gefallen oder verwundet worden. Herricks Offiziere hatten schon die Gassen von Portsmouth und die umliegenden Dörfer der Grafschaft Hampshire nach Ersatzleuten abgegrast. Herrick hatte sogar Flugblätter drukken und auf die Gasthöfe und Rathäuser verteilen lassen, wo sie des Lesens unkundigen Leuten vorgelesen werden sollten, in der Hoffnung, daß der eine oder andere daraufhin zu den Fahnen eilte.

An diesem Vormittag hatte auch die *Relentless* im Hafen geankert. Sie war auf ihrem Posten von der schnell reparierten *Styx* abgelöst worden. Nachrichten waren ausgetauscht worden, neue Leute verpflichtet. Die Marine erlaubte nur wenig Zeit für eine Erholung. Herrick betrachtete die große neue Landesflagge, die der Bootsmann nach achtern gebracht hatte, die Flagge mit dem zusätzlichen St.-Patricks-Kreuz. Für Herricks praktischen Sinn schien es verschwendete Mühe, eine Flagge zu ändern, wenn die ganze Welt darauf aus war, sich selber zu vernichten.

Yovell, Bolithos Schreiber, kam mit weiteren Papieren, die unterschrieben werden mußten, in die Kajüte. Unterstützt von Herricks eigenem Schreiber, war Yovell ein Turm im Papierkrieg der letzten Tage gewesen. Er hatte geholfen, Formulierungen zu finden, an denen kein Verpflegungsamt und kein Schiffslieferant herumdeuteln konnten. Herrick war diese Arbeit wie nichts sonst verhaßt, darum fragte er verzweifelt: »Noch mehr?«

Yovell lächelte. »Ein paar, Sir. Und ein Brief ist dabei für den Kurier nach London.«

Herrick warf einen gequälten Blick darauf. Er konnte sich nur schwer daran gewöhnen, auch für die anderen Schiffe mitdenken zu müssen. Sein eigenes Schiff in Gang zu halten, war schon schwer genug. Aber als Flaggkapitän mußte er sich um das gesamte Geschwader kümmern, die *Relentless* eingeschlossen.

Kapitän Peel hatte gemeldet, daß seinem Dritten Offizier, der im Gefecht mit dem feindlichen Geschwader verwundet worden war, das Bein amputiert werden mußte, und daß er nun im Marinehospital von Haslar lag.

Peel forderte unverzüglichen Ersatz an, da noch keiner seiner eigenen Fähnriche das Alter und die Eignung zur Beförderung besaß. Er hoffte, ohne unnötige Verzögerung wieder Anker lichten und zum Geschwader zurückkehren zu können. Herrick dachte sofort an Pascoe, ließ den Gedanken aber gleich wieder fallen. Es konnte Tage, ja Wochen dauern, bis Bolitho zurückkam. Da wäre es unfair gewesen, den Jungen inzwischen wegzuschicken.

Yovell beobachtete ihn ungeduldig. »Soll ich einen Brief an den Hafenadmiral vorbereiten, Sir?«

Herrick rieb sich das Kinn. Es lagen mehrere Kriegsschiffe zur Reparatur im Hafen. Sicher hatte eines von ihnen einen Ersatzmann, einen jungen Offizier, der mit Begeisterung zu Kapitän Peel gehen würde.

»Ich denke darüber nach.«

Er wußte, daß Yovell mißbilligend den Kopf schüttelte, aber er wollte erst einmal mit Peel sprechen. Am besten lud er ihn zum Essen mit Dulcie ein. Herrick strahlte plötzlich über diese blendende Idee. Dulcie wußte sicher, was er tun sollte. Sie hatte ihm schon so viel Selbstvertrauen gegeben, daß er es kaum glauben konnte.

Herrick stand auf und ging ans seitliche Kajütfenster. Er wischte den feuchten Niederschlag von der Scheibe und blickte auf den Hafen hinaus. Es war Nachmittag, aber schon fast dunkel. Er konnte kaum die beiden mächtigen Dreidecker ausmachen, die querab von ihnen vor Anker lagen, aber auf dem Wasser entdeckte er zahlreiche auf- und abhüpfende Lichter: Laternen von Booten, die wie Käfer zwischen Schiffen und Ufer hin- und herfuhren.

Nur noch ein Tag, und dann würde er den wichtigsten aller Sätze unter seinen letzten Bericht schreiben: »Melde gehorsamst: Schiff ist seeklar!«

Nach dieser Liegezeit im Hafen würde es sie hart ankommen.

Es klopfte, und Speke, der Zweite Offizier, trat über das Süll. Seine Augen schimmerten im Lampenlicht.

»Was ist?«

Speke warf einen schnellen Blick auf den Schreiber; Herrick verstand und sagte: »Wir machen später weiter, Yovell.« Spekes Gesichtsausdruck ließ auf schlimme Neuigkeiten schließen.

»Ich glaube, Mr. Pascoe ist in Schwierigkeiten, Sir.«

»Was für Schwierigkeiten?« Herrick starrte ihn an. »Spucken Sie es aus, Mann!«

»Er war wachhabender Offizier, Sir. Ich löste ihn ab, als er um Erlaubnis bat, an Land gehen zu dürfen. Er sagte, es sei dringend.« Speke zuckte die Achseln. »Mr. Pascoe ist zwar jung, aber erfahrener als mancher Ältere. Ich habe ihn nicht nach seinen Gründen gefragt.«

»Fahren Sie fort.« Herrick zwang sich, sich hinzusetzen und so ruhig zu erscheinen, wie er es oft von Bolitho gesehen hatte.

»Wir hatten fast den ganzen Tag einen Frischwasserprahm längsseit, Sir. Nachdem er abgelegt hatte, bemerkten wir, daß ein Mann des Arbeitskommandos mitgefahren sein mußte: desertiert. Midshipman Penels hatte das Kommando bei der Gruppe. Es waren alles zum Dienst gepreßte Landratten. Als ich sie antreten ließ, entdeckte ich, daß der fehlende Mann Babbage war, dessen Bestrafung Sie kürzlich unterbrochen haben, Sir.«

Herrick sah ihn finster an. »Und Sie glauben, daß Midshipman Penels diesem Babbage bei der Flucht geholfen hat?«

Speke sah ihm selbstgefällig ins Auge. »Ja, Sir. Mr. Penels hat es zugegeben, aber erst, nachdem Mr. Pascoe an Land gegangen war. Er hat sich über seine Tat derart geschämt, daß er glaubte, sie Mr. Pascoe gestehen zu müssen, der junge Narr. Babbage wird sowieso eingefangen und an der Großrah aufgeknüpft, aber wie die Dinge liegen . . .«

»Wie die Dinge liegen, ist der Dritte Offizier an Land gegangen, Mr. Speke, um den Deserteur zu suchen und an Bord zurückzubringen, bevor jemand entdeckte, daß er fehlt?«

»Richtig, Sir. Aber was Penels betrifft . . .«

»Holen Sie ihn.«

Herrick rückte unbehaglich in seinem Stuhl hin und her, während seine Gedanken sich überstürzten. Das war echt Pascoe, dachte er. Und genau das, was Bolitho getan hätte. Was ich auch getan hätte. Früher, dachte er.

Speke schob den verschreckten Jungen durch die Tür und sagte ärgerlich: »Sie können Ihren miesen Sternen danken, daß ich es war und nicht der Erste Offizier, der die Sache entdeckt hat. Mr. Wolfe hätte Sie in Stücke gerissen.«

»Langsam!« Herricks Ton brachte Speke zum Schweigen. »Was haben Sie mit diesem Babbage vereinbart?«

»Ich – ich hatte nur den einen Gedanken, ihm zu helfen, Sir. Nach allem, was er zu Hause für mich getan hat.« Penels war den Tränen nahe. »Er hatte solche Angst, noch einmal ausgepeitscht zu werden. Ich mußte ihm helfen, Sir.«

»Wohin wollte er, hat er das gesagt?« Herrick fühlte seine Geduld schwinden. »Los, Junge, Mr. Pascoe ist vielleicht in Gefahr. Und er wollte *Ihnen* helfen, denken Sie daran!«

Herrick haßte es, die Schmach und Verzweiflung des Jungen zu nutzen, aber er wußte, daß es noch schlimmer kommen würde.

Mit unsicherer Stimme flüsterte Penels: »Er wollte ein Lokal suchen, daß ›The Grapes‹ heißt. Einer der älteren Leute hat das erzählt.«

Speke grunzte. »Ein sehr übles Lokal, Sir. Selbst das Preßkommando geht da nicht ohne ausreichenden Schutz hin.«

Penels – nur noch ein Häufchen Unglück – fuhr fort: »Er wollte dort warten, bis ich Geld aufgetrieben hatte. Damit hoffte er, nach Cornwall zurückkehren zu können.«

Herrick blickte auf die Karaffe. Sie war leer und seine Kehle so trocken wie ein Sandhaufen.

»Meine Empfehlung an Mr. Clinton, und bitten Sie ihn zu mir.«

Speke eilte davon, und Herrick sagte: »Nun, Mr. Penels, wenigstens waren Sie so klug, Mr. Speke zu berichten, was Sie getan haben. Es ist zwar nicht viel, aber es mag helfen.«

Der Major trat ein und fragte: »Kann ich behilflich sein, Sir?«

Clinton verschwendete nicht den kleinsten Blick auf den zusammengesackten Midshipman, und Herrick entnahm daraus, daß Speke ihn schon informiert hatte. Wahrscheinlich wußte das ganze Schiff Bescheid.

»Mr. Pascoe ist zu den ›Grapes‹ unterwegs, Major. Sagt Ihnen das etwas?«

Clinton nickte. »Eine Menge, Sir.« Er fuhr fort: »Wenn Sie erlauben, gehe ich sofort an Land. Ich nehme Mr. Marston und einige meiner Jungs mit.«

»Vielen Dank, Major Clinton, ich bin Ihnen sehr verbunden.«

Augenblicke später hörte Herrick Pfiffe und Kommandorufe und anschließend das Knarren von Taljen, als ein Boot ausgeschwenkt wurde. Dann Getrappel von Stiefeln, als einige ausgesuchte Seesoldaten Clintons unerwarteter Aufforderung folgten.

Herrick beobachtete den schnüffelnden Midshipman einige Sekunden lang und sagte dann: »Ich habe Sie auf Bitten eines alten Freundes an Bord genommen. Ich weiß nicht, wie er oder gar Ihre Mutter diese Geschichte aufnehmen werden. Nun begeben Sie sich nach unten, und melden Sie sich beim ältesten Wachtmeistersmaaten.«

Als Penels tränenblind nach der Tür tastete, sagte Herrick sehr ruhig: »Wenn Sie in Ihrer Koje liegen, denken Sie einmal über folgendes nach: Eines Tages hätten Sie Leute unter sich gehabt, deren Leben von Ihrer Entscheidung abhing. Fragen Sie sich selber, ob das richtig wäre.«

Yovell kam herein, als der Midshipman verschwand. »Schlimm, Sir.«

Herrick blickte auf die runden Schriftzüge nieder und den Platz, wo er unterschreiben sollte.

»Ich möchte meiner Frau eine Nachricht schicken, denn ich glaube kaum, daß ich heute an Land gehen kann.«

Er lauschte auf die Geräusche des Bootes, aber es hatte schon von der *Benbow* abgelegt.

Pascoe schritt durch die so- und sovielte Gasse. Ein steifer Wind blähte seinen Bootsumhang. Er kannte Portsmouth nicht besonders gut, aber der Offizier der Hafenwache hatte ihm erklärt, wo das Lokal ›The Grapes‹ lag. Er hatte ihm außerdem geraten, diesem Höllenloch besser fernzubleiben. Pascoe hatte ihm gesagt, daß er sich mit einer Abteilung bewaffneter Seesoldaten in der Nähe des Lokals treffen wolle und hoffte, ein paar Rekruten einzufangen. Er war selber überrascht gewesen, wie leicht ihm die Lüge über die Lippen kam. Der Offizier der Wache schien auch nicht weiter interessiert zu sein. Wer töricht genug war anzunehmen, daß er in Portsmouth noch Leute pressen konnte, mußte schon mehr als ein Riesenglück haben.

Eine Gasse sah aus wie die andere: eng, schmutzig, aber nie ohne Leben. In Durchgängen und unter Torbögen, aus Fenstern oder unsichtbar hörte man vielerlei Geräusche, Gelächter von Betrunkenen, Schreie und schreckliche Flüche. Als ob die elenden Häuser und nicht die Bewohner ihrem Herzen Luft machten.

Einmal streckte ein Mädchen den Arm aus und berührte Pascoes Schulter, als er vorbeiging. Selbst in dem Halbdunkel konnte er erkennen, daß sie nicht älter als vierzehn oder fünfzehn war. Pascoe stieß sie weg und hörte darauf ihre schrille Stimme, die ihn noch um die nächste Ecke verfolgte. »Verdammter Mistkerl! Hoffentlich schießen sie dir die Gedärme aus deinem dreckigen Leib!«

Auf einmal war er am Ziel: ein wuchtiges, düsteres Gebäude, beidseits von kleineren Häusern flankiert, die Straße davor voller Dreck und wie eine Kloake stinkend.

Pascoe war von zu Hause Armut gewöhnt, und auch als Midshipman hatte er genug Not und Elend erlebt. Aber dieser widerliche Unrat mußte nicht sein und war abscheulich, dachte er. Er schaute zu einem halb abgeblätterten Schild über dem Haupteingang empor und fühlte dabei, wie der Regen auf sein Gesicht prasselte: ›The Grapes.‹

Er lockerte seinen Marinedolch unter dem Umhang und pochte dann mit der Faust an die Tür. Eine Klappe öffnete sich so schnell, daß es schien, der Mann dahinter habe auf ihn gewartet.

»Wer ist da?« Zwei weiße Augäpfel blickten suchend über Pascoes Schultern und senkten sich erst, als sie dahinter weder bewaffnete Seeleute noch Seesoldaten entdeckten. »Ein junger Herr und allein?«

Schon der näselnde Tonfall des Mannes verursachte Pascoe Übelkeit.

»Sie sind wohl stumm, he? Na schön, wir werden schon was Passendes für Sie finden.«

Die Klappe wurde zugeschlagen, aber Sekunden später öffnete sich die große Tür, und Pascoe trat ein. Es war, als würde er hineingezogen und erstickt.

Früher mußte es ein schönes Haus gewesen sein, dachte er. Eine breite Treppe, jetzt brüchig und verstaubt, führte nach oben. Überall Teppiche, die einmal dick und farbenprächtig gewesen sein mochten, jetz aber abgewetzt und voller Flecken und Löcher waren. Wahrscheinlich hatte das Haus einem wohlhabenden Kaufmann gehört, als Portsmouth noch ein lebhafter Handelsplatz gewesen war und noch nicht von Franzosen und Kaperschiffen geplagt wurde.

Ein mächtiges Frauenzimmer trat aus einem Nebenraum. Sie war nicht nur groß, sondern auch muskulös und bar jeder Weiblichkeit. Selbst ihr hochgetürmtes Haar und der feuerrot geschminkte Mund ließen sie eher wie einen Ackerknecht wirken, der sich zur Kirmes herausgeputzt hatte.

Der Portier sagte unterwürfig: »Ein Offizier, Ma'am!«

Ihre tiefliegenden Augen musterten Pascoes Gesicht und schienen ihn – wie das Haus – zu verschlingen. Er sah die Haut auf ihrem halbentblößten Busen und fühlte ihre Macht. Er konnte sie sogar riechen: eine Mischung aus Gin und Schweiß.

»Sind Sie von einem Preßkommando, junger Freund?« Sie faßte ihn unter das Kinn und sah ihn forschend an. »Bist ein hübscher Junge. Nein, du willst dich selber ein wenig vergnügen, stimmt's?«

Pascoe sagte vorsichtig: »Ich glaube, ein Mann von unserem Schiff verbirgt sich hier.« Er sah ihre Augen gefährlich aufblitzen und fügte schnell hinzu: »Ich möchte kein Aufsehen. Wenn ich ihn zum Schiff zurückbringen kann, hat er nichts zu befürchten.«

Sie schüttelte sich vor Lachen, bis es schließlich wie Gebrüll aus ihr herausbrach.

»Nichts zu befürchten! Das ist verdammt gut! Ist 's das nicht, Charlie?«

Der Portier kicherte unsicher. »Ja, Ma'am.«

Pascoe stand ganz still, als die Frau seinen Umhang löste und ihm von den Schultern nahm.

»Ich habe zwei nette Mädchen für Sie, Leutnant.« Aber es klang unsicher, als ob sie beeindruckt sei.

Pascoe legte die Linke auf seinen Dolch und zog ihn langsam aus der Scheide. Ihre Augen blieben dabei fest auf seine gerichtet, und er wußte, daß es rundherum Zuschauer gab, bereit, ihn niederzuschlagen, wenn er seinen Dolch zu benutzen versuchte.

Er drehte ihn in der Hand und hielt ihn ihr mit dem Griff nach vorn entgegen.

»Sehen Sie, ich bin jetzt unbewaffnet.«

Sie warf die Klinge achtlos dem glotzäugigen Portier zu und sagte: »Komm mit, Liebling, und trink ein Glas Genever, während ich nachdenke. Dieser Mann, dem du zu helfen versuchst,« sie konnte ein Lächeln nicht unterdrücken, »wie heißt er?«

»Babbage.«

»Und Sie sind Mr ...?«

Eine schmutzige Mädchenhand tauchte aus dem Dunkel auf und reicht Pascoe ein Glas Gin.

Er sagte: »Pascoe, Ma'am.«

»Verdammt, ich glaube Ihnen sogar.«

Sie ging aus dem Raum. »Bleib hier, Liebling. Ich sage nicht, daß ich den Mann kenne. Aber wenn er hier ist, ohne daß ich davon wußte, werde ich ihm selbstverständlich Ihr Anliegen vortragen.« Sie drehte sich noch einmal um und sah ihn gerade an. »Keine Angst, hübscher Junge. Er wird nicht wegrennen, wenn ich es ihm nicht befehle.«

Es war warm in dem muffig riechenden Raum, und doch empfand Pascoe den Schweiß auf seinem Rücken als eiskalt. War das Ganze nicht nur eine dumme, verrückte Geste? Und wofür eigentlich? Um Penels zu helfen, oder um sich selber etwas zu beweisen? Sein Dolch war futsch, und jeden Augenblick konnte er überwältigt und allein schon seiner Kleider wegen getötet werden.

Während er wartete, wurde er das übrige Haus gewahr. Er hörte unterdrückte Geräusche und gedämpfte Stimmen. Jeder Raum schien besetzt zu sein.

Er musterte das Mädchen, daß immer noch die irdene Ginflasche an die Brust gepreßt hielt. Es hatte dunkel umrandete Augen und war spindeldürr und abgehärmt, wahrscheinlich zu allem Elend auch noch krank.

Die Kleine fing seinen Blick auf und lächelte, wobei sie ihr schäbiges Kleid von einer Schulter rutschen ließ. Dadurch sah sie eher mitleiderregend als herausfordernd aus.

Eine Tür im oberen Stockwerk sprang auf, und verärgerte Männerstimmen erklangen.

Pascoe verließ den Raum und schaute die Treppe hinauf. Oben standen drei Männer, und an der Mauer kauerte ein vierter: Babbage.

Der Größte der drei zeigte auf Pascoe und bellte: »Ist er das?«

Pascoe bemerkte, daß der Große die weiße Kniehose und das Hemd eines Marineoffiziers trug. Wahrscheinlich war er gerade bei seinem Vergnügen gestört worden. Wie auch immer: es beruhigte ihn zu wissen, daß er hier nicht völlig allein war.

Babbage sagte: »Ja, Sir. Das ist Mr. Pascoe.«

Der Mann kam langsam die Treppe herunter. Er war kräftig gebaut und mochte Mitte Zwanzig sein, hatte dickes lockiges Haar und ein hartes, herausforderndes Gesicht.

»Na schön.« Er hielt am Fuß der Treppe an und schaukelte auf den Absätzen vor und zurück. »Ich wollte Sie schon immer mal kennenlernen, Mr. Pascoe, aber daß Sie derart vom Himmel fallen würden, hätte ich nicht gedacht.«

»Ich verstehe nicht.«

Der große Mann drehte sich zu seinen Gefährten um und sagte hämisch: »Obwohl man annehmen sollte, daß Mr. Pascoe sich an einem Ort wie diesem zu Hause fühlt, nicht wahr, Jungs?« Sie lachten, und einer bückte sich, um Babbage festzuhalten, der davonzukriechen versuchte. Er hatte einen blutverschmierten Mund und war offenbar geschlagen worden.

»Ich befehle Ihnen, mir diesen Mann auszuhändigen, wer Sie auch sind!«

»Er befiehlt! Dieses Jüngelchen, das sich als Offizier verkleidet hat, befiehlt mir!«

Die Hausbesitzerin zwängte sich durch die Zuschauer hindurch und stellte sich zwischen die drei und Pascoe. Ärgerlich sagte sie: »Laßt ihn in Ruhe, verdammt noch mal. Er hat nichts Böses im Sinn.«

»Oh, ganz sicher, Ruby! Mr. Pascoes Mutter war ja auch eine Hure und sein verdammter Vater ein Landesverräter. Was könnte er also Böses tun?«

Pascoe war von den beleidigenden Worten des Mannes wie betäubt. Wut und Haßt packten ihn derart, daß er zitterte.

Das konnte nicht sein, das gab es doch nicht! Nicht nach so langer Zeit und nach allem, was geschehen war.

Die Frau sah ihn ängstlich an. »Sie hauen besser ab, und zwar schnell. Ich will hier keinen Ärger. Davon hatte ich schon genug.«

Pascoe zwängt sich an ihr vorbei und sah nur das über ihm stehende, grinsende Gesicht auf der Treppe.

»Nun, Mr. Pascoe!?« Der Kerl genoß die Szene. »Deckt Ihr Onkel immer noch den Fehltritt seines Bruders?«

Pascoe machte einen Sprung vorwärts und schlug in das Gesicht des Mannes. Er sah Überraschung darin und fühlte, daß seine Faust von dem Schlag schmerzte, aber das Gesicht war immer noch da, wenn sich auch etwas Blut auf der Lippe zeigte.

»Sie haben mich geschlagen!« Der Große tupfte das Blut von seinem Mund, seine Augen lagen im Dunkeln. »Wenn man von Leuten wie Ihnen berührt wird, ist es, als bekäme man die Pest. Aber die Angelegenheit läßt sich regeln, das heißt, wenn Sie gelernt haben, so zu tun wie ein Ehrenmann.«

Pascoe akzeptierte die Drohung mit plötzlicher Gelassenheit – oder war es Resignation?

Er hörte sich selber sagen: »Auf Säbel?«

»Wohl kaum.« Der andere Mann betupfte immer noch seine Lippe und beobachtete Pascoe. »Pistolen wären besser. Doch bevor wir auseinandergehen ...«, er schnippte mit dem Finger, und im selben Augenblick fühlte Pascoe, daß seine Arme festgehalten wurden, » ... erteile ich Ihnen eine Lektion in guten Manieren.«

Pascoe fuhr herum, als er bemerkte, daß Babbage den Augenblick nutzte und – den Kopf mit den Händen schützend – an ihnen vorbeischoß und zur Tür rannte. Mit einer verzweifelten Anstrengung riß er sie auf und war draußen.

Der große Mann hob die Faust. »Den sehen wir nie wieder.«

Pascoe straffte sich, um den Schlag, der auf seine Magengrube zielte, aufzufangen.

Nur schwach hörte er etwas wie Rennen, ein scharfes Kommando und den plötzlichen Knall einer Muskete.

Major Clinton stand im Eingang und schwang lässig sein schwarzes Stöckchen, als er sagte: »Das war Babbage. Meine Leute riefen ihn an, aber er wollte fliehen.« Er wartete, bis die Kerle Pascoes Arme freigegeben hatten. »Sie kamen wohl zu spät, Mr. Pascoe.« Er nickte dem Mann mit der gespaltenen Lippe zu. »Aber *Sie* waren rechtzeitig da, Mr. Roche, nehme ich an?«

Der Mann, den Clinton mit ›Roche‹ angesprochen hatte, zuckte die Achseln. »Höhere Eingebung, Major. Es ist uns nicht verboten, hierher zu kommen.«

Clinton antwortete scharf: »Sie verschwinden jetzt! Und es ist mir gleich, ob Sie zum Stab des Admirals gehören. Ich habe den Verdacht, daß Ihr Mut kaum für ein Gefecht auf See ausreichen würde.«

Die drei Männer holten ihre Röcke und verließen das Haus. Pascoe bemerkte, daß Roche wie die beiden anderen die Leutnantsuniform der Marine trugen.

»Tut mit leid, daß ich Sie da hineingezogen habe, Sir.« Pascoe folgte dem Major auf die regennasse Straße. Marston, Clintons Leutnant, und eine Gruppe von Seesoldaten standen um einem am Boden liegenden Körper. Für Babbage war alles vorüber.

»Ich kann dazu jetzt nichts weiter sagen.« Clinton schaute auf seine Männer. »Seht zu, daß ihr den Leichnam loswerdet.« Dann fiel er neben Pascoe in Schritt und sagte: »Roche gehört zum Stab des Hafenadmirals. Er wird nie befördert werden, denn er taugt zu nichts. Aber er ist ein gefährlicher Mann. Hat er Sie beleidigt?«

»Darüber kann ich nicht sprechen, Sir.«

Clinton erinnerte sich an Herricks Gesichtsausdruck und dachte sich sein Teil.

XIII Noch drei Minuten zu leben

Bolitho stand unschlüssig auf dem hübschen kleinen Platz und studierte das Haus. Er war von seiner derzeitigen Unterkunft zu Fuß hierhergekommen, aus verschiedenen Gründen: einmal, um sein lädiertes Bein zu trainieren, zum anderen, um sich in Ruhe auf das vorzubereiten, was er sagen wollte.

Er hatte Browne gefragt, ob dieser Belinda Laidlaw gesehen hätte, als er den Brief abgab, aber Browne hatte den Kopf geschüttelt. »Nur einen Diener, Sir. Es war so finster wie in einem Grab.«

Bolitho konnte Brownes kurze Beschreibung jetzt verstehen. Das Haus war äußerlich ein Ebenbild seines Nachbarn: groß, elegant und wohlproportioniert. Aber das war auch die einzige Ähnlichkeit. Es sah kalt und abweisend aus und machte den Eindruck, als beobachtete es ihn, wie auch der ganze Platz den Atem anzuhalten schien, um zu beobachten, was ein Besucher hier wolle.

Nach seinem Spaziergang, vorbei am geschäftigen und lauten Treiben der vielen Läden und Weinhandlungen, fühlte sich Bolitho weniger selbstsicher.

Aber das war lachhaft. Er ging die wenigen Stufen hinauf und griff nach dem Glockenzug, aber die Tür öffnete sich vor ihm wie durch Zauberei. Ein griesgrämig aussehender Diener musterte ihn neugierig. »Sir?«

Bolitho war nicht in der Stimmung für längere Erklärungen. Er löste seinen Umhang am Hals und übergab ihn dem Diener, anschließend auch den Hut.

»Mein Name ist Richard Bolitho. Mrs. Laidlaw erwartet mich.«

Als er seine Erscheinung in einem großen gerahmten Spiegel überprüfte, sah Bolitho, daß der Diener sich in einen Seitengang der Eingangshalle zurückzog und dabei ehrfürchtig über Hut und Mantel zum Besucher zurückschaute. Bolitho schloß daraus, daß sich nur selten ein Gast hierher verirrte, und ganz gewiß kein Flaggoffizier. Er strich seinen Uniformrock glatt und wandte sich dem Raum zu. Alles darin sah alt und gediegen aus. Es mußte Leuten gehört haben, die schon lange tot waren, dachte er.

Der Diener kam mit leeren Händen zurück. Bolitho bemühte sich, gleichmütig zu bleiben und seine Erleichterung zu verbergen. Er hatte befürchtet, Belinda würde ablehnen, ihn zu empfangen, und sei es nur, um neue Verwirrung zu vermeiden.

Der Diener sagte kläglich: »Hier entlang, Sir.«

Sie kamen zu einer Doppeltür aus schönem, eingelegtem Holz. Der Diener öffnete feierlich beide Flügel und schloß sie, nachdem Bolitho eingetreten war, lautlos hinter ihm.

Der Raum war ebenfalls sehr groß und mit schweren Möbeln ausgestattet. An den Wänden hingen imposante Gemälde, durchweg Porträts hoher Richter.

In einem vergoldeten Sessel neben dem Kamin saß die Frau des Richters. Sie mußte es wohl sein, dachte Bolitho grimmig, denn sie war so imposant und gut gepolstert wie ihre Möbel. Ihr blasses Gesicht drückte deutlich Mißfallen aus.

In ihrer Nähe, mit einem aufgeschlagenen Buch auf dem Schoß, saß Mrs. Belinda Laidlaw. Sie trug ein schlichtes taubenblaues Kleid, das einer Uniform ähnelte, und sah ihn so ruhig an, als ob ein Zeichen von Gemütsbewegung oder gar Freude das Haus erschüttern würde.

Bolitho sagte: »Ich bin vorübergehend in London, Ma'am.« Er sah die Richtersgattin an, seine Worte waren aber an die junge Frau gerichtet. »Ich bat darum, Sie aufsuchen zu dürfen, denn in meinem Beruf weiß man nie, wann man das nächste Mal wieder an Land kommt.«

Es klang schwerfällig und hochtrabend, ganz dem Raum entsprechend. Vielleicht hatte er diese Wirkung auf Besucher, überlegte Bolitho.

Der Arm der alten Dame tauchte aus ihren Gewandfalten auf und dirigierte Bolitho auf einen unbequem aussehenden Stuhl ihr gegenüber. Sie bediente sich dazu eines dünnen schwarzes Stokkes ähnlich dem, den Major Clinton immer trug.

Von seinem Platz aus blickte Bolitho durch ein paar Fenster, hinter denen weder Häuser noch Bäume zu sehen waren. Vor diesem hellen Hintergrund konnte er die junge Frau nur wie eine Silhouette wahrnehmen, ohne ihr Gesicht oder gar seinen Ausdruck zu erkennen.

Die Frau des Richters sagte: »Wir werden gleich Tee bekommen, Herr . . .«, sie schaute auf Bolithos Schulterstücke, »Kapitän, ist das richtig?«

Die junge Frau sagte schnell: »Konteradmiral, Ma'am!«

Bolitho bemerkte eine gewisse Gereiztheit in ihrem Tonfall, was ihm verriet, daß sie der Richtersgattin schon von ihm erzählt hatte.

»Ich fürchte, die Details kann ich einfach nicht mehr behalten.« Sie nickte langsam. »Aber ich habe gehört, daß Sie sich auf dem Besitz von Lord Swinburne in Hampshire aufgehalten haben.« Es klang wie eine Anschuldigung.

Bolitho sagte: »Er war sehr hilfsbereit.« Dann versuchte er es noch einmal: »Es sieht so aus, als ob ich bald zum Geschwader zurückkehren könne.« Er wandte sich an ihre Silhouette. »Hoffentlich haben Sie sich hier schon eingelebt.«

»Es geht mir gut, danke.«

Und so plätscherte die Unterhaltung weiter. Jeder Vorstoß Bolithos wurde sofort und förmlich pariert. Wenn er von fernen Ländern sprach, die er besucht hatte, oder von Tieren, Schiffen, Eingeborenen, wurde das Thema mit einem Nicken oder einem geduldigen Lächeln beendet.

»Der Richter wird so oft gerufen, um Recht zu sprechen, daß wir selber keine Zeit zum Reisen finden.«

Bolitho veränderte vorsichtig die Lage seines Beins. Die Frau des Hauses sprach immer nur vom ›Richter‹, nie sagte sie ›mein Mann‹ oder nannte ihn mit Namen. Was sie zum Thema Reisen vorbrachte, ließ Bolithos Leben an Bord wie die reinste Vergnügungsfahrt erscheinen.

Trocken fuhr sie fort: »Durch den Krieg gibt es viele Ungesetzlichkeiten. Den Richter kommt seine Aufgabe hart an. Aber er hat sich ihr verschworen, und der Erfolg ist ihm Lohn genug.«

Bolitho empfand Mitleid für jeden armen Sünder, der vor diesem Richter erscheinen mußte. Wenn er seiner Frau ähnelte, konnte niemand Mitgefühl oder gar Erbarmen erwarten.

Die Hausglocke schellte, und das Echo kroch wie Wehklagen durch die Korridore.

Die alte Dame schob mit ihrem Stock ein Holzscheit ins Feuer und fragte kühl: »Noch mehr Besucher, Mrs. Laidlaw? Wir scheinen populär zu werden.«

Der Diener kam geräuschlos herein und sagte: »Ich bitte um Vergebung, Ma'am, daß ich störe.« Es klang, als sei er gewohnt, angefahren zu werden. »Da ist noch ein Herr von der Marine.« Er verlagerte seinen Blick auf Bolitho. »Er möchte Sie sprechen, Sir.«

Bolitho erhob sich. Dabei fühlte er, daß die junge Frau sein Bemühen, locker und schmerzfrei zu erscheinen, durchschaute.

»Tut mir leid, aber es muß wohl wichtig sein.«

Als er das Zimmer verließ, hörte er noch die alte Dame sagen: »Ich glaube nicht, daß wir den Tee jetzt benötigen, Simkins.«

Browne stand in regennassem Umhang in der Halle.

Bolitho fragte: »Was ist los? Sind die Franzosen da?«

Browne warf einen schnellen Blick hinter sich. »Es betrifft Ihren Neffen, Sir.« Er hob die Hand, um Bolitho zu beruhigen. »Er ist in Sicherheit, aber es war haarscharf. Kapitän Herrick hat einen reitenden Eilboten geschickt, um Sie sofort ins Bild zu setzen.« In kurzen Sätzen berichtete Browne von Pascoes Zusammenstoß mit Leutnant Roche: »Als ich Kapitän Herricks Nachricht las, war ich zunächst entsetzt, Sir. Roche ist ein Rüpel und berufsmäßiger Duellant. Pascoe stieß auf ihn, als er wegen irgendeiner Privatangelegenheit an Land war. Roche machte ihm gegenüber eine Bemerkung, und Pascoe schlug deswegen zu.« Browne zuckte die Achseln. »Kapitän Herrick hat nicht weiter nachgeforscht, bat mich aber, Ihnen mitzuteilen, daß er die Angelegenheit erledigt habe.« Er zwang sich ein Lächeln ab. »Die *Relentless* brauchte gerade einen Dritten Offizier. Jetzt hat sie einen.«

Bolitho schaute sich nach dem Diener um.

»Das verstehen Sie nicht. Die Angelegenheit ist weder erledigt noch wird sie es jemals sein, bevor nicht . . .« Er hielt ein, als er die junge Frau aus dem dunklen Hintergrund auf sich zukommen sah. »Tut mir leid, aber ich muß gehen.«

Browne sagte beharrlich: »Er ist doch jetzt in Sicherheit, Sir.«

»In Sicherheit? Haben Sie schon vergessen, was Sie über meine Familie herausfanden? Es wird nicht eher vorbei sein, bevor die Wahrheit heraus ist.« Ruhiger fuhr er fort: »Ich bitte Sie wegen all dieser Aufregung um Entschuldigung, Ma'am. Ich kam in der Erwartung, daß wir miteinander reden könnten. Und ich hatte sogar gehofft . . .«

Er studierte ihr Gesicht, als wolle er sich jede Einzelheit einprägen: die braunen Augen, den vollkommen geformten Mund, ihre Lippen die – betroffen von seinem Wunsch – leicht geöffnet waren.

Sie sagte: »Auch mir tut es leid. Nach allem, was Sie für mich getan haben, mußten Sie dasitzen wie ein Handelsvertreter. Ich habe mich geschämt.«

Bolitho ergriff impulsiv ihre Hände. »Wir hatten noch nie genug Zeit füreinander.«

Sie zog ihre Hände nicht zurück, sagte aber in dem gleichen ruhigen Ton: »Wozu? Was möchten Sie mir sagen? Daß ich Ihrer verstorbenen Frau ungeheuer ähnlich sehe und ihren Platz einnehmen soll?« Sie schüttelte langsam den Kopf. »Sie wissen, daß das falsch wäre. Ich möchte um meiner selbst willen begehrt werden und nicht in Erinnerung an eine andere.«

Browne sagte verlegen: »Ich warte draußen, Sir.«

Bolitho sah ihm voll ins Gesicht. »Ich brauche ein schnelles Pferd und eine Liste der Poststationen auf der Straße nach Portsmouth. Sagen Sie Allday, daß er mit unserem Gepäck im Wagen folgen soll.«

Browne starrte ihn ungläubig an. »Pferde, Sir?«

»Ich kann reiten, Browne!«

Browne ließ sich nicht einschüchtern. »Mit allem Respekt, Sir, aber Ihre Wunde ist kaum verheilt, und außerdem kann jederzeit eine Konferenz in der Admiralität einberufen werden, bei der Ihre Anwesenheit verlangt wird.«

»Ich pfeife auf die Admiralität, Browne, und die Politik soll mir gestohlen bleiben!« Er versuchte zu lächeln, was nicht recht gelang. »Aber wenn Sie sich die Mühe machen wollen, zwei Pferde zu beschaffen, werde ich Ihnen zeigen, ob mich meine Verletzung daran hindert, Sie auf dieser Strecke abzuhängen.«

Browne eilte davon und ließ in seiner Verwirrung die Haustür offen.

Bolitho sagte: »Entschuldigen Sie bitte meine Ausdrucksweise, ich vergaß, wo ich bin.« Er betrachtete Belinda forschend. »Ich will Sie nicht belügen: die Ähnlichkeit überwältigte mich. Ich habe zu lange gehofft und dann zu lange keine Hoffnung mehr gehabt. Aber ich hätte gern genug Zeit, damit Sie mich kennen und schätzen lernten. Außerdem konnte ich den Gedanken nicht ertragen, daß Sie hier leben. Jetzt, da ich dieses Haus gesehen habe, bin ich noch mehr davon überzeugt, daß es nicht das Richtige für Sie ist, auch nicht als vorübergehende Lösung.«

»Ich muß auf eigenen Füßen stehen.« Sie strich sich die Haare aus dem Gesicht. »Rupert Seton wollte mir Geld geben, andere Männer machten mir verschiedene Angebote. In dem Maße, wie sich meine Verhältnisse verschlechterten, wurden die Angebote immer taktloser.«

Er nahm ihre Hand und führte sie an seine Lippen. »Bitte vergessen Sie mich nicht. Ich werde immer an Sie denken!«

Sie trat zurück, als der Diener mit Bolithos Hut und Umhang erschien.

»Ihr Adjutant war besorgt, weil Sie nach Portsmouth reiten wollen. Muß es denn sein?«

»Es geht um etwas, daß mich seit Jahren verfolgt. Darum muß es einmal ein Ende finden.« Er sah sie ernst an. »Ich wünsche Ihnen alles Gute dieser Welt. Und daß Sie glücklich werden!«

Er erinnerte sich nicht, wie er das Haus verlassen hatte, aber als er zurückschaute, war die Eingangstür geschlossen, als hätte er sich alles nur eingebildet. Als stände er noch immer da und überlegte, was er sagen sollte, wenn er ihr begegnete.

Als Bolitho das Haus am Cavendish Square erreichte, sah er davor zwei kräftige Pferde. Browne hatte offenbar eine Menge Freunde und galt viel bei ihnen.

In der Eingangshalle traf er auf ein großes Durcheinander. Browne war dabei, Allday zu beruhigen, und im Hintergrund heulte die Köchin, obwohl sie kaum wissen konnte, was das alles bedeutete.

Allday bat Bolitho flehentlich: »Sie können nicht ohne mich weg! Das ist nicht fair! Sie wissen, daß ich nicht reiten kann, Sir!« Er schaute verzweifelt zu Boden. »Es ist einfach nicht richtig. Mr. Browne ist ein guter Mann, Sir, aber er kennt Sie nicht so wie ich!«

Bolitho war von Alldays Verzweiflung tief bewegt.

»Ich muß reiten, denn es geht so viel schneller. Sie folgen im Wagen.«

Allday hatte gar nicht zugehört. Er wandte sich flehentlich an Browne: »Halten Sie ihn davon ab, Sir. Ich kenne ihn schon so lange, er wird mit diesem Lumpen kämpfen.« Er blickte wieder verzweifelt Bolitho an. »Mit Pistolen!«

Bolitho sagte: »Sie hätten ihm nichts erzählen sollen.«

Browne antwortete ruhig: »Es schien mir notwendig, Sir.«

Allday trat zwischen sie. »Sie sind ein guter Säbelfechter, Sir, einer der besten, die ich je gesehen habe.« Er faßte Bolithos Ärmel. »Aber Sie sind kein Pistolenschütze. Sie würden kaum einen Mann auf dreißig Schritt treffen und wissen das!«

Browne schaute bedeutungsvoll auf die Uhr. »Wenn wir unsere Pferde in Guildford wechseln wollen, Sir, müssen wir jetzt aufbrechen.«

Bolitho nickte. »Warten Sie auf mich.«

Er konnte Allday nicht einfach so zurücklassen. Dafür waren

sie schon zu lange Zeit miteinander marschiert. Er sagte: »Hör zu, mein Freund. Wenn es eine andere Möglichkeit gäbe, würde ich sie wahrnehmen. Aber Adam wurde nur gekränkt, um durch ihn mich zu beleidigen. Wenn es nicht jetzt in England geschieht, dann woanders zu anderer Zeit. Das können wir nicht zulassen, oder?«

»Es ist nicht fair, Sir. Ich sollte wenigstens bei Ihnen sein.«

Bolitho berührte seinen Arm. »Das werden Sie immer sein.« Er ging hinaus in den Nieselregen, der zugenommen hatte, und kletterte in den Sattel.

Browne warf ihm einen fragenden Blick zu. »Alles klar, Sir?«

»Aye. Wie weit ist es?«

Browne bemühte sich, seine Besorgnis zu verbergen. »Etwas über sechzig Meilen, Sir.«

»Dann wollen wir uns auf den Weg machen.«

Bolitho nickte dem Stallburschen zu, der darauf die Pferde freigab, und dachte an Alldays Worte: ›Kein Pistolenschütze‹. Aber welche Chance hätte Adam gegen einen versierten Killer gehabt?

Der Gedanke schien ihm zusätzliche Kräfte zu verleihen, und er sagte bissig: »Wenn man ein feindliches Schiff bekämpft, weiß man wenigstens, woher die Schüsse kommen. Aber unter zivilisierten Menschen weiß man das nie so genau!«

Als das Wachboot energisch durch das kabbelige Wasser des Hafens von Portsmouth ruderte, mußte Bolitho die Zähne zusammenbeißen, damit sie nicht vor Kälte klapperten. Der Ritt von London war wie ein Alptraum und scheinbar endlos gewesen. In kleinen Gasthöfen hatten sie gerade so lange gerastet, um ein heißes Getränk herunterzustürzen, während müde Stallburschen die erschöpften Pferde wegführten und neue für die nächste Wegstrecke sattelten.

Weiter ging es dann auf gewundenen Straßen, beiderseits von Büschen gesäumt, wie von Gruppen geduckter Straßenräuber. Kalter Wind und stechender Regen hatten die Sinne wachgehalten.

Jetzt war es fast Morgen, und in dem trüben Dämmerlicht sah Portsmouth unwirklich und wie ein Spukgebilde aus.

Der Bootssteurer legte Ruder und lenkte das Boot auf ein Ankerlicht zu, von dem Bolitho wußte, daß es seinem Flaggschiff gehörte.

Browne hatte während des anstrengenden Rittes sehr wenig gesagt und sich wortlos neben ihm auf den Hecksitz sinken lassen, als sei er zu müde zum Sprechen oder knoble an einem eigenen Plan herum.

Der Bootsoffizier befahl: »Zeigt die Laterne!« Es war ein Leutnant mit schrecklich entstelltem Gesicht, wohl dem Andenken von einem Seegefecht.

Der Bugmann drehte die Laterne auf und hielt sie über seinen Kopf.

Bolitho stellte sich die schläfrigen Wachhabenden auf der *Benbow* vor, die Seesoldaten, die auf Vor- und Achterschiff Posten standen, und den Höllenlärm, der gleich ausbrechen würde, wenn sie erkannten, daß er zurückkam.

Über das Wasser erscholl der uralte Anruf: »Boot ahoi?«

Der Bootssteurer führte seine Hände als Sprachrohr an den Mund und genoß die Vorfreude auf das Chaos, das er gleich auslösen würde.

»Flaggoffizier! *Benbow!*«

Bolitho sagte: »Ich hoffe zu Gott, daß Kapitän Herrick an Bord ist.« Er schämte sich gleich darauf, daß er daran gezweifelt hatte. Selbstverständlich war Herrick da.

Wie ein steiler Berg erhob sich die Bordwand der *Benbow* über ihnen, und darüber, wie mit Tusche auf den trüben Himmel gezeichnet, ihre Masten und Rahen.

»Riemen hoch!«

Das Boot trieb die letzten Meter bis zur Kette der Großrüsten; als Bolitho sich von seinem Platz erheben wollte, schrie er vor Schmerzen fast auf.

Browne flüsterte ihm eifrig zu: »Lassen Sie mich Ihnen helfen, Sir.«

Bolitho schaute zur Einlaßpforte hoch, wobei ihm der Schmerz den Blick zu vernebeln schien. Was hatte er anderes erwartet? Ein solcher Ritt reichte, um jede Wunde aufbrechen zu lassen. Doch die Überzeugung, daß Eile dringend erforderlich war, hatte ihn Browne etwas vorlügen lassen. Er hatte seit mehreren Jahren nicht im Sattel gesessen, jedenfalls nicht solch lange Strecke.

Er sagte: »Nein, ich muß das schaffen.«

Der Leutnant lüpfte seinen Hut, und die Ruderer saßen keuchend vor Erschöpfung auf ihren Duchten und sahen zu, wie Bolitho langsam das Fallreep der *Benbow* hochkletterte.

Herrick war da, nur etwas zerzaust, als er eilends und voller Sorge nach vorn geeilt kam, um ihn zu empfangen.

Bolitho sagte heiser: »Später, Thomas. Kommen Sie mit nach achtern!«

Aufgeregte Gestalten liefen umher und verschwanden wieder im Halbdunkel. Leutnant Aggett hatte die verhaßte Morgenwache. Vielleicht bedauerte er schon seine unerwartete Beförderung nach dem Tod des Sechsten Offiziers.

Andere waren da, aber Bolitho hatte nur den einen Gedanken, in seine Kajüte zu gelangen und dort Zeit zum Nachdenken zu finden.

Der Posten vor seinen Räumen ging stampfend in ›Hab-acht-Stellung‹. Sein Uniformrock glänzte feuerrot im Licht der einsamen Laterne.

Bolitho humpelte an ihm vorbei. »Guten Morgen, Williams.« Er sah nicht mehr die Freude auf dem Gesicht des Mannes, daß er seinen Namen behalten hatte.

Ozzard war in der Kajüte geschäftig dabei, Lampen anzuzünden, die Leben auf das grüne Leder der Bezüge und die schweren Decksbalken zauberten.

Herrick starrte Bolitho an, als er in einen Stuhl sank, und keuchte: »Ziehen Sie mir die Stiefel aus, Ozzard!«

Browne warnte ihn: »Vorsicht, Mann!«

Herrick gewahrte die breite Blutspur auf Bolithos Schenkel. »Allmächtiger Gott!«

Bolitho unterdrückte den Schmerz. »Schießen Sie los, Thomas. Erzählen Sie mir alles über dieses verdammte Duell.«

Herrick sagte: »Alles, was ich weiß, habe ich Browne geschrieben. Ich war nicht sicher, wo Sie sich zur Zeit aufhielten. Aber die *Relentless* segelt mit der Morgentide. Pascoe wird dann außer Gefahr sein.«

Er zuckte zusammen, als Bolitho plötzlich aufschrie.

»Ich lasse den Schiffsarzt kommen.«

»Später.« Bolitho wandte sich an Ozzard. »Etwas zu trinken, bitte. Irgendwas, aber so schnell Sie können.« Dann wieder zu Herrick: »Wie hat Adam es aufgenommen?«

»Schlecht, Sir. Er redete von Ehrensache und von Ihrem Vertrauen, und daß er Ihnen wegen seines toten Vaters nur Schwierigkeiten bereite.« Herrick blickte finster drein, weil er die Sache nun wieder aufrühren mußte. »Ich habe schließlich meine Autorität ausspielen müssen. Das war fast der schwerste Teil der ganzen Angelegenheit.«

Bolitho nickte. »Adam hat immer davon geträumt, eines Tages auf eine Fregatte kommandiert zu werden. Daß ihm nun die Freude daran auf diese Weise vergällt wurde, ist schade, aber Sie haben richtig gehandelt, Thomas. Kapitän Rowley Peel ist jung und ehrgeizig und hat sich als Soldat bewährt. Außerdem ist er für mich ein Fremder, also wird er Adam nicht meinetwegen bevorzugen. Der liebe Inch würde behaupten, Weiß sei Schwarz, wenn er glaubte, mir damit einen Gefallen zu tun. Und Sie übrigens auch.«

Er nahm ein Glas von Ozzard entgegen und trank mit tiefen Zügen. Es war eiskalter Rheinwein, den Ozzard an einem geheimen Platz in der Bilge versteckt hielt.

Bolitho sank in seinem Stuhl zurück und sagte: »Noch eins. Und holen Sie Gläser für Kapitän Herrick und den Flaggleutnant.« Er sah sie nacheinander an. »Ich bin Ihnen beiden aus mehr Gründen, als ich aufzählen kann, zu Dank verpflichtet.«

Browne platzte heraus: »Haben Sie die Absicht, Roche entgegenzutreten?«

Herrick verschluckte sich fast an seinem Wein. »Was?«

Bolitho fragte: »Für wann ist das Duell vereinbart?«

»Für heute früh um acht, Sir. Auf der Seite von Gosport. Aber es ist nicht mehr nötig, ich kann den Hafenadmiral informieren und dafür sorgen, daß Roche ermahnt wird.«

»Glauben Sie, daß derjenige, der durch Adam mich verletzen wollte, es nicht noch einmal versuchen wird? Das Ganze ist kein Zufall.« Er sah den nachdenklichen Ausdruck in Herricks Gesicht. »Ihnen fällt etwas ein?«

Herrick fuhr sich mit der Zunge über die Lippen. »Ihr Neffe machte eine eigenartige Bemerkung, Sir. Leutnant Roche habe geäußert, er hätte ihn erwartet. ›Ich wollte Sie schon immer mal treffen‹, oder so ähnlich.«

»Das bestätigt meine Vermutung.«

Bolitho sah plötzlich ihr Gesicht vor sich. Aber wessen, Cheneys oder das der jungen Frau, die er in dem düsteren Haus in London zurückgelassen hatte?

Browne sagte: »Und nun ist er nicht mehr zu halten.«

Bolitho lächelte. »Jetzt können Sie den Arzt holen. Ich brauche einen neuen Verband, eine andere Hose und Schuhe.«

Browne erwiderte: »Und ein frisches Hemd.« Er zögerte. »Für

alle Fälle, Sir.«

Als er die Kajüte verlassen hatte, sagte Herrick: »Ich werde Sie begleiten.«

»Major Clinton kennt sich in derlei Dingen besser aus. Sie stehen mir zu nahe, Thomas.« Er dachte an Allday. »Es ist besser so.«

Browne kam völlig außer Atem zurück. »Der Arzt ist auf dem Wege, Sir.«

»Gut. Sorgen Sie für ein Boot und – falls erforderlich – für einen Wagen.« Er schloß die Augen, als der Schmerz ihn wieder packte. Wäre Herricks Botschaft nicht gewesen, säße er jetzt noch in London. Und wenn es unterwegs irgendwelchen Aufenthalt gegeben hätte, wäre der Termin für das Duell verstrichen. Falls wirklich Damerum dahinterstand, hätte er sich dann an Roches Sieg weiden können. Er sagte sehr beherrscht: »In meiner Kassette liegt ein Brief, Thomas.« Er sah, wie Herricks Augen sich weiteten. »Ich bin ein Feigling. Ich hätte Adam über den Tod seines Vaters aufklären sollen. Es steht alles in dem Brief. Geben Sie ihn Adam, wenn ich heute falle.«

Herrick schrie beinahe: »Sie durften es ihm nicht sagen, Sir! Sonst hätten Sie zugeben müssen, daß Sie einen Verräter verbargen. Ihr Bruder wäre verhaftet worden, und Pascoe hätte ihn eines Tages hängen gesehen.«

»Das habe ich mir auch gesagt, Thomas. Vielleicht war aber auch das eine Lüge. Ich hatte wahrscheinlich Angst, daß Pascoe mich wegen des Betruges hassen würde. Denn das war es wohl in Wirklichkeit.«

Der Arzt trat ein und starrte Bolitho an wie ein erzürnter Faun. »Bei allem Respekt, Sir, aber wollen Sie unbedingt sterben?« Herrick sagte finster: »Halten Sie den Mund, und tun Sie das Notwendige.« Auf dem Wege zum Türvorhang setzte er noch hinzu: »Sie könnten ebensogut versuchen, einen angreifenden Bullen aufzuhalten.«

Aber in seiner Stimme war kein Humor, und noch lange, nachdem er den Raum verlassen hatte, hingen seine Worte in der Luft.

Major Clinton sagte: »Es ist wohl das beste, wenn wir hier halten, Sir.« Er schaute durch das schmale Wagenfenster. »Wie rücksichtslos, diese Dinge an solch einem Ort auszutragen!«

Bolitho kletterte aus dem Wagen und spähte zum Himmel. Es

war fast acht Uhr, aber das Licht immer noch mäßig.

»Ich schaue mich nach dem Sekundanten des Burschen um, Sir. Es wird nicht lange dauern.« Aber Clinton zögerte. »Wenn Sie wirklich entschlossen sind, Sir?«

»Das bin ich. Und denken Sie daran: Beschränken Sie Ihre Bemerkungen zu Roches Sekundanten auf ein Minimum.«

Clinton nickte. »Ich werde es nicht vergessen, Sir. Genau wie Sie befohlen haben, obwohl ...« Er beendete den Satz nicht.

Bolitho legte seinen Hut auf den Wagensitz und zog den Umhang fester um sich. Einzelheiten fielen ihm auf: Spatzen, die nach Futter suchten; der dick eingemummelte Kutscher, der bei seinen Pferde stand und ihre Köpfe hielt, um sie zu beruhigen, wenn die ersten Pistolenschüsse fielen; und daß seine Hände feucht waren.

So ähnlich mußte einem zum Tode Verurteilten zumute sein, dachte er flüchtig. Als ob er die Zeit anhalten könne, wenn er sich auf die kleinen, alltäglichen Dinge konzentrierte.

Clinton kam mit grimmiger Miene zurück. »Sie erwarten uns, Sir.«

Bolitho schritt neben ihm durch das nasse Gras zu einer kleinen Lichtung, hinter der – wie Clinton erklärte – ein Sumpf lag.

Clinton sagte: »Die Pistolen sind geprüft und akzeptiert.«

»Was hat er gesagt, das Sie so verärgert hat, Major?«

»Verdammte Frechheit! Als ich ihm sagte, daß Mr. Pascoe in See gehen mußte und ein anderer Marineoffizier der Familie an seine Stelle treten würde, lachte er und sagte: ›Das wird weder sein Leben noch seine Ehre retten‹.

Bolitho sah zwei Wagen, die diskret unter einigen Bäumen standen. Der eine war der seines Gegners, der andere zweifellos der eines vertrauenswürdigen Arztes. Er beobachtete, wie Roche und sein Sekundant zielbewußt auf sie zuschritten. Roche war ein imponierend aussehender Mann, der selbstgefällig und zuversichtlicht einherstolzierte.

Sie standen einander gegenüber, und Roches Sekundant sagte scharf: »Sie machen jeder fünfzehn Schritte, drehen sich um und feuern. Wenn keiner fällt, tritt jeder fünf Schritte vor und feuert wieder.«

Roche entblößte grinsend die Zähne. »Lassen Sie uns endlich anfangen. Ich brauche einen Drink.«

Bolitho musterte die beiden offenen Kästen der Duellpistolen und hatte lediglich den einen Gedanken, daß es für einen geübten Schützen leichter war, seinen Gegner zu töten, wenn er beide Pistolen auf einmal benutzte.

Er sagte: »Nehmen Sie meinen Umhang, Major«, und bemühte sich, nicht in Roches Gesicht zu schauen, als er den Umhang von den Schultern warf. Im grauen Morgenlicht, vor den kahlen, triefenden Bäumen, hob sich seine Uniform malerisch ab: die blitzenden Epauletten, der Goldstreifen auf seinem Ärmel, die Knöpfe, von denen einer – auf seinem anderen Rock – ihn fast das Bein gekostet hätte.

Schließlich wandte sich Bolitho um und sah Roche ins Gesicht. Das hatte sich völlig verändert. Statt der höhnischen Vorfreude auf einen weiteren Erfolg stand jetzt darin Verblüffung.

»Nun, Mr. Roche?«

»Aber – aber ich kann doch nicht...«

»Mit einem Konteradmiral kämpfen? Entscheidet der Dienstgrad, wer leben oder sterben soll, Mr. Roche?«

Bolitho nickte Clinton zu, dankbar dafür, daß er – wenigstens nach außen – seine Gefühle beherrschte.

»Lassen Sie uns endlich weitermachen.«

Er hörte Roche stammeln: »Sag' ihm, John, daß ich zurückziehe.«

Bolitho nahm zwei langläufige Pistolen aus dem Kasten und spannte sie. Sein Herz schlug so stark, daß er meinte, Roche und die anderen müßten es hören. Er sagte: »Ich aber nicht.« Damit drehte er sich um und wartete, die Mündungen zum Himmel gerichtet. Wenn Roche sich entschied, die Sache durchzusetzen, war er in etwa drei Minuten tot.

Der Sekundant räusperte sich. Sonst war jetzt kein Ton zu hören, selbst die Spatzen verhielten sich still.

»Fünfzehn Schritte! Los!«

Bolitho nahm sich eine Ulme als Richtpunkt und ging Schritt vor Schritt langsam auf sie zu.

Adam hätte in diesem Augenblick das Gleiche getan. Und hätte Roche ihn durch Zufall beim ersten Schußwechsel verfehlt, hätte ihn die zweite Kugel bestimmt getötet. Diese paar Schritte vorwärts, nachdem ein berufsmäßiger Duellant ihn verfehlt hatte, hätten sein restliches Selbstvertrauen vernichtet. »Dreizehn... vierzehn... fünfzehn!«

Bolithos Schuhe quietschten im Gras, als er sich umdrehte und den rechten Arm senkte. Über den glatten Lauf sah er deutlich Roches Hand und erkannte, daß seine Arme herunterhingen und die Pistolenmündungen auf die Erde zeigten.

Roche rief heiser: »Ich kann nicht auf Sie schießen, Sir! Bitte!«

Sein Sekundant, der es gewohnt war, daß umgekehrt das Opfer Roche anflehte, bevor er es niederschoß, wandte sich erstaunt zu ihm um.

Bolitho hielt die Pistole weiter auf ihn gerichtet, obwohl sie ihm so schwer wie ein Kanonenrohr vorkam.

Er sagte: »Wenn Sie mich erledigen, Mr. Roche, glauben Sie, daß dann derjenige, der Sie dafür bezahlte, meinen Neffen zu töten, zu Ihnen halten wird? Bestenfalls wird man Sie auf Lebenszeit deportieren. Aber ich schätze, daß viele alles darum gäben, Sie am Galgen baumeln zu sehen, wohin ein gemeiner Verbrecher wie Sie auch gehört.«

Die Pistole in Bolithos Hand wurde so schwer, daß er sich wunderte, wie ruhig er sie trotzdem hielt. Er rief: »Wenn ich andererseits Sie töte, ist die Sache erledigt, denn Ihr Auftraggeber wird kaum zugeben, daß er daran beteiligt war.«

Der Sekundant rief unsicher: »Ich muß doch bitten, meine Herren!« Ein Taschentuch erschien über seinem Kopf. »Wenn ich dieses Tuch senke, feuern Sie!«

Bolitho nickte. »Ich bin bereit.«

Roches Umriß wurde schmaler, da er Bolitho jetzt die rechte Seite zuwandte. Er hob die Pistole, die nun genau auf Bolitho zeigte.

Es hatte nicht gewirkt. Wie lange noch? dachte er. Drei Sekunden?

Das Taschentuch bewegte sich, und im gleichen Augenblick fiel Roche auf die Knie und warf beide Pistolen ins Gras.

»Bitte! Bitte, haben Sie Erbarmen!«

Bolitho ging langsam auf ihn zu, wobei ihm jeder Schritt durch seine schmerzende Wunde Qualen bereitete. Aber der Schmerz stachelte ihn eher an, als daß er ihn lähmte. Er ließ den Blick nicht von dem knienden, wimmernden Leutnant, bis er weniger als einen Meter von ihm entfernt stand.

Roche hatte aufgehört zu stammeln und blickte starr in die schwarzen Mündungen.

Bolitho sagte eiskalt: »Ich habe bessere Männer als Sie aus geringerem Anlaß sterben gesehen. Mein Neffe, den Sie beleidigten und ohne Grund verhöhnten, hat Taten vollbracht, die Leute Ihres Schlages nicht einmal in der Zeitung zu lesen sich die Mühe machen. Sie widern mich an, und ich wüßte keinen zwingenden Grund, warum ich Sie noch einen Augenblick länger leben lassen sollte.«

Sein Finger straffte sich am Abzug, doch da hörte er Clinton ruhig sagen: »Wenn es Ihnen recht ist, Sir, lege ich die Waffen jetzt zurück.« Er nahm Bolitho die Pistolen aus den Händen und setzte hinzu: »Mr. Roches Heldentat wird bis zum Mittag in ganz Portsmouth bekannt sein. Und niemand kann sagen, wo die Geschichte morgen erzählt wird«, er drehte sich zu dem völlig niedergeschmetterten Roche um, »und zwar mit Genuß, worauf Sie Gift nehmen können!«

Bolitho nickte dem Sekundanten zu und begab sich dann zu seinem Wagen.

Clinton marschierte neben ihm, und sein Atem hing wie Dampf in der kalten Luft.

»Gesindel, Sir! Ich habe trotzdem Blut und Wasser geschwitzt.«

Bolitho sah hinunter auf die Blutspur auf seiner Kniehose. In dem trüben Licht wirkte sie wie ein Farbfleck.

»Ja, Major. Gesindel. Aber das Schlimme war: Ich wollte ihn töten. Wenn Sie nicht gewesen wären . . .« Er schüttelte den Kopf. »Nun werde ich nie wissen, ob ich es getan hätte.«

Clinton lächelte erleichtert. »Er auch nicht, Sir.«

XIV Belinda

Edmund Loveys, Schiffsarzt der *Benbow*, straffte die schmalen Schultern und betrachtete Bolitho so vorwurfsvoll, wie seine Dienststellung es erlaubte.

»Sie haben all meine Mühe fast zunichte gemacht, Sir.« Er bückte sich und tupfte die offene Wunde mit einem Lappen ab, wobei er seinen Ärger kaum verbergen konnte. »Es grenzt an ein Wunder, daß Sie bei Ihrem Ritt keinen Wundbrand bekommen haben; von dem, was beim Duell passieren konnte, ganz zu schweigen.«

Bolitho legte sich auf der Sitzbank unter den Heckfenstern zurück und blickte durch die salzverkrusteten Scheiben. In dem

Maße, wie er seine Gefühle wieder unter Kontrolle brachte, erkannte er die Torheit seiner Tat. Er hatte London verlassen, ohne die Admiralität zu informieren. Sogar jetzt noch konnte eine Konferenz zusammengerufen werden, um die künftige Strategie zu besprechen. Außerdem hatte er sein Beauchamp gegebenes Versprechen gebrochen, als er Roche zum offenen Kampf stellte. Doch selbst das war ihm im Augenblick unwichtig erschienen.

Er sagte: »Ich bitte um Entschuldigung, aber es war wichtig.«

Loveys schmollte. »Das habe ich längst gehört, Sir. Die Geschichte von Ihrem Duell mit Leutnant Roche ist in ganz Portsmouth bekannt.«

Bolitho setzte sich langsam auf. Das war zu erwarten gewesen. Derlei Dinge blieben in der Marine nicht lange geheim.

Er sah auf seinen Schenkel nieder, auf das fahle Fleisch um den dicken Verband, den Loveys wieder einmal anlegte. Seltsam, dachte er, als junger Leutnant hatte er es nie für möglich gehalten, daß ein Kapitän oder gar ein Flaggoffizier auch sterblich war; nun saß er hier, nackt wie am Tag seiner Geburt, nur mit einer Decke über den Schultern. Herrick hatte öfter nach ihm gesehen als nötig, und das wohl vor allem, um ihn bei guter Stimmung zu halten. Die *Benbow* war fast wieder einsatzbereit. Ihre Lasten, Magazine und Wassertanks waren bis oben gefüllt, aber Herrick hatte noch eine Menge zu tun. Neue Leute mußten verpflichtet und vereidigt werden, ein Leutnant namens Oughton war eingetroffen, der Pascoe ersetzen sollte – all diese Dinge gingen eigentlich nur Herrick an, er trug sie aber Bolitho vor, um ihn vom Grübeln abzuhalten.

Bolitho fragte sich, wie Pascoe wohl auf der *Relentless* zurechtkommen mochte. Die Fregatte mußte jetzt gerade aus dem Kanal in die Nordsee segeln. Es war eine andere Welt auf solch einem Schiff, aber Pascoe würde bald dazugehören. Schade, daß er ihn vor dem Auslaufen nicht mehr hatte sehen können. Er hatte es sogar verpaßt, die Fregatte Segel setzen zu sehen, weil er gerade zu der Zeit seinen Plan schmiedete, wie er Roche bluffen oder – seiner heroischen Geste wegen – sterben würde.

Loveys sagte: »Versuchen Sie, jetzt etwas zu ruhen, Sir, sonst werden Sie zeitlebens hinken, wenn nicht noch Schlimmeres eintritt.«

»Verstehe. Vielen Dank.«

Bolitho kam stöhnend auf die Füße. Ozzard stand mit dampfendem Kaffee bereit und verzog keine Miene – das hatte er inzwischen gelernt –, als Bolitho einige Schritte zum Tisch taumelte. Die Wunde brannte wie Feuer, als wäre er doch bei dem Duell getroffen worden.

Er fragte sich, was Allday jetzt wohl machte. Er hätte inzwischen mit dem geborgten Wagen in Portsmouth sein müssen. Wieder sah er sein flehendes Gesicht vor sich und fühlte, daß er ihn hier brauchte, und sei es nur, um ihn aufzuheitern und ihm zu beweisen, daß er wirklich noch lebte.

Herrick trat ein und registrierte Bolithos Nacktheit, ohne sich etwas anmerken zu lassen.

»Ich möchte unseren Ankerplatz morgen nach Spithead verlegen, Sir, sobald wir die Proviantübernahme beendet haben. Der Wind ist günstig, und ich mag nicht länger im Innenhafen liegen.«

»Dann benachrichtigen Sie den Hafenadmiral, Thomas. Ich würde gern möglichst bald zum Geschwader zurückkehren. Hier hält mich nichts mehr.« Er besann sich im gleichen Augenblick. »Verzeihen Sie, ich habe nur an mich selber gedacht.« Er zuckte die Achseln. »Wieder einmal.«

Herrick lächelte. »Verstehe. Ich habe zwar noch nie im Leben ein solches Glück erlebt wie mit Dulcie, aber ich will es nicht konservieren, indem ich hierbleibe. Ein neues Jahr ist angebrochen, vielleicht bringt es den Frieden. Zwar deuten alle Anzeichen darauf hin, daß der Feind sich wieder in den Kanalhäfen sammelt, aber Ihre Gefechte mit Ropars und der *Ajax* haben einen gleichzeitigen Angriff aus der Ostsee zumindest verzögert, wenn nicht vereitelt. Selbst die undankbaren Tölpel in der Admiralität müßten das erkennen.«

Bolitho nippte an seinem Kaffe und bedachte, was ihre Freundschaft schon alles überdauert hatte.

»Für uns wird es wieder Blockade- und Patrouillendienst geben, Thomas. Zumindest bis das Eis schmilzt und der Zar entscheidet, auf welche Seite er sich schlagen will.«

Als Bolitho hörte, wie jemand von der Hütte aus ein Boot anrief, trat er – unbekleidet wie er war – auf die Heckgalerie hinaus.

Es war der Kutter der *Benbow* mit einigen undefinierbaren Säkken, ein paar kleinen Fässern, zwei verschreckt aussehenden Männern, die ihnen die örtliche Obrigkeit wohl zuschieben wollte, anstatt sie zu hängen oder zu deportieren, und schließlich, auf dem Hecksitz, Allday.

Bolitho atmete auf. Er hatte sich – die umgestürzte Kutsche noch immer vor Augen – Sorgen um ihn gemacht.

Von Browne indessen keine Spur. Er war den ganzen Vormittag in der Werft unterwegs gewesen, um den Stab des Hafenadmirals nach möglichen Befehlen aus London auszuquetschen.

Herrick trat heran und sagte: »Allday weiß bestimmt schon Bescheid, er grinst ja übers ganze Gesicht.« Etwas ernster setzte er hinzu: »Hoffentlich gibt es keine weiteren Attacken gegen Sie, Sir.«

»Die werden kommen, Thomas. Aber jetzt gegen mich, nicht gegen Adam.« Seine Hand zitterte. »Wenn ich mir vorstelle, was geschehen wäre, wenn Sie nicht so prompt gehandelt hätten, könnte mir übel werden vor Zorn. Es geht nicht mehr um diesen Killer, ich habe jetzt Damerum selber herausgefordert, weiß Gott!«

Man hörte Fußgetrappel auf dem Gang, und nach kurzem Anklopfen trat Allday in die Kajüte, das Gesicht vom Wind und Spritzwasser gerötet.

»Sie sind unversehrt, Sir! Ich wußte doch, daß Sie einen Trick in der Hinterhand hatten!«

»Sie sind ein Lügner, Allday, aber ich danke Ihnen«, er streckte impulsiv die Hand aus, »von Herzen.«

Herrick lächelte und dabei glätteten sich die Sorgenfalten in seinem Gesicht. »Haben Sie den Wagen heil zurückgegeben? Mr. Browne wird Ihnen einiges erzählen, falls Sie ihn zuschanden gefahren haben.«

Der Posten meldete von draußen: »Fähnrich der Wache, Sir!«

Midshipman Lyb trat ein und sagte: »Der Erste Offizier läßt fragen, Sir, ob er alle Boote außer den Verkehrsbooten einsetzen kann?« Dabei bemühte er sich, seine Augen von Bolithos Nacktheit fernzuhalten.

Bolitho dachte an seine eigene Kommandantenzeit. Es war erst zwei Jahre her, und er konnte sich gut an die internen Auseinandersetzungen auf seinen verschiedenen Schiffen erinnern. Wie hier um den armen Lyb, zum Beispiel. Er war zur gleichen Zeit wie Aggett in die Marine eingetreten und sogar etwas älter, und doch war Aggett vor ihm befördert worden und nahm nun den Platz des toten Leutnant Courtenay ein. Das war zwar nur ein winziges Problem im Vergleich zur Gesamtstrategie einer Flotte im Krieg, aber Lybs niedergeschlagenes Gesicht sprach Bände.

Herrick sagte zögernd: »Es ist noch ein bißchen zu früh, Mr. Lyb. Ich komme besser nach oben und schaue mir an, wie weit Mr. Wolfe ist.« Er griff nach seinem Hut. »Ich lasse Sie also in den Händen dieses Schurken, Sir.«

Die Tür schloß sich hinter ihm, und Allday sagte: »Ich fürchte, Mr. Lyb hatte die Frage des Ersten Offiziers falsch verstanden.«

Bolitho nahm das saubere Hemd, das Ozzard ihm reichte, und zog es über den Kopf. »Warum meinen Sie das?«

»Weil ich sie veranlaßt habe.« Allday sah einen Augenblick unsicher aus. »Ich wollte Ihnen etwas unter vier Augen sagen.« Er warf Ozzard einen Blick zu, der diesen zusammenschrumpfen ließ, bevor er den Raum verließ.

Bolitho befürchtete das Schlimmste. »Sie haben den Wagen doch kaputtgefahren?«

»Nein, Sir.« Allday spielte mit seinen vergoldeten Knöpfen. »Die Sache ist aber die: Kaum waren Sie und Mr. Browne weggeritten, erschien die Dame.« Auf Bolithos ungläubigen Blick hin bestätigte er: »Aye, Sir, *die* Dame.«

Bolitho schaute beiseite. »Erzählen Sie. Was hat sie gesagt?«

Allday antwortete: »Ich war durch Ihr Fortreiten so durcheinander, daß ich mich nicht mehr genau erinnere, Sir. Jedenfalls war sie sehr aufgeregt. Vor allem, weil Sie sie für herzlos halten mußten, wo Sie doch so viel wegen Ihres Neffen auf der Seele hatten. Als sie herausgefunden hatte, daß ich schon lange in Ihrem Dienst stehe, bombadierte sie mich mit derart vielen Fragen, daß ich kaum dazu kam, unsere Kisten zu packen.«

»Was haben Sie erzählt?«

»Zu viel, nehme ich an.« Allday wirkte plötzlich sehr entschlossen. »Am besten sage ich gleich alles, Sir: Ich habe sie mitgebracht. Zufällig trafen wir Mr. Browne, und der hat sie im ›George‹ untergebracht.« Er holte tief Luft. »Sie wartet dort auf Sie. Jetzt.«

Bolitho ließ sich auf einen Stuhl fallen und blickte auf seine Hände nieder. »Weiß sie über das Duell Bescheid?«

Allday strahlte: »O ja, Sir. Wir hörten schon einige Meilen vor Portsmouth davon. Mr. Roche muß eine Menge Feinde haben.«

Bolitho wußte nicht, was er sagen sollte. Belinda wartete hier in Portsmouth, um ihn zu sehen. Als sie gehört hatte, daß er unversehrt war, hätte sie umdrehen und nach London zurückfahren können, ohne ihn zu sehen. Wenn es nur Mitgefühl gewesen wäre oder normale Höflichkeit, hätte sie ihm wahrscheinlich eine kurze Nachricht geschickt, nicht mehr.

Er sagte: »Ich gehe an Land.«

»Du meine Güte, Sir, nicht so, wie Sie sind!« Allday grinste über das ganze Gesicht. »Sie ziehen besser vorher eine Hose an.«

Ozzard erschien auf Bolithos Ruf etwas zu schnell für jemanden, der sich angeblich außer Hörweite aufgehalten hatte. Aber Bolitho war zu durcheinander, zu besessen von der Angst vor einer möglichen Enttäuschung, daß er keine Notiz davon nahm.

Allday marschierte in der Kajüte umher und gab Anweisungen. »Den besten Uniformrock! Holen Sie den Hut mit den schwarzen Tressen, nicht den goldbestickten!«

Bolitho unterbrach seine Bemühungen, sich ordentlich anzuziehen. »Warum das?«

Allday betrachtete ihn ruhig. »Frauen sollen auf den Mann achten, nicht auf die Uniform.«

Bolitho schüttelte den Kopf. »Ich muß mich immer wieder über Sie wundern, Allday.«

Allday musterte ihn sorgsam. »So mag's gehen, Sir. Wenn Sie mir jetzt erlauben, hole ich die Bootsgäste.« Er trat beiseite, als Herrick zurückkam.

Herrick sagte: »Lyb hat alles mißverstanden, wie üblich.« Er erstarrte, als er Bolithos veränderte Erscheinung bemerkte. »Zum Teufel, Sir, Sie sehen ja richtig schick aus, wenn nur . . .« Er brach ab, und in seinen blauen Augen zeigte sich Verständnis. »Allday! Er hat mich weggelockt. Und ich weiß auch, warum!«

Bolitho nahm seinen Hut von Ozzard entgegen. Wie von Allday angeordnet, war es der einfache mit der schwarzen Kokarde und der schlichten Randeinfassung.

»Ich gehe jetzt zu ihr, Thomas.« Er sah Herrick forschend an. »Wahrscheinlich werde ich wieder einen Narren aus mir machen.«

Herrick sagte: »Das glaube ich nicht.« Er folgte ihm durch den Türvorhang. »Ich hatte so eine Vorahnung. Und das, obwohl ich die Dame noch gar nicht kenne. Aber ich kenne Sie und weiß jetzt auch, was Allday vorhatte. Der Rest war leicht zu kombinieren.« Er packte Bolithos Hand. »Viel Glück, Sir.«

Sie gingen hinaus auf das nasse Deck, Bolitho sehr vorsichtig, damit der Verband nicht verrutschte. Es schien ihm, als ob Loveys ihn vom Niedergang aus beobachtete und wahrscheinlich verfluchte, weil er seine Warnung nicht beachtete.

An der Fallreepspforte, wo die Wache angetreten war, um ihn beim Vonbordgehen gebührend zu ehren, während die Admiralsgig der *Benbow* ungeduldig in der auflaufenden Tide schaukelte, sagte Herrick ruhig: »Ich würde für Sie beten, wenn ich das könnte. Aber ich werde das Zweitbeste tun.«

Sie standen etwas entfernt voneinander und Bolitho lüftete seinen Hut vorschriftsmäßig zum Achterdeck mit der Flagge. Als er nach unten griff, um sicherzustellen, daß ihm sein Säbel beim Hinunterklettern nicht zwischen die Beine geriet, bemerkte er, daß Allday ihm sein altes Familienschwert an den Gurt gehängt hatte. Wenn es auf ein wenig Glück ankam, sollte man dem wohl ruhig nachhelfen.

Das Zimmer war sehr klein und lag im obersten Stockwerk des alten Gasthofes. Als Bolitho vor der Tür anhielt, um nach dem eiligen Aufstieg über drei Treppen Atem zu holen, überlegte er, daß Browne wohl seinen ganzen Einfluß und einige Bestechungsgelder benötigt hatte, um dieses Zimmer in der von Marine- und Heeresoffizieren überfüllten Stadt zu bekommen.

Er klopfte an die Tür und fühlte sich dabei völlig leer an Worten und üblichen Höflichkeitsfloskeln.

Die Tür öffnete sich, und da stand sie, bewegungslos, eine Hand an der Türkante, als sei sie noch unschlüssig, ob sie ihn einlassen oder die Tür wieder schließen solle.

»Kommen Sie herein.« Sie beobachtete ihn, wie er an ihr vorbeiging, und ihr Blick wanderte zu seinem Bein, als er zu dem kleinen Fenster hinüberhumpelte und auf die gegenüberliegenden Dächer schaute. »Ich habe schon Tee bestellt. Sie waren sehr schnell. Dabei war ich nicht sicher, ob Sie überhaupt kommen würden. Ob Sie kommen wollten.«

Bolitho sah sie forschend an, als sie ihm Hut und Mantel abnahm. »Es ist schön, Sie zu sehen. Ich habe viel über Sie nachgedacht. Mein Besuch in dem düsteren Haus in London tut mir heute noch leid. Aber ich wünschte so sehr, daß Sie mich besser kennenlernen.« Er versuchte zu lächeln. »Das war, wie wenn man in einem Sturm zu viele Segel setzt. Man kann alles dabei verlieren.«

Sie schob ihn zu einem Sessel am Kamin. »Ihr Mr. Allday hat mir eine Menge von Ihnen erzählt. Wenn es das gibt, daß ein

Mann seinen Herrn liebt, so ist Allday ein Beispiel dafür. Auf dem ganzen Weg hierher hat er erzählt. Ich habe den Verdacht, daß er damit ebenso seine eigenen Ängste beruhigen wollte wie meine.«

»Warum sind Sie gekommen?« Bolitho streckte die Hand aus, als wolle er sie besänftigen. »Verzeihung, das war ungeschickt. Entschuldigen Sie bitte meine Grobheit. Ich gäbe so viel darum, Ihnen zu gefallen, in jeder Hinsicht.«

Sie sah ihn ernst an. »Sie brauchen sich nicht zu entschuldigen. Sie haben nichts falsch gemacht, ich habe es nur nicht richtig verstanden. Vielleicht war ich zu stolz und zu sicher, daß ich meinen Weg ohne Hilfe anderer gehen könne. Jedes Lächeln, das man mir schenkte, erschien mir wie ein verstecktes Grinsen, jede Andeutung wie ein Handel. Und ich war sehr allein.« Sie strich sich die Haare aus dem Gesicht. Die kleine Geste war ebenso trotzig wie hilflos.

Sie sagte: »Erzählen Sie mir von Ihrem Neffen.«

Bolitho schaute in die lodernden Flammen. »Sein Vater wurde Verräter genannt, als er von der Marine weg und nach Amerika ging. Dort schlug er sich zu den Freibeutern, und ein grausames Schicksal wollte es, daß ich später von seinem Schiff gefangengenommen wurde. Hughs Fahnenflucht und sein Kampf gegen England haben meinen Vater umgebracht. Als ich dann hörte, daß mein Bruder bei einem Unfall in Boston ums Leben gekommen sei, empfand ich das nicht als Verlust. Und eines Tages erschien Adam, mein Neffe, aus dem Nirgendwoher, nur mit einem Brief seiner toten Mutter in der Hand. Er wollte einen Platz in seiner Familie. Meiner Familie. Er hat seinen Vater nie gesehen, und Hugh hat nichts von Adams Existenz gewußt.«

Ohne sich dessen bewußt zu werden, war Bolitho wieder an das schmale Fenster getreten und schaute auf den vom Wind gepeitschten Hafen und die vor Anker liegenden Schiffe hinaus.

»Aber mein Bruder war nicht tot. Er war geflüchtet und hielt sich lange verborgen, bis er zufällig mit einem Gefangenenschiff aufgebracht und ausgerechnet zu mir an Bord geschafft wurde. Er hatte sich mit dem Namen und der Uniform eines Toten getarnt, und damit hätte er in Australien ein neues Leben beginnen können.«

Er fühlte, daß sie ihn unverwandt ansah. Sie hielt die Hände im Schoß zusammengepreßt, als hätte sie Angst, etwas zu sagen und den Zauber dieser Stunde zu stören.«

»Aber es war mein Schiff, auf das er kam. Und sein Sohn diente darauf als Midshipman.«

»Ihr Neffe wußte nichts von alledem?«

»Nichts. Sein Vater fiel dann in einem Seegefecht. Er wurde getötet, als er sich zwischen Adam und eine französische Kugel warf. Das werde ich nie vergessen. Niemals.«

»Etwas davon hatte ich vermutet.« Belinda stand auf und faßte seinen Arm. »Bitte setzen Sie sich wieder. Sie müssen müde und erschöpft sein.«

Bolitho fühlte ihre Nähe, die Wärme ihres Körpers.

Er sagte: »Wenn ich nicht nach Portsmouth geritten wäre, lebte Adam jetzt nicht mehr. Mein Bruder tötete einen Mann, der beim Kartenspiel betrogen hatte. Der Bruder dieses Mannes will sich nun an mir rächen, mich vernichten, indem er die alten Geschichten wieder aufrührt und jene angreift, die mir am nächsten stehen.«

»Ich danke Ihnen, daß Sie mir das alles erzählt haben. Es ist Ihnen sicher nicht leichtgefallen.«

Bolitho lächelte. »Überraschenderweise war es leichter, als ich dachte. Wahrscheinlich mußte ich es einmal loswerden, mit jemandem teilen.«

Sie schaute auf ihre Hände nieder. Dabei fiel ihr langes Haar ganz langsam auf ihre Schultern, wie in einem Traum.

Sie fragte sehr ruhig: »Werden Sie es ihm nun erzählen?«

»Ja. Ich muß es tun. Obgleich . . .«

»Sie glauben, daß Sie seine Zuneigung verlieren?«

»Es mag sein, daß er mich für selbstsüchtig hält. Aber damals wäre es gefährlich gewesen. Wenn man Hugh erkannt hätte, wäre er gehängt worden. Aber erst wenn ich es Adam gesagt habe, werde ich wissen, warum ich das Geheimnis wirklich wahrte.«

Es klopfte leise, und ein Dienstmädchen trat mit einem Tablett ein. »Ihr Tee, Ma'am.« Sie warf einen schnellen Blick auf Bolitho und knickste. »Du meine Güte, Sir! Sie sah ihn genauer an. »Sind Sie nicht Kapitän Bolitho?«

Bolitho stand auf. »So ist es. Was kann ich für Sie tun?«

»Sie werden sich nicht erinnern, natürlich nicht, Sir.« Ihre Augen flehten. »Ich bin Mrs. Huxley.«

Bolitho wußte, daß es wichtig war, konnte sich aber nicht erinnern, warum. Dann, als ob ein Vorhang weggezogen würde, sah er wieder das Gesicht eines Mannes: bewegunglos, wie auf einem

Gemälde.

Ganz ruhig sagte er: »Natürlich erinnere ich mich: Ihr Mann war Quartermaster auf meinem Schiff, der *Hyperion.*«

Sie schlug die verarbeiteten Hände zusammen und sah ihn mehrere Sekunden lang an.

»Aye, Sir. Tom sprach oft von Ihnen. Sie haben mir nachher Geld geschickt. Das war sehr gütig von Ihnen. Da ich nicht schreiben kann, wußte ich nicht, wie ich Ihnen danken sollte. Sie sehen noch ganz genauso aus wie damals, als Sie die *Hyperion* nach Plymouth zurückbrachten.«

Bolitho ergriff ihre Hände. »Er war ein tapferer Mann. Wir haben damals eine Menge guter Seeleute verloren. Kommen Sie zurecht hier in Portsmouth?«

»Aye, Sir.« Sie schaute mit verschleiertem Blick ins Feuer. »Ich habe es in Plymouth nicht mehr ausgehalten. Immer schaute ich auf die See und wartete auf Tom, obwohl ich wußte, daß er tot war.« Sie raffte sich zum Gehen auf. »Ich mußte Sie einfach ansprechen, Sir, denn ich habe nie vergessen, was Tom über Sie erzählte. Durch diese Begegnung ist er mir jetzt wieder nahe.«

Bolitho blickte ihr noch nach, nachdem die Tür sich hinter ihr geschlossen hatte.

»Arme Frau.« Er sagte es mit Bitterkeit in der Stimme und wandte sich wieder zum Kamin. »Wie all die anderen, die allein zurückblieben.« Er brach ab, als er Belindas Gesicht im Feuerschein sah. Tränen rannen ihr die Wangen hinunter. Aber sie lächelte ihm zu und sagte mit Wärme: »Als ich hier saß und auf Sie wartete, überlegte ich, wie Sie wohl wirklich sind. Allday hat zwar eine Menge erzählt, aber ich glaube, diese Seemannsfrau hat mir mehr verraten.«

Bolitho ging hinüber zu ihrem Sessel und sah auf sie herab.

»Ich begehre Sie sehr. Wenn ich meine innersten Gedanken ausspräche, würde ich Sie sicher erschrecken. Wenn ich dagegen stumm bliebe, könnten Sie ahnungslos weggehen.« Er richtete sich straff auf, wie um seine nächsten Worte zu mäßigen. »Ich spreche nicht so zu Ihnen, weil Sie in Not sind, sondern weil ich Sie brauche, Belinda. Auch wenn Sie mich nicht lieben können: meine Liebe ist stark genug für uns beide.« Er fiel auf ein Knie nieder. »Bitte . . .«

Sie fuhr erschreckt auf. »Ihre Wunde! Was machen Sie da?« Er strich ihr mit einer Hand übers Gesicht und spürte ihre Tränen.

»Die kann warten. Im Augenblick fühle ich mich verletzbarer als auf meinem Achterdeck.«

Er sah, wie sie die Augen hob und ihre bisherige Abwehr fiel, als ob sie sich vor ihm entblöße.

Leise sagte sie: »Ich kann Sie lieben.« Dann legte sie den Kopf an seine Schulter und verbarg ihr Gesicht. »Es gibt einfach keine Rivalen, keine bösen Erinnerungen mehr.« Sie nahm seine Hand und öffnete sie in ihrer. »Ich bin nicht haltlos, aber meine Empfindungen beunruhigen mich selber.« Damit preßte sie seine Hand auf ihre Brust und hielt sie dort fest, während sie langsam den Blick zu ihm hob. »Spürst du es klopfen? Das ist meine Antwort.«

Unten im Gastzimmer saß Browne mit einem Glas Portwein vor sich auf dem Tisch und einem Packen Schriftstücke neben sich. Es wurde langsam dunkel. Angestellte entzündeten Kerzen oder trafen Vorbereitungen für die abendlichen Besucher, die mit dem Postwagen aus London kommen würden, und den üblichen Schub von Offizieren auf der Werft.

Browne schaute hin und wieder auf die hohe, würdevolle Uhr und lächelte in sich hinein.

Er saß hier schon seit Stunden. Aber was ihn betraf, wie auch die Schriftstücke, die *Benbow* und sogar den ganzen Krieg: Sie konnten alle noch eine Weile warten, bevor er das Paar oben stören ging.

XV Gebannte Geister

Seiner Majestät Linienschiff *Benbow* zerrte und stampfte heftig an der Ankertrosse, Gischt sprühte über seine Decks und Laufbrücken. Der Solent war mit weißen Wellenkämmen überzogen, und der Wind pfiff durch die Takelage und mühte sich, die festgezurrten Segel loszureißen.

Bolitho unterschrieb den letzten Brief und sah zu, wie sein Schreiber ihn zu den übrigen legte. Um ihn herum ächzten und stöhnten die hölzernen Spanten und Planken, als ob sie spürten, was die Verlegung ihres Ankerplatzes aus dem sicheren Hafen hinaus auf die Reede von Spithead bedeutete.

Yovell sagte: »Ich werde diesen Packen mit dem Boot an Land

bringen lassen, Sir.« Er musterte Bolitho neugierig von der Seite, als ob er von dessen verändertem Benehmen beunruhigt sei.

Yovell war nicht so beschränkt, daß er den Grund nicht erahnte. Zuerst hatte er geglaubt, es sei die Erleichterung über den Ausgang des Duells. Denn wenn Roche nicht gekniffen hätte, wäre Bolitho jetzt vielleicht tot gewesen, und das hätte Folgerungen für alle an Bord gehabt, auch für einen untergeordneten Schreiber.

Bolitho sagte: »Gut. Der Dienst auf See mag hart sein, aber er hat seine Vorzüge für Menschen, die es hassen, Berichte abzufassen, besonders solche, die nachher doch niemand liest.«

Es klopfte an die Tür, und Herrick trat ein. Seine Uniform schimmerte feucht vom Spritzwasser.

»Wir sind klar zum Ankerlichten, Sir. Sobald auch Sie soweit sind?«

Bolitho machte Yovell ein Zeichen, der daraufhin die Schriftstücke in eine Segeltuchtasche stopfte und eilends den Raum verließ.

»Sehr schön, Thomas. Wir werden zum Geschwader stoßen und wieder unsere alte Aufgabe übernehmen.« Bolitho tippte auf die Schublade seines Tisches: »Ich habe einen Haufen Instruktionen von Admiral Beauchamp erhalten. Er ist offenbar so sehr darauf bedacht, uns wieder hinaus auf See zu bekommen, daß er sich nicht einmal die Zeit nimmt, mich noch einmal zu sich zu bestellen.« Er lächelte etwas schief. »Aber ich darf mich nicht beklagen. Er ist mehr als geduldig gewesen.«

Herrick rief: »Geduldig, Sir? Nach all dem, was Sie geleistet haben? Das war doch das mindeste, was man erwarten konnte, meine ich.«

Bolitho rief nach Ozzard und sagte: »Ich freue mich über Ihre Loyalität, Thomas. Aber ohne unsere Erfolge und die Informationen über die dänischen Ruderkanonenboote, die ich in meinem Bericht geben konnte, hätte mich auch Beauchamps Einfluß nicht retten können.«

»Also zurück zum Geschwader!« Herrick beobachtete, wie Ozzard zwei Gläser Madeira einschenkte. »Es wird für Sie diesmal anders als sonst sein.«

Bolitho nickte. »Es war sehr nett von Ihrer Frau, daß sie so hilfreich einsprang.«

»Nett?« Herrick grinste. »Sie liebt es, arme Seefahrer und deren Angehörige zu bemuttern. So ist sie auch geradezu erpicht darauf, die Hochzeit meiner Schwester auszurichten.« Er wurde wieder ernst. »Die künftige Mrs. Bolitho ist wunderschön, Sir. Sie werden glänzend zueinander passen.«

Bolitho ließ seine Gedanken schweifen. Diese wenigen Tage hatten sein ganzes Leben verändert. Belinda hatte ihre Stellung bei der Richtersgattin aufgegeben und das Angebot von Mrs. Herrick angenommen, einstweilen zu ihr zu ziehen. »Aber nur wenn Sie erlauben, daß ich Ihnen als Gegenleistung im Haushalt helfe«, hatte sie gesagt.

Dulcie Herrick hatte gelacht. »Du meine Güte, Liebste, meine Einfälle und Launen werden Sie bald mürbe machen.«

Aber beide schienen von der Vereinbarung beglückt zu sein.

Bolitho hatte nur eine Sorge, die er aber unterdrückte: daß Belinda, wenn er erst einmal wochenlang, ja vielleicht monatelang in See war, ihre Entscheidung bedauern und wegziehen könne. Denn, wie Herrick gesagt hatte: sie war wunderschön und begehrenswert.

Als diese Befürchtung wieder in ihm aufstieg, sagte er, um sich abzulenken: »Ich bin dankbar und stolz, Thomas. Ich habe versucht, ihr das alles zu schreiben, aber es brauchte zwei Anläufe, bevor ich die rechten Worte fand. Trotzdem sind sie nichts im Vergleich zu dem, was ich für sie empfinde.« Er sah seinen Freund an. »Ich rede wie ein verliebter Seekadett, aber es hat mich eben gepackt.«

Herrick trank sein Glas aus. »Man sieht es Ihnen an, Sir, aber es steht Ihnen gut.« Er erhob sich. »Sobald das Boot zurückkommt, können wir ankerauf gehen.« Am Schott blieb er noch einmal stehen. »Es beruhigt mich irgendwie, daß die beiden einander Gesellschaft leisten, während wir bei diesem verdammten Blockadedienst sind.«

Bolitho saß noch lange gedankenverloren da. Es gab eine Menge, von dem Herrick nichts wußte. Zum Beispiel, daß Damerum wieder das Oberkommando auf ihrer Station hatte, und daß bei ihm die Entscheidung lag, wo Bolithos Geschwader postiert wurde. Nein, es war besser für Herrick, wenn er so lange wie möglich davon verschont blieb. Wer sich stets nach einem feindseligen Vorgesetzten umschauen mußte, statt seine volle Aufmerksamkeit dem Feind zu widmen, begab sich in Lebensgefahr.

Zwei Stunden später, als ihr großer Anker vom Grund loskam,

trieb die *Benbow* zunächst mit flatternden Segeln leewärts, bis sich die Leinwand füllte und das Ruder Wirkung zeigte. Danach pflügte sie mit dichtgeholten Brassen und Schoten verächtlich durch das erste tiefe Wellental.

Bolitho stand in Lee auf dem Achterdeck und achtete weder auf die überkommenden Spritzer noch auf die eifrig hin und her rennenden Matrosen. Er ließ sich ein Teleskop vom Midshipman der Wache geben und suchte damit langsam die Befestigungsanlagen von Portsmouth ab. Sie schimmerten, als wären sie aus Metall und nicht aus Stein, und lagen schon weit zurück, außer Reichweite ihrer Kanonen.

Etwas bewegte sich am Rande des Objektives, und er stellte die Sehschärfe genau darauf ein.

Sie war es, aber zu weit weg, als daß er ihr Gesicht erkennen konnte. Doch sie trug denselben blauen Umhang wie in der umgestürzten Kutsche und winkte mit ihrem Kopftuch; ihr Haar wehte frei im Wind.

Bolitho ging ein paar Schritte weiter nach achtern, als eine vorspringende Mauer des Forts sie seinen Blicken zu entziehen drohte. Er kletterte sogar die Treppe zum Hüttendeck hinauf und winkte – das Glas immer noch vor dem Auge – mit seinem Hut, obwohl es unwahrscheinlich war, daß sie ihn sehen konnte.

Als er wieder an die Finknetze trat, war der Abstand zum Ufer schon so groß geworden, daß der kleine blaue Punkt mit dem kastanienbraunen, wehenden Haar darüber nicht mehr zu erkennen war. Die Erinnerung an ihr letztes Beisammensein, an ihren willigen Körper in seinen Armen, überkam ihn. »Belinda…«

Leutnant Speke wandte sich ihm beflissen zu. »Verzeihung, Sir?«

Bolitho hatte nicht bemerkt, daß er ihren Namen laut ausgesprochen hatte. »Nichts, Mr. Speke.«

Herrick, der ihn ebenfalls gehört hatte, wandte sich ab, um ein Lächeln zu verbergen und dem Schicksal zu danken, das Bolitho ein so unerwartetes Glück geschenkt hatte.

Der alte Grubb bemerkte indessen nichts von alledem. Er schnaubte sich geräuschvoll die Nase und brummte: »Schöner Wind. Wie ich's vorausgesagt habe. Läuft alles bestens.«

Drüben, auf dem gischtübersprühten Festungswall, rief Dulcie Herrick: »Kommen Sie herunter, meine Liebe, Sie erkälten sich sonst noch auf den Tod!«

Sie hatte selber das heftige Verlangen gehabt, dem Schiff zuzuwinken, als es Segel setzte und majestätisch Fahrt aufnahm, aber aus ihrer erst kurzen Erfahrung wußte sie, daß die Männer an Bord in diesem Augenblick alle Hände voll zu tun hatten und nur wenig Muße, an die Zurückbleibenden zu denken.

Die junge Frau drehte sich um und schaute zu ihr herunter. In ihren braunen Augen standen Tränen. »Haben Sie die Matrosen singen gehört?«

»Ja, einen Shanty. Das rührt auch mich immer, und heute ganz besonders.«

Belinda stieg die Steinstufen herunter und hakte sich bei Dulcie ein.

»Es gibt noch so vieles, was ich wissen möchte, über ihn und seine Welt.« Sie drückte den Arm ihrer Begleiterin und setzte hinzu: »Ich war ja so dumm, Dulcie. Beinahe hätte ich ihn verloren.«

Die Tage, die der Rückkehr der *Benbow* zum Geschwader folgten, waren lediglich durch ihre Ereignislosigkeit und Eintönigkeit bemerkenswert. Als die Tage sich zu Wochen dehnten und Bolithos von Wind und Wetter mitgenommenen Schiffe immer wieder ihre endlosen Patrouillenkurse segelten, schien es vielen von ihnen, als wären sie die einzigen Lebewesen weit und breit und von der übrigen Welt völlig vergessen.

Sogar die Korvette und die flinke Fregatte fanden wenig Meldenswertes. Nichts bewegte sich am Eingang zur Ostsee, weder hinein noch heraus, und nur indem sie ihre Besatzungen ständig beschäftigten und mit Wettbewerben anspornten, konnten die Kommandanten die Disziplin an Bord aufrechterhalten.

Bolitho entließ jeweils ein Schiff zu einem kurzen Besuch im Heimathafen. Wenn wieder eines das kleine Geschwader verließ, begannen die übrigen, die Tage bis zu seiner Rückkehr und ihrer eigenen Ablösung zu zählen.

Relentless hatte als die größere der beiden Fregatten um Skagen herum und ins Kattegatt hinein aufzuklären. Sobald sie Kontakt mit dem Flaggschiff hatte, was selten genug und meist nur über die *Styx* oder die Korvette *Lookout* möglich war, fragte sich Bolitho, wie es wohl seinem Neffen ging, und ob er noch immer über das Duell und den Anlaß dazu nachgrübelte.

Das letzte Schiff, das von seiner kurzen Ruhepause in einem englischen Hafen zurückkehrte, war Kapitän Inchs Vierundsechziger *Odin*. Als Bolitho vom Achterdeck beobachtete, wie der Zweidecker sich dem Geschwader näherte, hatte er das unbestimmte Gefühl, daß dies einstweilen der letzte Urlauber gewesen war. Es überraschte ihn daher nicht, als er Oughton, den neu ernannten Leutnant, rufen hörte: »Signal von *Odin*, Sir. Kommandant bittet, zu Ihnen an Bord kommen zu dürfen.«

Herrick trat an Bolithos Seite. »Da bin ich aber neugierig, was er uns für Neuigkeiten bringt, Sir!«

Bolitho betrachtete einige wachfreie Matrosen auf der Luv-Laufbrücke. Sie waren inzwischen so abgehärtet, daß die meisten mit nackten Armen und einige sogar barfuß dastanden. Auch sie waren begierig auf Neuigkeiten: ob die Blockade abgeblasen wurde, ob der Krieg zu Ende war, ob die Franzosen gelandet waren.

Bolitho sagte: »Was er uns auch bringt, Thomas, Inch kann offenbar kaum abwarten, es uns mitzuteilen. Wenn er noch mehr Tuch gesetzt hätte, würde er sich die Masten absegeln.«

Beide lächelten. Inch hatte noch nie einen besonderen Ruf als Seemann gehabt. Aber sein Mut und seine unbedingte Treue machten das – und vieles mehr – wieder wett.

Die *Odin* hatte inzwischen bereits in den Wind gedreht, und ihre Stagsegel schlugen wild, als Inch durch Backbrassen des Vortopps die Fahrt aus dem Schiff nahm.

Wolfe sagte: »Ein Boot ist zu Wasser, Sir.« Er warf dem nächststehenden Bootsmannsmaaten einen Blick zu. »Fallreepsgäste auf Station!«

Herrick murmelte: »Hoffentlich bringt er was Vernünftiges. Wir haben jetzt März und sind einer Lösung nicht näher als im letzten September, als wir Spithead verließen.« Er ließ den Blick über sein Schiff schweifen und setzte hinzu: »Aber wir haben uns immerhin einen Namen gemacht.«

Inch kletterte durch die Fallreepspforte. Sein Hut saß schief, und sein Pferdegesicht war zunächst den Fallreepsgästen und den salutierenden Seesoldaten zugewandt. Dann sah er Bolitho und Herrick und lief fast auf sie zu. Bolitho lächelte. »Sachte, die Leute denken sonst, wir müssen flüchten.«

Inch ließ es zu, daß er erst nach achtern in die Kajüte geführt wurde, bevor er berichten konnte. »Wir ziehen eine große Flotte zusammen, Sir. Den Oberbefehl hat Admiral Sir Hyde Parker. Er soll in den Öre-Sund vorstoßen und Kopenhagen angreifen.«

Bolitho nickte. So etwas Ähnliches hatte Beauchamp angedeutet. Nach der Atempause, die das Eis in der Ostsee den zerstreuten Kräften der Marine gewährt hatte, wurde es jetzt bald Zeit zum Handeln. Bevor Zar Paul die Streitkräfte der Schweden, Dänen und Preußen mit seinen eigenen zu einem Generalangriff gegen England vereinigen konnte, war es dringend erforderlich, die schwächste Macht, und das war zweifellos Dänemark, durch einen kräftigen Schlag zu beeindrucken.

Bolitho empfand deswegen keinerlei Genugtuung. Er erinnerte sich an die mit grüner Patina bedeckten Kirchtürme, die freundlichen Menschen und die eleganten Gebäude der Stadt.

Herrick fragte: »Wer ist Hyde Parkers Unterbefehlshaber?«

Inch schien verwirrt. »Das verstehe ich nicht: Vizeadmiral Nelson.«

Herrick schlug die Hände zusammen. »Typisch! Nelson, dem seine Leute bis in die Hölle folgen würden, wenn er es verlangte, muß unter Hyde Parker dienen.«

Bolitho sagte nichts dazu, wußte aber, was Herrick meinte. Man hatte also den Volkshelden Nelson nahezu dafür bestraft, daß er gesiegt hatte. Hyde Parker war zwanzig Jahre älter als Nelson und sehr reich. Das war aber auch schon alles, was Bolitho über ihn wußte. Und daß er eine junge Frau hatte, die gut seine Tochter hätte sein können und in der Flotte ziemlich respektlos ›Batter-Pudding‹ genannt wurde.

Inch zog einen länglichen Umschlag aus der Innentasche seines Uniformrocks und übergab ihn Bolitho.

»Die Befehle, Sir.« Er schluckte ein paarmal, und seine Blicke schienen das schützende Siegel durchdringen zu wollen. »Jedenfalls der Teil, der uns betrifft.«

Herrick nahm das Stichwort auf. »Kommen Sie mit in meine Kajüte, Francis. Wir wollen zusammen ein Gläschen trinken, und dabei können Sie mir den neuesten Klatsch erzählen.«

Bolitho setzte sich langsam und schlitzte den Umschlag auf.

Alles war sauber und peinlich genau dargelegt, und er hörte fast Beauchamps trockenen Tonfall, als er die von ihm diktierte Liste der beteiligten Schiffe durchlas, darunter einige berühmte Namen und viele, mit denen er schon mehrmals zusammengetroffen war. Wie auch mit ihren Kommandanten. Als Seekadetten, als Leutnants, später als erfahrene Kapitäne. Es war eine gewaltige Flotte, aber wenn man dem Feind Gelegenheit gab, seine Streitkräfte zu sammeln, würde Hyde Parkers Linienschiffen – einschließlich des Geschwaders unter Bolitho – dennoch eine dreifache Übermacht entgegenstehen.

Er versuchte sich zu erinnern, was er in Kopenhagen gesehen und gehört hatte: von Sperrschiffen und schwimmenden Batterien; von kleinen, mit Mörsern oder Kanonen bestückten Ruder- und Segelfahrzeugen. Ihm war klar, daß dies kein harmloser Scharmützel werden würde, keine bloße Demonstration der Stärke, um einen möglichen Angreifer abzuschrecken. Diesmal würde es bitterer Ernst werden, und die Dänen würden mit gleicher Entschlossenheit antworten.

Er rief nach Ozzard, aber an seiner Stelle kam Allday.

»Es geht los, Allday!« Seltsam, wie leicht es fiel, sich mit ihm zu verständigen. »Würden Sie wohl Kapitän Herrick bitten, wieder nach achtern zu kommen?«

Allday nickte mit grimmigem Gesicht. »Aye, Sir.« Er warf einen Blick auf die beiden Säbel in ihren Halterungen an der Wand. »Und ich dachte, wir würden diesmal ungeschoren bleiben, Sir. Wir haben doch schon unseren Teil getan.«

Bolitho lächelte. »Hier gibt es keine Teile.«

Dann erklärte er Herrick und Inch den wesentlichen Inhalt der Befehle. Der Platz, den sie selber beim Angriff einnehmen würden, stand noch nicht fest. Admiral Damerum hatte das Kommando über das die Aktion deckende Geschwader und damit die Aufgabe, Schiffe mit Nachschub zu beschützen und das Eingreifen von französischen Schiffen zu verhindern, die vielleicht versuchten, den Blockadering zu durchbrechen und ihren Verbündeten zu Hilfe zu kommen. Es hatte nicht den Anschein, als käme der für sie vorgesehenen Rolle große Bedeutung zu.

Herrick sagte nach einer Pause. »Wir werden das Beste daraus machen.«

Inch war bestimmter. »Ein Jammer, daß Nelson nicht vorweg marschiert und unser Konteradmiral direkt dahinter.«

Herrick nickte ihm finster zu. »Auf dieses Worte trinke ich einen, Francis!«

Bolitho bemühte sich, ein Lächeln zu verbergen. Inchs Vertrauen in seine Fähigkeiten war umwerfend. »Die Flotte wird sich gegen Ende des Monats vor dem Nordausgang des Öre-Sunds versammeln.« Er versuchte, nicht an Belindas Gesicht zu denken und an das, was sie durchmachen mußte, wenn sich die Neuigkeit erst in England herumsprach. Ende des Monats hatte er gesagt. Das war in knapp zwei Wochen. »Was danach geschieht, hängt von Sir Hyde Parker ab.«

Bolitho stellte sich das enge Fahrwasser durch den Sund vor, mit der starken Batterie von Helsingör querab auf der dänischen Westseite. Wenn auch die schwedischen Batterien am Ostufer das Feuer eröffneten, mußten sie in diesem Kreuzfeuer augenblicklich in Stücke gerissen werden.

Inch sagte: »Ich würde gern auf mein Schiff zurückkehren, Sir.« Er sah plötzlich beunruhigt aus. »Ich habe noch ein paar Briefe für das Geschwader.«

Als die beiden Kommandanten gingen, hörte Bolitho Herrick fragen: »Wie geht es Ihrer Frau?«

»Hannah geht es gut, danke. Wir erwarten unser erstes Kind.« Der Rest wurde durch die sich schließende Tür erstickt.

Bolitho stand auf und ging ruhelos in der Kajüte auf und ab. Früher hatte sich niemand von ihnen viele Gedanken über die nächsten ein, zwei Tage hinaus gemacht, aber jetzt waren sowohl Herrick wie Inch verheiratet und bedachtsamer. Bolitho hielt vor den Heckfenstern an. Unter sich spürte er, wie sich das Rudergeschirr bewegte. Offenbar drehte Herrick das Schiff, um für die Gig der *Odin* Windschutz zu geben.

Das war es, was eine Admiralsflagge ausmachte, und was auch für seine Flagge am Kreuzmast galt: nicht daß er ein Geschwader ins Gefecht führte oder zu irgendeiner Aufgabe, die Gehorsam und Mut verlangte. Es ging um die Menschen. Um Männer mit Familie wie Herrick und Inch, die jedesmal ihren eigenen inneren Kampf auszufechten hatten, wenn ein Kriegsschiff Anker auf ging. Männer, die ihre Hoffnungen und Wünsche hatten und doch keine andere Wahl, als ihrem Befehlshaber zu vertrauen.

Er erinnerte sich plötzlich ganz deutlich an Belindas Worte, als sie einander das letzte Mal umarmt hatten: »Komm' gesund zu mir zurück, Richard. Mehr verlange ich nicht.«

Nun, diese Verantwortung trug er jetzt auch.

Er beobachtete, wie die Silhouette der *Odin* länger wurde, als die Fregatte wendete. Ihre Segel wirkten vor dem düsteren Hintergrund einer Wolkenbank und verzerrt durch die dicken Glasscheiben wie ein Paar Flügel.

Eine Stunde später, als das Geschwader wieder in eng aufgeschlossener Kiellinie segelte, kam Herrick wieder zu ihm. Bolitho stand noch immer am Heckfenster, die Hände auf das Süll gestützt, um sein schmerzendes Bein zu entlasten.

Bolitho erkannte Herricks Spiegelbild in der salzverkrusteten Glasscheibe und sagte: »Wir werden alle Kommandanten zusammenrufen, sobald wir wissen, was von uns erwartet wird. Ich möchte sie gern sehen, bevor wir ins Gefecht gehen. Machen Sie ein Signal an *Lookout*, daß sie die *Relentless* von ihrer Patrouille zurückruft.«

Herrick nickte. »Gleich als erstes, bevor es zu dunkel wird.« Er bemerkte Bolithos Unsicherheit. »Werden Sie es ihm sagen, Sir?«

Bolitho brauchte nicht zu fragen, wen er meinte. »Er hat ein Recht darauf. Adam trifft keine Schuld.«

Herrick sah ihn betrübt an. »Und Sie auch nicht, Sir.«

»Vielleicht nicht.« Er drehte sich um und sah ihn direkt an. »Nun verschwinden Sie aber, und setzen Sie das Signal. Hinterher essen wir zusammen zu Abend, ja?«

Als er wieder allein war, lauschte Bolitho an seinem Tisch auf die Stimmen des Schiffes. Spieren und Rahen, Spanten und Planken flüsterten miteinander in ihrer Sprache.

Dann zog er einen Bogen Papier aus der Schublade und nahm eine Feder aus dem Ständer, den Tregoye, der Schiffszimmermann, ein wortkarger Landsmann aus Cornwall, ihm geschenkt hatte. Bolitho erinnerte sich, wie sie ihn umarmt hatte und wie sie – wenn sie still bei ihm saß – die Hände im Schoß gefaltet hatte. Dann begann er zu schreiben:

›Meine liebste Belinda . . .‹

Wenn die Kurierbrigg noch vor dem Kampf bei ihnen vorbeischor, konnte Belinda den Brief bald lesen. Zu dem Zeitpunkt mußte für das Geschwader aber schon alles vorüber sein. Zumindest würde sie erfahren, was er in dem Augenblick gedacht hatte, als die *Benbow* an der Spitze des kleinen Geschwaders der abendlichen Dämmerung entgegensegelte . . .

Bolitho hörte die gedämpften Kommandos der Ehrenwache und wußte, daß ein weiterer seiner Kommandanten zur Besprechung an Bord gekommen war. Die Besprechung mußte kurz sein, denn angesichts so vieler Linienschiffe in ihrer Nähe, dazu zahlreicher Fregatten, Versorgungsschiffe und was sonst noch dazugehörte, konnten sie unmöglich irgendwo ankern.

Die letzte Woche war arbeitsreich, aber wenig aufregend gewesen. Nachdem sie einmal auf einen Schlachtplan festgelegt waren, so unklar er dem einfachen Matrosen oder Seesoldaten auch vorkommen mochte, machten sich die Leute doch entschlossen an die Vorbereitungen. Da galt es vor allem, durch Umstauen von Vorräten und Munition die Schiffe neu zu trimmen. Zu lange hatten sie darauf nicht mehr geachtet.

So lange Tageslicht herrschte, meldeten die Ausguckposten in den Masten immer neue Schiffe von Hyde Parkers Flotte, die sich für den ersten gefahrvollen Vorstoß in den Sund versammelte.

Es klopfte, und Bolitho hörte vor der Tür das Gescharre vieler Füße wie von Schauspielern, die hinter der Bühne auf ihren Auftritt warteten.

Browne schaute herein und sagte: »Alle zur Stelle, Sir.« Dann fiel ihm noch ein: »Der Wind ist gleichgeblieben. Mr. Grubb meint, er wird auch kaum umspringen.«

»Lassen Sie die Herren herein.« Bolitho ging zur Tür, um jeden seiner jungen Kommandanten mit Handschlag zu begrüßen: Veitch von der *Lookout* und Keverne von der *Indomitable*. Letzterer hatte sich trotz seiner neuen Würde kaum verändert. Noch immer hatte er das zigeunerhaft gute Aussehen wie damals, als er Erster Offizier auf Bolithos *Euryalis* gewesen war. Inch war da und natürlich auch Neale von der *Styx*, dem Kapitän Peel von der *Relentless* auf dem Fuße folgte. Als letzter kam, zusammen mit Herrick, Kapitän Valentine Keen von der *Nicator*. Mit ihm hatte Bolitho vor dem Kriege in Ostindien und später in der Südsee, wo er beinahe am Fieber gestorben wäre, vieles gemeinsam erlebt.

Bolitho schüttelte ihm herzlich die Hand. »Wie geht's?«

Keen wußte, daß Bolithos Frage einen Hintersinn hatte. Der vorige Kommandant der *Nicator* war ein Feigling und Lügner gewesen, und es wurde behauptet, daß die Kugel, die ihn im Gefecht getötet hatte, von einem seiner eigenen Leute abgefeuert worden sei. Die *Nicator* war damals ein Unglücksschiff gewesen, aber unter Keens Kommando hatte sie sich überraschend schnell zum Besseren verändert.

»Gut, Sir. Alles klar.« Ein Lächeln überzog Keens Gesicht. »Sie können sich auf mich verlassen.«

Herrick klopfte ihm auf die Schulter. »Genug geschwatzt, Val. Nach der Besprechung werden wir uns zu einem Gläschen zusammensetzen.«

Bolitho stand hinter dem Tisch und fing die Bewegungen des leicht schlingernden Decks mit den Knien auf. »Meine Herren, ich habe unsere endgültigen Direktiven bekommen.« Er sah, daß sie ihn beobachteten, aufmerksam, willig, bemüht, ihre Empfindungen zu verbergen.

»Unser Nachrichtendienst hat weitere Informationen über die Ruderkanonenboote oder Galeeren geliefert, die Kapitän Neale und ich schon bei unserem kurzen Ausflug in die Ostsee beobachteten.« Er sah einige lächeln. »Die Dänen haben mehr von diesen Schiffen, als wir ursprünglich annahmen, und zwar südlich von Kopenhagen. Sie sind für jedes Schlachtschiff, das langsamer ist und allein segelt, eine große Gefahr. Im übrigen führt Vizeadmiral Nelson den Hauptangriff auf die Verteidigungsstellungen, die verankerten Kriegsschiffe und alles, was die Dänen sonst noch für uns vorbereitet haben.«

Hyde Parker mußte ganz schön in Verlegenheit gewesen sein, als er zustimmte, daß sein Stellvertretender Befehlshaber den härtesten Teil der bevorstehenden Schlacht übernahm. Bolitho sah Neale seinen Freund Inch mit dem Ellenbogen anstoßen und schloß daraus, daß sie das gleiche dachten.

»Es steht fest, daß die dänischen Batterien bei Helsingör das Feuer eröffnen werden, sobald wir versuchen, in den Sund hineinzustoßen. Der schwedische Kommandeur der gegenüberliegenden Batterie hat sich nicht geäußert, aber wir müssen von der Voraussetzung ausgehen, daß er dem Beispiel folgt. Als ich in Kopenhagen war, hörte ich gerüchtweise, daß die Dänen planten, Bojen und sonstige Fahrwasserbezeichnungen wegzunehmen oder falsch auszulegen.«

Nun lachten sie nicht mehr. Ohne genaue Kenntnisse des Fahrwassers mußten sie sehr vorsichtig vorgehen. Wenn auch nur zwei Schiffe auf Grund gerieten, konnte ihr geordneter Vormarsch in einem Schlamassel enden, und das lange bevor sie überhaupt ihr Ziel erreichten.

Bolitho machte eine Pause und schaute noch einmal in die sauber geschriebenen Instruktionen. »Unser Geschwader wird im Schutz der Dunkelheit in die Enge einlaufen, die Befestigungen passieren und die Galeeren angreifen, bevor sie sich an unsere Hauptflotte heranmachen können.«

Er sprach betont langsam, um seine Erregung zu verbergen.

»Die Beiboote unseres Geschwaders werden unter der Führung je eines erfahrenen Offiziers oder Deckoffiziers vorwegrudern und das Fahrwasser ausloten. Wir werden die ganze Zeit engsten Kontakt halten und mit einem Minimum an Signalen auskommen. Es scheint mir sicher, daß wir in der Durchfahrt entdeckt werden, uns aber auf der schwedischen Seite des Fahrwassers halten und es den dänischen Geschützführern damit so schwer wie möglich machen. Bin ich verstanden worden?«

Die meisten nickten, nur Peel stand abrupt auf und fragte: »Wenn aber unsere Hauptflotte später von den dänischen Forts am weiteren Vormarsch gehindert wird, was wird dann aus uns?«

Bolitho sagte: »Fragen Sie mich das, wenn es passiert.«

Er mochte Kapitän Rowley Peel: erst sechsundzwanzig Jahre alt, hatte er schon einen guten Ruf als Kommandant einer Fregatte, obwohl er mehr wie ein Landwirt aussah als wie ein Seeoffizier. Das war auch keineswegs überraschend, dachte Bolitho, denn Peel stammte aus einer alten Grundbesitzerfamilie und hätte sich bei seinen Tieren und Gewächsen ebenso zu Hause gefühlt wie auf dem Achterdeck seiner Fregatte.

Peel grinste. »Aye, Sir. Mit Nelson am einen Ende der Linie und Ihnen am anderen sollten wir wohl überleben!«

Bolitho stützte den Kopf in die Hände und schaute nacheinander jedem ins Gesicht. »Jetzt unsere Gefechtsaufstellung: *Relentless* übernimmt als die größere unserer Fregatten die Spitze, mit *Lookout* dichtauf.«

Er wandte sich an Neale, dessen enttäuschten Gesichtsausdruck er übersah, und fuhr fort: »Sie folgen dem Geschwader, um Signale von der Flotte für uns und umgekehrt zu übermitteln.«

Wenn er Neale soeben kriegsgerichtlich verurteilt hätte, statt ihn vor den ersten gefährlichen Salven zu bewahren, hätte die Wirkung seiner Worte auf ihn nicht schlimmer sein können.

Einen Augenblick schweiften seine Gedanken ab: Die Aufgabe der *Relentless* war lebenswichtig für sie alle und kein anderes Schiff besser dafür geeignet. Aber als Damerum seine Vorschläge Admiral Hyde Parker unterbreitet hatte, war es ihm sicher schwergefallen, seine heimliche Genugtuung zu verbergen. Denn er hatte gewiß längst von der Kommandierung Pascoes auf die *Relentless* erfahren und wußte genau, wie gefährdet Bolithos Neffe auf diesem Posten sein würde.

Ein paar Fragen wurden noch gestellt und von Herrick oder

Browne beantwortet. Dann erschien Ozzard mit einem Tablett voller Gläser, und sie brachten den Toast auf den König aus.

Abschließend sagte Bolitho: »Die meisten von uns kennen einander seit vielen Jahren. Im Krieg ist das eine glückliche Fügung, denn in dem Kampf, der uns bevorsteht, zählt gegenseitiges Verständnis ebenso wie Schießkunst und Seemannschaft. Für mich ist es eine große Ermunterung zu wissen, daß ich unter Freunden bin.«

Herrick erhob sein Glas. »Auf uns!«

Danach verabschiedeten sie sich, jeder mit seinen Gedanken schon bei der Überlegung, wie er seiner Besatzung am besten erklären sollte, was von ihr erwartet wurde.

Herrick und Browne verließen die Kajüte, um die Kommandanten am Fallreep zu verabschieden. Nur Peel von der *Relentless* blieb verlegen zurück.

»Was ist, Kapitän Peel?«

»Sir, ich habe eigentlich kein Recht, darüber zu sprechen, aber Ihr Streit mit Admiral Damerum ist im Geschwader allgemein bekannt. Ich kann verstehen, warum dieses gefährliche Verfahren befolgt werden muß, und bin persönlich stolz, an der Spitze zu stehen, wenn wir angreifen. Da Sir Hyde Parker all seine Kanonen-Briggs und Bomber-Ketschen für den Angriff auf den Hafen von Kopenhagen braucht, müssen wir unseren Teil der Aufgabe erfüllen und die dänischen Galeeren vernichten.«

Bolitho nickte. »Das ist eine klare Zusammenfassung, Kapitän Peel.«

Peel sagte unbeirrt: »Es besteht aber nicht die Notwendigkeit, daß Ihr Neffe auf meinem Schiff bleibt, Sir. Nach allem, was vorgegangen ist, kann ich ihn austauschen.«

Bolitho sah ihn ernst an. »Ich danke Ihnen. Mir das zu sagen, muß Ihnen nicht leichtgefallen sein.«

Peel schluckte. »Mr. Pascoe ist für alle Fälle schon mit mir an Bord gekommen, Sir, um mit dem Flaggkapitän zu sprechen. Ich habe noch eine Verabredung mit Ihrem Obersteuermann wegen einiger neuer Seekarten.« Er hob die Augenbrauen. »Soll ich Mr. Pascoe zu Ihnen schicken?«

»Ja, und danke für Ihre Anteilnahme.«

Es schien Ewigkeiten zu dauern, bevor Pascoe in die Kajüte kam. Er sah so blaß aus, als wäre er krank.

Bolitho sagte: »Setz dich, Adam.«

Pascoe fragte leise: »Sie werden mich doch nicht von der *Relentless* herunternehmen, Sir?«

»Nein. Ich verstehe dich besser, als du denkst. Ich bedaure nur, daß ich es so lange hinausgeschoben habe, dir wichtige Dinge zu sagen. Dieser Schurke Roche hat mir Klarheit darüber verschafft, was ich zu tun habe.«

Pascoe sagte: »Ich habe von dem Risiko gehört, daß Sie eingingen. Er hätte Sie töten können.«

»Oder dich, Adam. Hast du auch *daran* gedacht?«

Bolitho ging an die Heckfenster und schaute auf die graue Linie der Kimm hinaus, die sich hob und senkte, als wolle sie das Schiff über ihren Rand ins Nichts hinabstoßen.

»Ich will meine Gefühle nicht vor dir verbergen, Adam. Du bedeutest mir sehr viel, mehr, als ich in Worten ausdrücken kann. Ich hoffte, daß du eines Tages meinen Familiennamen annehmen würdest, wie du es verdienst.«

Er sah, daß Pascoes Spiegelbild im Fensterglas eine Bewegung machte, als wolle er protestieren.

»Nein, höre mich an. Du hast den Makel der Taten deines Vaters schon viel zu lange getragen.« Er fühlte, wie sein Herz im Takt mit dem pulsierenden Schmerz in seiner Wunde schlug. »Ich will es nicht länger hinausschieben, selbst auf die Gefahr hin, daß ich deine Freundschaft verliere. Dein Vater, mein Bruder, tötete einen Mann in einem sinnlosen Duell. Dieser Mann war Admiral Damerums Bruder. Du siehst also, woher der Haß gegen uns stammt.«

»Ich verstehe, Sir.«

»Das kannst du noch nicht. Du glaubst, dein Vater sei ein Verräter gewesen und in Schande gestorben.« Er drehte sich, den plötzlichen Schmerz mißachtend, abrupt um und sagte sehr deutlich: »Der Steuermannsmaat auf der *Hyperion*, der angebliche Mr. Selby, der sein Leben verlor, als er deines rettete, war Hugh, dein Vater.«

Pascoe prallte zurück, als hätte Bolitho ihn geschlagen. Doch bevor er etwas sagen konnte, fuhr dieser umbarmherzig fort: »Ich glaubte, damit sei alles begraben und vergessen. Hugh hatte bis dahin nichts von deiner Existenz gewußt, aber als er es erfuhr, war er sehr stolz, das kann ich dir versichern. Ich nahm ihm das Versprechen ab, dir gegenüber das Geheimnis zu wahren. Sonst hätte es ihn das Leben gekostet, und ich weiß nicht, ob du damit fertig geworden wärst. Als es dann geschah, starb er tapfer und für einen guten Zweck.«

Bolitho bemerkte, daß Pascoe aufgestanden war und sich gegen die Bewegungen des Schiffes stemmte, als hätte er die Selbstbeherrschung verloren.

Pascoe sagte leise: »Darüber muß ich erst nachdenken.« Er sah sich so verzweifelt in der Kajüte um wie ein gefangenes Tier. »Ich – ich weiß nicht, was ich sagen soll. Mr. Selby . . . Ihn mochte ich sehr gerne. Wenn ich gewußt hätte . . .«

»Ja.«

Bolitho sah, wie verwirrt und verzweifelt sein Neffe war, und fühlte seine Hoffnung wie Sand in einem Stundenglas verrinnen. Er schaute zum Oberlicht auf, als er über sich Schritte hörte. Das Geschwader machte sich zum Treffpunkt vor der Einfahrt zum Sund auf.

Pascoe sagte plötzlich: »Ich sollte jetzt besser auf mein Schiff zurückfahren, Sir. Ich kam an Bord, um Kapitän Herrick wegen dieses Babbage und des Fähnrichs Penels zu sprechen.« Er sah zu Boden. »Und um Sie zu besuchen, natürlich.«

»Dafür danke ich dir, Adam.«

Pascoe zögerte, die Hand an der Türklinke.

»Werden Sie mir eines Tages noch mehr von meinem Vater erzählen? Da ich jetzt die Wahrheit weiß?«

Bolitho durchquerte den Raum und packte Pascoe fest bei den Schultern. »Selbstverständlich werde ich das tun, hast du daran gezweifelt?«

Pascoe stand ganz still und blickte Bolitho gerade in die Augen, als er antwortete: »Und du, Onkel, hast du an meinen Gefühlen gezweifelt? Glaubst du nach allem, was du für mich getan hast, und was wir an Gefahren und Freuden geteilt haben, daß ich keine Liebe mehr für dich empfinden würde?«

Sie traten beide etwas zurück, und keiner wußte, was er noch sagen sollte. Schließlich brach Bolitho das Schweigen. »Gib acht auf dich, Adam. Ich werde an dich denken.«

Pascoe strich sich eine Haarsträhne aus der Stirn und drückte dann seinen Hut auf. »Und ich werde deiner Flagge Ehre machen, Onkel.« Dann drehte er sich abrupt um und stieß dabei fast mit Allday zusammen, der vor der Tür gewartet hatte.

Allday fragte direkt: »Weiß er's endlich, Sir?«

»Aye. Er weiß es.«

Allday suchte hinter Bolithos Rücken nach einem sauberen Glas. Dann sagte er: »Er platzte ja beinahe, platzte vor Freude, meine ich.« Er nickte zur Bekräftigung. »Immerhin, sein Glück, daß er anerkannt hat, was Sie für ihn getan haben. Hätte er anders reagiert, hätte ich den jungen Teufel – ob Leutnant oder nicht – persönlich übers Knie gelegt.«

Bolitho nippte an dem Getränk, ohne zu bemerken, was es war. In zwei oder drei Tagen würden sie um ihr Leben kämpfen. Aber die bösen Geister waren nun gebannt. Ein für allemal.

XVI »Alle anderen sind tot!«

Leutnant Oliver Browne ließ sein Fernglas sinken und meldete: »Signal von *Elephant*: ›Ostsee-Geschwader nach eigenem Ermessen ankern‹.«

Bolitho hatte ebenfalls ein Glas am Auge, aber er richtete es auf die langen, einander überlappenden Vorsprünge der Küste. Sie schienen überhaupt nicht näher zu kommen, bargen aber eine stumme Drohung, als ob das ganze Land auf ihre erste Bewegung in Richtung Einfahrt zum Sund lauerte.

Die Verantwortung lastete in diesen engen Gewässern besonders schwer auf den einzelnen Kommandanten, aber bei einem Befehlshaber wie Nelson war ihnen etwas von der Sorge abgenommen. Es würde keine unnötigen Signale geben und keine Zeitvergeudung. Bolitho nahm an, daß der Held von Abukir Admiral Hyde Parker erheblich bearbeitet hatte, bevor dieser sich zu einem derart schnellen Angriff entschloß. Während des ganzen Tages, als die Geschwader und ihre vorausgeschickten Aufklärer durch das Kattegatt südwärts segelten, war Bolitho sich der Endgültigkeit dieser Entscheidung bewußt. Querab lagen die Küsten von Dänemerk und Schweden, und wenn sie auch zeitweise außer Sichtweite kamen, so wurde man doch nie das Gefühl los, man führe in den Sack eines riesigen Treibnetzes.

Selbst jetzt, da Briggs und Schiffskutter unter Segel zwischen den massigen Leibern der Zweidecker herumflitzten, gab es unsichtbare Augen, die jede ihrer Bewegungen verfolgten. Nelson hatte die ganze Flotte ankern lassen, obwohl er wußte, daß Bolithos Geschwader sich bei anbrechender Dunkelheit schon wieder auf den Weg machen mußte. Er vergaß selten etwas. So hatte er auch seine Flagge auf der *Elephant* gesetzt, weil sie kleiner war als sein mächtiges, achtundneunzig Kanonen tragendes Flaggschiff *St. George* und einen geringeren Tiefgang hatte, so daß sie näher ans Ufer herankonnte, ohne auf Grund zu laufen.

Bolitho ließ sein Glas sinken und schaute in die vertrauten Gesichter der Deckswache.

Der alte Grubb machte sich mit seinen Steuermannsmaaten am Peilkompaß zu schaffen. Wolfe schaute zum Großtopp hinauf, wo einige Seesoldaten hinter dem Schutzschild auf der Marssaling mit dem leichten Schwenkgeschütz, der Drehbasse, exerzierten. Und Browne stand bis zu den Knien in bunten Flaggen, da sein Midshipman und dessen Gasten gerade eine Reihe längerer Signale von der Rah niedergeholt hatten.

Schließlich Herrick, der überall zu sein schien, wie immer.

Bolitho sagte: »Ankern Sie, wie es Ihnen paßt.« Er warf einen Blick zum Wimpel am Großtopp hinauf. »Der Wind hat etwas abgeflaut. Für unser Vorhaben scheint er hervorragend zu sein.«

Herrick nickte und ging zum Steuermann hinüber, der sich nahe am Ruderrad aufhielt. »Klar zum Ankern im Verband, Mr. Grubb.« Wolfe rief er zu: »Nehmen Sie Fahrt aus dem Schiff. Lassen Sie Bram- und Großsegel bergen!«

Pfeifen zwitscherten, Kommandos dröhnten, und Männer eilten auf ihre Stationen, um die Segelfläche der *Benbow* zu verringern.

Bolitho beobachtete, wie sie zu den Bramrahen aufenterten oder Schläge von Belegnägeln lösten, während sie auf den nächsten Befehl vom Achterdeck warteten. Es gab kaum noch Unsicherheiten, auch nicht unter den jüngsten Matrosen und den gepreßten Leuten. ›Männer, nicht Schiffe kämpften.‹ Herricks Ausspruch von vor sechs Monaten ging Bolitho nicht mehr aus dem Sinn.

Er bemerkte Midshipman Penels an den Kreuzwanten, fast hinter einem Bootsmannsmaaten und einigen Matrosen versteckt. Er bewegte sich wie eine Marionette und zeigte wenig Interesse an den Vorgängen rundum. Herrick hatte Bolitho über den Inhalt seines Gespräches mit Pascoe unterrichtet, der versucht hatte, Penels zu verteidigen. Was dabei richtig oder falsch war, schien unwichtig im Vergleich zu dem, was ihnen in den nächsten Tagen bevorstand. Nur der unglückliche Tod von Babbage war eine nicht wegzudiskutierende Tatsache.

Herrick war in der Angelegenheit Penels ungewöhnlich hart gewesen. »Ungeeignet als künftiger Offizier. Ein Muttersöhnchen. Ich hätte ihn nie einstellen sollen.«

Bolitho verstand Herricks Haltung ebenso wie Pascoes impulsiven Entschluß, den Deserteur zurückzuholen. Herrick hatte es nicht leicht gehabt im Leben. Er kam aus einer unbemittelten Familie und hatte sich seinen Aufstieg ohne Protektion selber erkämpfen müssen. Weil er es geschafft hatte, liebte er die Marine, aber er war unerbittlich gegen andere, die nicht so zielbewußt und hart gegen sich selbst waren.

Als Bolitho Entschuldigungsgründe für Penels' Verhalten zu bedenken gab, hatte Herrick scharf erwidert: »Sehen Sie da drüben die *Styx*, Sir? Ihr Kommandant war in Penels' Alter, als wir gemeinsam die blutige Meuterei niederschlugen. Ich habe ihn dabei nicht nach seiner Mama rufen gehört!«

Aber wie die Angelegenheit Penels auch ausgehen mochte, erst einmal würde der Junge die Anforderungen und Schrecken der bevorstehenden Schlacht durchstehen müssen wie jeder in der Flotte.

Bolitho kam zu einem Entschluß und winkte seinen Flaggleutnant heran.

»Sir?«

Mehr als alle anderen schien Browne durch das harte Leben auf See gewonnen zu haben. Der Kontrast zwischen Admiralität und der Offiziersmesse eines Kriegsschiffes war immerhin beachtlich.

»Es geht um den jungen Penels. Können Sie ihn in Ihrer Gruppe gebrauchen?«

Browne schien zunächst ablehnen zu wollen, besann sich dann aber. »Wenn es befohlen wird: ja.« Er lächelte milde. »Selbstverständlich könnte ich zu bedenken geben, daß ohne sein Zutun Babbage noch am Leben oder bestenfalls auf der Flucht wäre. Ihr Neffe wäre nicht gefordert worden, und Sie schließlich . . .«

»Was ist mit mir?«

»Ich nehme Penels, Sir. Mir ist gerade etwas eingefallen: Ohne die Herausforderung Ihres Neffen wären Sie nicht wie verrückt mit mir nach Portsmouth geritten. Und dann wäre Ihnen nicht eine gewisse Dame Hals über Kopf nachgereist.«

Bolitho mußte sich abwenden. »Zur Hölle mit Ihnen, Sie Frechdachs! Sie sind genauso schlimm wie mein Bootssteurer. Kein Wunder, daß Sir George Beauchamp froh war, Sie los zu sein!«

Browne lächelte hinter seinem Rücken. »Sir George liebt schöne Frauen, Sir. Er hat mich als Rivalen gefürchtet. Völlig zu unrecht, natürlich.«

»Natürlich.« Bolitho lächelte. »Es hätte mich auch gewundert.«

In schwerfälliger Prozession drehten die vier Linienschiffe in den Wind, um Anker zu werfen, während ihre kleineren Begleiter noch etwas weiter nach Luv segelten, bevor sie es ihnen nachtaten. Selbst hier, wo so viele Schiffe versammelt waren, durfte man nie die Wachsamkeit vernachlässigen.

Herrick ließ schließlich zufrieden sein Fernglas sinken. »Alle haben geankert, Sir.«

»Sehr schön, Thomas.« Sie entfernten sich etwas von möglichen Zuhörern, bevor Bolitho fortfuhr: »Wenn es dämmert, lassen Sie Vorbereitungen zum Gefecht treffen, die Rahen mit Ketten sichern und Schutznetze über dem oberen Batteriedeck spannen. Nach Einbruch der Dunkelheit wird sich in der Meerenge sicher kaum etwas bewegen, aber ein einziges Fahrzeug könnte Alarm auslösen. Wir müssen auf alles gefaßt sein. Wenn das Schlimmste passiert und wir auf Grund laufen, müssen wir sehr fix mit dem Ausfahren des Warpankers und sonstigen Maßnahmen sein, um ohne Verzug wieder flott zu werden.«

Herrick nickte. Er war froh, daß er seine Ansichten und Sorgen besprechen konnte. »Der Boden der *Benbow* ist mit dem besten Kupfer beschlagen und hält viel aus, aber ich würde es doch nicht gern darauf ankommen lassen.«

Er hielt inne, als einige Männer mit Eimern voll Fett und Wagenschmiere an ihnen vorbeiliefen. Jeder Block, jede Talje, alle beweglichen Metallteile, vom Ankerspill bis zum Rudergeschirr, wurden damit eingeschmiert. Nachts an Deck eines Schiffes scheinen nur der Wind und die Segel Geräuschquellen zu sein, aber in Wirklichkeit sind es die quietschenden Blöcke oder sonstige schleifende Metallteile, deren Geräusch weit über das Wasser getragen wird.

Herrick sagte: »Sobald wir uns in Bewegung gesetzt haben, werden die Beiboote mit dem Loten beginnen. Wenn wir durch die Enge hindurch sind oder vorher angegriffen werden, werden sie zu ihren Schiffen zurückkehren, sofern sie dabei unseren weiteren Vormarsch nicht behindern. Anderenfalls kann die *Styx* sie später aufnehmen.«

Bolitho sah ihn forschend an. Selbst in dem schwachen Abendlicht waren Herricks Augen ungewöhnlich blau. »Ich glaube, wir haben an alles gedacht, Thomas. Für das Weitere wird uns Ihr sprichwörtliches Glück beistehen müssen.«

Herrick grinste. »Ich habe schon eine Wette darauf abgeschlossen.«

Eine Gestalt huschte wie ein Schatten an ihnen vorbei: Loveys, der Schiffsarzt. Bolitho fühlte einen kalten Schauer über seinen Rücken laufen, als er sich erinnerte, wie Loveys damals mit starrem Blick in seiner offenen Wunde herumgestochert hatte.

Die Schiffsärzte des Geschwaders würden in wenigen Stunden sehr gefragt sein, dachte er grimmig.

Er sagte: »Ich gehe in meine Kajüte. Vielleicht können Sie bald dazukommen?«

Herrick nickte. »Sobald die Leute gegessen haben, lasse ich ›Klar Schiff zum Gefecht‹ anschlagen, Sir.«

Bolitho war einverstanden. Er hatte es den Kommandanten überlassen, wann sie ihr Schiff gefechtsbereit machten. Nichtsdestoweniger wußte er, daß Herrick es kaum zulassen würde, daß ein anderes Schiff dem Flaggschiff zuvorkam.

Die Kajüte wirkte größer als sonst, denn Ozzard hatte schon die meisten Möbelstücke in die Stauräume unterhalb der Wasserlinie getragen. In dem leeren Raum fühlte sich Bolitho immer unbehaglich. Es sah so verpflichtend, so endgültig aus.

Allday hatte den prächtigen Ehrensäbel heruntergenommen und war gerade dabei, den anderen mit einem weichen Tuch zu putzen. »Ich habe etwas zum Abendessen für Sie bestellt, Sir. Nichts Schweres.«

Bolitho setzte sich und streckte die Beine aus. »Beunruhigt Sie die Aussicht auf eine neue Schlacht nicht?«

»Doch, Sir.« Allday peilte an der Klinge entlang und nickte zufrieden. »Denn wo Ihre Flagge weht, ist es immer am dicksten, und darüber muß man sich mehr Sorgen machen als über ein paar blutige Nasen.«

Bolitho ließ Allday mit seinen kleinen Vorbereitungen fortfahren. Jetzt mußte die Kurierbrigg, wenn sie Glück gehabt hatte, in England angekommen sein. Noch ein Tag auf der Landstraße, und dann würde sein Brief endlich Herricks Haus in Kent erreichen, wo Belinda sich aufhielt.

Ozzard trat mit einem Tablett ein, über das ein Tuch gedeckt war. Er sagte: »Sie wollen gleich ›Klar Schiff‹ anschlagen, Sir.« Es klang ärgerlich wegen der Störung. »Aber Mr. Wolfe hat mir zugesichert, daß Ihre Kajüte so bleibt, wie sie ist, bis Sie fertig gegessen haben.« Er setzte das Tablett auf den Tisch. »Ich fürchte, es ist wieder Salzfleisch, Sir.«

Bolitho erinnerte sich lächelnd an Damerums Erwähnung seines Lebensmittellieferanten in London, eines Mr. Fortnum. Vielleicht würde er eines Tages mit Belinda zu dem Händler gehen.

So weit weg wie auf einem anderen Schiff hörte er den Ruf, der lauter und lauter wurde, als die Bootsmannsmaaten und Unteroffiziere der Seesoldaten durch das Schiff eilten: »Alle Mann auf! Alle Mann auf! Klar Schiff zum Gefecht!«

Als Hunderte von Füßen über die Decks rannten, schien die *Benbow* zu zittern. Bolitho sah auf das zähe Fleischstück nieder, das Ozzard mit einigen Kunstgriffen schmackhaft zu machen versucht hatte. »Sieht gut aus, Ozzard. Ich werde dazu ein Glas Madeira trinken.«

Allday verließ die Kajüte mit seinem großen alten Entermesser unter dem Arm. Er wollte damit zum Stückmeister, um es auf dessen Schleifstein zu schärfen, eine Arbeit, die er keinem Matrosen oder gar Schiffsjungen anvertraute, weil das gute Stück sonst hinterher – behauptete er – wie eine Säge aussah.

Im Weggehen hörte er noch Bolithos Bemerkung, die ihm typisch schien. In einem solchen Augenblick würgte er lieber das steinharte Fleisch herunter, als daß er Ozzards Gefühle verletzte.

Allday schlenderte zwischen den beiden Reihen der Kanonen und den vielen eilfertigen Gestalten und Befehle donnernden Maaten nach vorne. Das Gehetze hatte er schon oft erlebt, hatte es oft selbst mitgemacht. Als Bolithos Bootssteurer stand er nun darüber und hatte seinen Sonderstatus an Bord wie an Land.

Tom Swale, der Oberbootsmann, grinste Allday mit seinem lükkenhaften Gebiß an, als er an ihm vorbeikam. »Viel zu tun, John?«

Allday nickte umgänglich. »Aye, Smatting, wie immer!«

Es war ein Spielchen, das beiden Spaß machte und das sie stärkte für den Augenblick, wenn die Kanonen sprachen.

Sobald es dunkel geworden war, ging ein Schiff Bolithos nach dem anderen ankerauf und entfernte sich langsam von der übrigen Flotte.

Bolitho stützte sich mit beiden Händen auf die Querreling und schaute angestrengt nach vorn. Er sah den blassen Umriß der Masten und das dichte Gewebe der Takelage sich vor dem Nachthimmel abzeichnen, aber wenig mehr. *Relentless* und *Lookout* waren unsichtbar, ebenso die meisten Ruderboote, die sich wie wachsame Jagdhunde vor und neben ihren großen Schützlingen tummelten.

Auf beiden Laufbrücken der *Benbow* stand eine Kette von Männern, die jede Meldung der Lotgasten im Vorschiff an Grubb und seine Leute durchgeben sollten.

Der Wind füllte spielerisch die gerefften Marssegel, und nur die sanften Schläge der Wellen gegen den Schiffsrumpf ließen ahnen, daß die *Benbow* Fahrt voraus machte.

An Backbord war ein kompakterer Schatten: die schwedische Küste. Es hatte den Anschein, als ob sie und nicht die Schiffe sich bewegten.

»Gerade zehn, Sir!« kam die erste Lotmeldung.

Bolitho hörte, daß Herrick mit Grubb flüsterte und irgendwo ein Griffel kratzte, um die gelotete Zahl zu notieren.

Bolitho wagte nicht, aufs Hüttendeck zu klettern und nach der *Indomitable* zu sehen, die sehr nahe achteraus stand. Er fürchtete, etwas zu verpassen, wenn er sich auch nur einen Augenblick abwandte.

Ob die dänischen Batterien ihren Vorstoß erwarteten? Höchst unwahrscheinlich, dachte er. Kein Admiral mit normalen fünf Sinnen hätte es gewagt, eine Flotte durch diese Enge und an solch mächtigen Kanonen vorbeizuführen, geschweige denn eine solche Handvoll Schiffe wie die Bolithos.

Bei der Besprechung in der Kajüte hatte sich alles so einfach angehört, aber als die unheildrohende Küste an Backbord immer deutlicher hervortrat, war die Wirklichkeit weniger einfach zu verkraften. Bolitho dachte an das führende Boot, das ein Stück vor den Schiffen vorwegpullte. Es war vollauf damit beschäftigt zu loten, nach patrouillierenden Wachbooten Ausschau zu halten und auf jedes verdächtige Geräusch zu achten. Und das in stockdunkler Nacht. Bolitho überlegte, welcher Offizier dort wohl das Kommando hatte. Er hatte nicht danach gefragt, denn er mußte ihnen vertrauen, wenn er auch auf ihr Vertrauen zählen wollte.

Die Boote hatten sich eine Stunde vor dem Einlaufen in die Enge von den Schiffen abgesetzt. Die Ruderer würden jetzt schon ermüdet sein und trotz nachlassender Kräfte wissen, daß es gerade jetzt auf größte Wachsamkeit ankam.

Er trat von der Reling zurück und schalt sich selber wegen seiner Sorgen. Jetzt gab es kein Zurück mehr.

Herrick kam aus der Dunkelheit. »Scheint alles ganz ruhig zu sein, Sir.«

»Ja. Ich vermute, daß die Dänen solch umfassende Vorbereitungen für einen direkten Angriff auf den Hafen getroffen haben, daß sie genausowenig Lust verspüren wie wir, sich in der Dunkelheit zu bewegen.«

In ein paar Stunden würden Nelsons Schiffe ankerauf gehen und auf der gleichen Route durch die Enge folgen. Vor dem endgültigen Angriff auf die dänischen Forts und verankerten Schiffe wollten sie bei der Insel Hven ankern und ihre möglicherweise bei dem Durchbruch erlittenen Schäden beheben.

Die Köpfe auf der Backbord-Laufbrücke stießen fast aneinander, als der Ruf durch die Kette von vorn nach achtern durchgegeben wurde: »Land Backbord voraus, Sir!«

Herrick reagierte sofort. »Luven Sie einen Strich an, Mr. Grubb.«

Bolitho widerstand der Versuchung, sich zu den Geschützbedienungen der Neunpfünder zu gesellen, die an den Finknetzen standen und in die Finsternis hinausstarrten. Es mußte der zweite Kutter der *Benbow* gewesen sein, der die Gefahr erkannt und gemeldet hatte.

Segel rauschten, als die Brassen angeholt wurden. Bolitho schaute auf die andere Seite, ob irgendein schläfriger Wachposten die abgeblendete Laterne des Kutters bemerkt hatte, als er dem Flaggschiff seine Warnung signalisierte. Doch er bezweifelte, daß die Dänen anders waren als Engländer. Da mußte schon allerlei passieren, bevor ein Posten sich entschloß, seinen Offizier oder gar die ganze Wache zu alarmieren, weil er ›glaubte‹, er hätte ›etwas‹ gesehen. Ganze Kriege, von einzelnen Gefechten zu schweigen, waren verloren beziehungsweise gewonnen worden, weil sich jemand zu genau an die militärischen Vorschriften gehalten hatte. Bolitho nahm an, daß Wolfe irgendwo auf der Back steckte. Der Erste Offizier hatte im Augenblick keine spezielle Aufgabe. Seine

Gewandheit und sein Vorrat an Erfahrungen, die er auf allen Weltmeeren gesammelt hatte, waren unerschöpflich. Möglich, daß er etwas sah oder spürte. Vielleicht ahnte er eine gefährliche Untiefe, die selbst den Lotgasten entgangen war.

Herrick flüsterte: »Was meinen Sie, wie viele von diesen Ruderkanonenbooten oder Galeeren wir antreffen werden, Sir?«

»Die genaue Zahl ist unbekannt, Thomas. Aber mehr als zwanzig bestimmt, und das sind zu viele. Vizeadmiral Nelson beabsichtigt, über Nacht am Südrand des Mittelgrundes zu ankern, bevor er sich am nächsten Tag an die vor dem Ufer in Kiellinie verankerten dänischen Schiffe heranmacht. Er wird bei diesem Plan bleiben, egal, was wir entdecken. Aber wenn die Galeeren sich zu seinen Schiffen durchschlagen, könnte das verheerende Folgen haben.«

»Gerade zwölf!«

Grubb atmete auf. »Gefällt mir schon besser.« Er erlaubte sich ein Lächeln.

Als die Stunden sich hinzogen, kam es Bolitho vor, als ob Zentnergewichte auf ihm lasteten. Jeder Muskel schien ihm weh zu tun, und er wußte, daß es allen so ging, vom Kapitän bis zum jüngsten Schiffsjungen.

Man hörte einige erschreckte Rufe, als ein Boot an ihrer Steuerbordseite vorbeitrieb, aber es gehörte zum Geschwader. Die Kuttergäste saßen über ihre gekreuzten Riemen gebeugt und konnten vor Erschöpfung kaum noch atmen. Ein Leutnant, dessen weiße Rockaufschläge sehr deutlich in der Dunkelheit zu erkennen waren, winkte zum Flaggschiff hinauf, und ein Seesoldat meldete mit heiserer Stimme: »Wir sind durch, Sir, hat er gerufen!«

Bolitho preßte die Hände zusammen, um seine Nerven zu beruhigen. Kein Schuß war gefallen, kein Mann verloren. Bei Tage, wenn die Hauptflotte ihren Vormarsch antrat, würde es anders sein.

»Drehen Sie die Sanduhr noch einmal um, Thomas. Danach können wir die Boote zurückrufen.«

Grubb sagte: »In zwei Stunden wird es hell, Sir.« Er rieb sich die roten Hände. »Ich bin ganz schön ausgedörrt nach diesem kleinen Ausflug.«

Herrick lachte. »Verstehe, Mr. Grubb. Sagen Sie dem Zahlmeister, daß er für jeden Mann eine doppelte Portion Rum ausschenken soll, und daß ich ihm das Fell über die Ohren ziehe, wenn er dagegen meckert.«

Bolitho fühlte, wie die Spannung sich rundherum legte, obwohl der Kampf noch vor ihnen lag. Die *Benbow* war durchgebrochen, und das verstand jeder Mann. Wie Allday gesagt hatte: Jeder kämpfte für jeden, aber nicht für einen Plan von höchster Stelle.

Das Halbstundenglas neben dem Kompaß kippte wieder um, und Grubb sagte: »Es ist soweit, Sir.«

Herrick rief: »Sagen Sie dem Kutter zur Weitergabe an *Indomitable*: Wir rufen die Boote zurück.«

Bolitho konnte sich die Erleichterung in den Booten vorstellen, als der Befehl durch die Linie lief. Von dieser Nacht würden viele Blasen in den Händen und schmerzende Rücken zurückbleiben.

Jemand drückte ihm einen Becher in die Hand, und er hörte Browne sagten: »Erschrecken Sie nicht, Sir, es ist Brandy und kein Rum. Ich weiß, daß Sie den nicht mögen.«

Bolitho wollte gerade antworten, als er spürte, daß etwas Schnaps über seine Finger spritzte. Browne zitterte also.

»Was ist los?«

Browne blickte in Richtung der verborgenen Küste. »Sie fragen noch, Sir?« Er versuchte, es wegzulachen. »Ich bin zwar gut in Fragen des Protokolls und im Verkehr mit der hohen Admiralität. Ich kann mit Säbel oder Pistole besser umgehen als mancher andere und stehe auch am Spieltisch meinen Mann.« Er schüttelte sich. »Aber dieses schreckliche, lang hingezogene Schleichen in den Rachen der Hölle geht mir auf die Nerven, Sir.«

»Das vergeht wieder.« Bolitho war erschrocken, Browne so nervös zu sehen.

Browne antwortete ruhiger: »Ich habe gerade überlegt: Morgen ist der erste April, und am Ende des zweiten könnte ich mich schon in ein Nichts verwandelt haben.«

»Dann stehen Sie nicht allein da. Jeder auf diesem Schiff, mit Ausnahme weniger ganz Sturer, hat ähnliche Gedanken.«

»Sie auch, Sir?«

»Aye. Ich denke auch daran und fürchte es.« Bolitho versuchte ein geringschätziges Achselzucken. »Aber ich habe gelernt, damit fertig zu werden.«

Er sah, daß Browne in das Dunkel zurücktrat und offenbar über seine Worte nachdachte.

Der erste April. In Cornwall mußte es jetzt schon grün sein.

Schnee und Nebel waren für ein Jahr vorüber. Er roch fast die blühenden Hecken und die kräftigen Düfte der Bauernhöfe. Und das Haus wartete, wie so oft in den letzten hundertfünfzig Jahren, auf die Heimkehr eines Bolithos.

Halt, es war nutzlos, sich in falschen Hoffnungen und Selbstmitleid zu ergehen. Er blickte zum Besammast empor, doch seine Flagge hob sich noch nicht von den dunklen Wolken ab.

Wie niederdrückend zu wissen, daß diese kleine Gruppe von Schiffen die einzigen beiden Nachkommen der Seefahrerfamilie Bolitho an Bord hatte.

Leutnant Wolfe trat mit gespitzten Ohren an die Finknetze, als das Rumpeln von Geschützfeuer wie ferner Donner herüberklang.

»Du lieber Himmel, hören Sie sich das an!«

Auf dem Batteriedeck traten viele Seeleute von ihren langen Achtzehnpfündern zurück und blickten nach achtern zu den Offizieren, als ob diese wüßten, was los war.

Bolitho schirmte die Augen ab und schaute zum Ausguck im Vortopp hinauf. Im ersten Tageslicht hatte er seine Abneigung gegen Höhen überwunden und war selber bis zur Großsaling aufgeentert, um sich die dänische Küste und die noch im morgendlichen Dunst liegenden Kirchtürme anzusehen. Mit Hilfe des Teleskops hatte er, von den oben stationierten Scharfschützen neugierig verfolgt, die ausgedehnten Verteidigungsanlagen von Kopenhagen studiert.

Sein eigenes kleines Geschwader hatte nicht die Absicht, sich in die Reichweite der zahlreichen Küstenbatterien zu begeben. Seine Aufgabe war es, die Galeeren zu finden und so viele wie möglich zu vernichten, bevor sie in den Kampf um Kopenhagen eingreifen konnten.

Aus seinen schriftlichen Instruktionen wußte er, welche Kräfte Nelson gegenüberstanden: mindestens achtzehn hintereinander verankerte Linienschiffe, die eine undurchdringliche Reihe stationärer Batterien darstellten, und die gewaltige Tre-Kroner-Batterie auf der Insel Amager, die sechsundsechzig schwere Kanonen aufwies. Dazu kamen andere Kriegsfahrzeuge, Bombenschiffe und Heeresartillerie, die längs des Ufers aufgefahren war.

Gegen diese gewaltige Streitmacht konnte Nelson gerade zwölf Vierundsiebziger einsetzen, vorausgesetzt, sie hatten den letzten

Teil der Meerenge unbeschädigt passiert.

Als Bolitho jetzt auf das fortwährende Grollen des Geschützfeuers lauschte, kam ihm die Kühnheit und vielleicht sogar Tollkühnheit des ganzen Unternehmens zu Bewußtsein. Aber ebenso auch die Kaltblütigkeit des Mannes, dessen Flagge auf der *Elephant* wehte, nur wenige Meilen von ihm entfernt.

Herrick trat besorgt herzu.

»Ich wünschte, wir wären bei der Flotte, Sir. Es war wohl falsch, sie zu verlassen. Jetzt wird dort jede zusätzliche Kanone dringend gebraucht.«

Bolitho antwortete nicht gleich. Er beobachtete die *Relentless*, eine schon ferne Pyramide leicht schlagender Leinwand, als sie gerade den Kurs nach Backbord änderte. Ein Stück achteraus von ihr stand die *Lookout*, die sicher stets ein Auge auf das Flaggschiff hatte.

Bolitho sagte: »Die Dänen werden nicht eher handeln, als bis Nelson sich selbst engagiert. Wenn seine Flotte morgen ankerauf geht und den Mittelgrund umrundet, ist der Augenblick gekommen, den ich an ihrer Stelle wählen würde. Nelsons Schiffe geraten dann in ein Kreuzfeuer aus drei verschiedenen Richtungen.«

Er beobachtete den Pulverqualm, der sich ausbreitete und die fernen Schiffe und auch die Stadt ihren Blicken entzog. Männer kämpften und starben dort, doch auf dem Achterdeck der *Benbow* spürte man noch nichts von einer Gefahr.

Browne ließ sein Glas sinken und meldete: »Signal von *Relentless* über *Lookout*, Sir: ›Fremdes Segel in Peilung Südost‹.« Nach einem neuerlichen Blick durchs Glas setzte er hinzu: »*Relentless* setzt schon mehr Segel, Sir.«

Bolitho nickte und bemühte sich, die anderen nichts von seinen aufsteigenden Zweifeln merken zu lassen. Kapitän Peel handelte gemäß seinen Instruktionen und verlor keine Zeit damit, weitere unbestimmte Sichtmeldungen abzugeben.

Gewiß war die gesamte dänische Flotte zur Abwehr des bevorstehenden Angriffs aufgeboten. Da würde kein einzelnes Handelsschiff so verrückt sein und zwischen den beiden mächtigen Flotten herumsegeln.

Die *Relentless* entfernte sich schnell von ihrem kleineren Gefährten. Bolitho war sicher, daß Peel seine Ausguckposten im Mast sorgfältig ausgesucht hatte, um möglichst schnell zuverlässige Meldungen abgeben zu können.

»Das Geschützfeuer im Norden läßt nach, Sir.« Wolfe ging zum Logbuch, um eine kurze Notiz hineinzuschreiben. »Nelson scheint durchgebrochen zu sein.«

Wie um das zu bekräftigen, rief Browne: »Von *Indomitable*, Sir. *Styx* meldet, daß unsere Flotte in Sicht ist und schon Kurs geändert hat.«

Herrick wischte sich die Stirn mit dem Taschentuch. »Das ist eine Erleichterung. Zumindest wissen wir jetzt, daß wir für den Rückweg nicht allein sind.«

»An Deck!« Ihr vergessener Ausguck im Vortopp bewirkte, daß alle zu ihm emporschauten. »Geschützfeuer in südlicher Richtung!«

Herrick fluchte. »Was, zum Teufel! Peel scheint im Gefecht zu sein.«

»Signal von *Lookout*, Sir. Sie bittet um Erlaubnis zur Hilfeleistung.«

Herrick schüttelte den Kopf und schaute fragend Bolitho an. Dieser sagte ruhig: »Abgelehnt! Die *Lookout* benötigt zwei Stunden, bis sie die Fregatte erreicht. Wenn wir inzwischen auf die Galeeren stoßen, brauchen wir sie aber dringend zur Abwehr.«

Browne beobachtete, wie das Flaggensignal zur Rah hochstieg und dort auswehte. Seine eigenen Sorgen waren vergessen, als er den schnellen Austausch von Blicken zwischen Bolitho und Herrick gesehen hatte. Er wußte, was sie dachten. Es mußte immer wieder ein schwerer Entschluß sein, einen Freund oder Verwandten einer ungewissen Gefahr auszusetzen.

Das Geschützfeuer war nun auch auf dem Achterdeck zu hören. Es klang heftig, aber unregelmäßig und sehr ausgeprägt, was darauf schließen ließ, daß die Schiffe einander auf sehr nahe Entfernung beschossen.

Herrick sagte: »Mr. Speke! Hinauf mit Ihnen, und melden Sie mir, was Sie davon halten.«

Der Leutnant enterte in den Wanten auf, und seine Rockschöße flatterten dabei im Wind.

Wolfe fragte nach kurzem Gruß: »Soll ich Befehl zum Laden und Ausrennen geben, Sir?«

»Nein, dazu ist noch kein Anlaß.«

Seltsam, in Sekundenschnelle war die kommende Schlacht, war Kopenhagen, ja der Grund ihres Hierseins wie weggewischt. Irgendwo hinter dem verschwommenen Horizont stand einer von ihnen im Kampf. Es hörte sich an, als ob nur zwei Schiffe beteiligt wären. Ob der Gegner ein Russe, Schwede oder Däne war, machte in diesem Augenblick keinen Unterschied.

Bolitho vertraute auf Peels Fähigkeiten und wußte, daß er keinesfalls unüberlegt handeln würde. Er erinnerte sich an den Gesichtsausdruck von Pascoe, als er die Kajüte verließ, kurz nachdem er die Wahrheit über seinen Vater erfahren hatte.

»Rauch, Sir!« Spekes Stimme klang schrill. »Da brennt ein Schiff!«

Bolitho biß sich auf die Lippe. »Signal ans Geschwader, Mr. Browne: ›Mehr Segel setzen!‹«

Herrick handelte sofort: »Mr. Wolfe! Schicken Sie Toppsgasten nach oben, die die Bramsegel losmachen. Und lassen Sie den Besan setzen!«

Wolfe eilte mit wehenden roten Haaren über das Deck und schwang sein Sprachrohr, als er die Leute vom Achterdeck zum Ausholen des Gaffelsegels am hinteren Mast kommandierte und die Toppsgasten anfeuerte, die zu den obersten Rahen aufenterten.

Die *Benbow* gehorchte sofort und legte sich unter dem Druck der vergrößerten Segelfläche stark über. Achteraus folgten die anderen Schiffe ihrem Beispiel. Das Auge eines Laien an Land mochte die schweren Schiffe jetzt für Fregatten halten, in Wirklichkeit aber wußte Bolitho, daß sie bei diesem leichten Wind nur knapp fünf Meilen durchs Wasser machten.

Plötzlich schien der Horizont zu beben und dann in einem riesigen Rauchpilz zu detonieren. Keiner auf dem Achterdeck sagte etwas. Das konnte nur die explodierende Pulverkammer eines Schiffes gewesen sein.

Browne räusperte sich. »Von *Lookout*, Sir: ›Segel voraus in Sicht‹.«

Herrick starrte gebannt auf die lose flappenden Marssegel. »Aber welches von beiden ist es, in Gottes Namen?«

Speke rief: »Ein Schiff ist gesunken, das andere schwer beschädigt.«

Der Wimpel am Großmast wehte wieder aus, und Bolitho spürte ein Zittern im Deck, als ein kräftiger Windhauch über das Achterschiff blies und die Segel füllte.

Er versuchte, mit dem Teleskop durch die Fallen und Wanten hindurch voraus zu blicken, fing aber zunächst nur das Gesicht eines Mannes auf der Back ein, bevor er über die dort stehenden Karronaden hinweg eine Lücke fand, die ihm freies Blickfeld nach vorne gab.

Er sah Rauch wie ein Leichentuch auf dem Wasser liegen, dahinter zwei Masten mit Rahen und stark durchlöcherten Segeln als stumme Zeugen des vorangegangenen Kampfes.

Dann hörte er den Ruf des Ausgucks: »Es ist ein Franzose, Sir!«

Bolitho sah Browne an. »Die *Ajax*.«

Allday kam von der Schanz herunter und gesellte sich zu den anderen. »Sie wird ihre Schäden ausgebessert und nun die Absicht gehabt haben, nach Frankreich zurückzukehren, schätz' ich.«

»Vermutlich.«

Bolitho drückte den Griff seines Säbels, bis der Schmerz ihn klarer denken ließ. Allday hatte recht, so mußte es gewesen sein. Nachdem die *Styx* sie so übel zugerichtet hatte, hätte der französische Kommandant mindestens fünf Monate für die Reparaturen benötigt. Wahrscheinlich hatte er dazu einen Hafen aufgesucht, der während der Zeit vom Eis eingeschlossen war. Und nun war er also wieder da und nahm schreckliche Rache.

Mit rauher Stimme sagte er: »Geben Sie an *Lookout*, daß sie nach Überlebenden sucht, aber sie soll sich nicht in ein Gefecht verwickeln lassen.« Er drehte sich um und sah in das verwitterte Gesicht des Obersteuermanns. »Geben Sie uns einen Kurs, der uns in Lee von dem da bringt, Mr. Grubb.«

Herrick ließ sein Teleskop sinken. »Die *Ajax* bewegt sich nicht. Sie hat ihren Kreuzmast verloren, und ihr Ruder scheint unklar zu sein.«

Die Folter des Wartens und Beobachtens, während die arg mitgenommene Fregatte größer und größer wurde und die *Lookout* aufmerksam herumsuchte wie ein Jäger, der eine verwundete Löwin verfolgt, wurde durch die völlige Stille ringsum noch verschlimmert.

Wolfe brach das Schweigen. »*Lookout* hat ihre Boote ausgesetzt, um Überlebende aufzunehmen, obwohl nach solch einer Explosion . . .« Er verstummte, als Herrick ihm einen zornigen Blick zuwarf.

Major Clinton hatte seine Seesoldaten auf der Schanz verlassen und sich zu Herrick auf dem Achterdeck gesellt. Plötzlich zeigte er mit seinem Stock: »Ich glaube, der Franzose kommt wieder in Fahrt.«

Wolfe nickte. »Er hat die über Bord hängenden Trümmer abgeschlagen und ein zweites Marssegel gesetzt.«

Sie sahen Bolitho an, als dieser befahl: »Lassen Sie die untere Batterie ausrennen, Mr. Wolfe.«

Der Befehl wurde blitzschnell weitergegeben. Kurz darauf bebte das Deck, als die schweren Zweiunddreißigpfünder geräuschvoll in ihre geöffneten Stückpforten rumpelten.

»Kanonen sind ausgerannt, Sir!«

Geschwärzte Holzteile und verschlungenes Tauwerk trieben an der Bordwand der *Benbow* vorbei. Auch Menschenleiber, oder was davon übriggeblieben war.

»Feuern Sie einen Warnschuß, Mr. Wolfe!«

Das vorderste Geschütz löste einen Donnerschlag aus, und als der Pulverqualm sich über das Wasser ausbreitete, sah Bolitho die große Kugel fast genau vor der Galionsfigur der *Ajax* ins Wasser schlagen.

Aber die Trikolore, die nach dem Verlust des Kreuzmastes neu am Großmast gesetzt worden war, machte keine Anstalten zum Niedergehen; statt dessen wurde der Umriß der Fregatte kleiner, da sie abzudrehen begann.

Wolfe fragte: »Eine Breitseite, Sir?«

Bolitho schaute gebannt über ihn hinweg auf das französische Schiff, das vor seinen Augen zu verschwimmen schien, als betrachte er es durch dickes Fensterglas.

Auf die Entfernung von gut einer Meile mußte eine Breitseite der großkalibrigen Geschütze die bereits stark beschädigte Fregatte in Stücke reißen. Die Lecks, die ihr schon vorher von der *Relentless* geschlagen worden waren und das Gewicht ihrer eigenen Artillerie würden ihr den Rest geben.

Er hörte Clinton sagen: »Der Kommandant drüben muß verrückt sein.«

Bolitho schüttelte den Kopf. »Sagen Sie den Geschützführern, daß sie einzeln nacheinander feuern sollen.«

Die zweite Kugel schlug ins Achterschiff der *Ajax* ein und warf Holzplanken und zerbrochene Stengen wie Strohhalme hoch in die Luft.

Bolitho beobachtete, wie die Trikolore langsam niedergeholt wurde. Ruhig sagte er: »Er ist ein tapferer Mann, Major.«

Eine Steuermannsmaat meldete: »Die Boote der *Lookout* haben ein paar Mann aufgefischt, Sir.«

Bolitho erkannte seine Stimme fast selbst nicht mehr, als er befahl: »Ändern Sie Kurs auf die *Lookout.* Signal an *Indomitable,* sie soll die *Ajax* entern und die Besatzung gefangennehmen.« Seine Stimme wurde härter. »Anschließend soll sie das Schiff versenken.«

Von seinem luftigen Hochsitz auf der Saling rief Speke: »Sie haben sechs Leute, Sir, fünf Matrosen und einen Seesoldaten.«

Bolitho stand hinter den aufgerollten Enternetzen auf der Laufbrücke und beobachtete die sich langsam bewegenden Boote und die herumschwimmenden Reste von Peels Schiff: Treibgut, verbranntes Holz, vom Feuer geschwärzte Leinwand. Und Menschen, die so zerrissen und unkenntlich waren, daß sie augenblicklich tot gewesen sein mußten.

Er griff in die Wanten und hätte fast laut aufgeschrien, als sein wundes Bein gegen das eisenharte Stag stieß.

Eine Hand streckte sich ihm entgegen, und er erkannte Midshipman Penels, der ihn beobachtet hatte. »Lassen Sie mich, Sir.«

»Danke.« Bolitho stützte seinen Ellenbogen auf die Schulter des Jungen und wartete, daß der Schmerz abklang.

So hatte Damerum also doch noch, ohne es zu wissen, einen Rächer gefunden.

Er zwang sich, die auf und ab tanzenden Trümmer zu prüfen, die sich unter der starr vorausschauenden Galionsfigur teilten und beiderseits der Bordwände vorbeitrieben.

Hinter sich hörte er freudige Rufe der Seeleute, die einander gratulierten, daß sie die Flucht der *Ajax* verhindert hatten.

Penels sagte plötzlich schüchtern: »Sir, ich glaube, da hat sich etwas bewegt.«

Bolitho nahm sein Glas und folgte der Richtung, die Penels wies. Er sah die Trümmer eines gekenterten Bootes und eine lange Stenge, die an einem Ende wie ein Kreidestift abgebrochen war.

Daneben trieben einige Leichen, und einen Augenblick dachte er, Penels hätte sich etwas eingebildet oder ihm nur etwas Ermutigendes sagen wollen. Doch dann rief er: »Ich sehe es!« Es war nur ein Arm, der über die Stenge herumlangte. Aber er bewegte sich. Jemand, der überlebt hatte. Aber wer?

Er wurde nahezu von Panik ergriffen. Und in diesem kurzen Augenblick hatte das Schiff sich schon wieder um einige fünfzig

Yards vorwärtsbewegt. »Kapitän Herrick! Ein Mann im Wasser, an Steuerbord. Die Jolle, schnell!«

Er fiel fast hin, als Penels unter seinem Ellenbogen davonschoß. Er sah nur noch das erschreckte Gesicht des Jungen, das aber auch einen plötzlichen Entschluß ausdrückte, bevor er auf das Schanzkleid geklettert und ins Wasser gesprungen war. Ehe Herrick verstand, was vorging, war Penels wieder aufgetaucht und schwamm mit schnellen Stößen auf die Stenge zu.

Bolitho sah, daß die Jolle ums Heck herumkam und der Bootssteurer fragend zu den Offizieren hochschaute.

Herrick machte ein Sprachrohr mit seinen Händen und rief: »Folgen Sie dem Jungen, Winslade. So schnell Sie können.«

Bolitho kehrte aufs Achterdeck zurück und wurde von Browne mit der Meldung empfangen: »*Indomitable* hat signalisiert, daß die *Ajax* versenkt wird, sobald wir aus dem Gefahrenbereich sind. Tut mir leid, Sir.«

Loveys, der Schiffsarzt, huschte über das Achterdeck. Sein Gesicht hob sich kalkweiß von den Kanonen und ihren Bedienungsleuten ab. Er sagte ruhig: »Das Boot kommt zurück, Sir. Ich nahm mir die Freiheit, ein Fernglas zu borgen. Es sind zwei Überlebende.« Sein Ton wurde weicher. »Der eine ist Mr. Pascoe.«

Bolitho drückte seinen Arm und eilte dann an ihm vorbei an die Reling, als das Boot vorsichtig längsseit kam.

Winslade, der Bootssteurer, wartete, bis einige Matrosen das Seefallreep herunterkamen und halfen. Er meldete: »Nur die beiden, Sir.« Er schluckte mehrmals, bevor er hinzusetzte: »Ich fürchte, wir haben den jungen Mr. Penels verloren, Sir. Ihn verließen die Kräfte, bevor er das Boot erreichte.«

Bolitho kam gerade in dem Augenblick an die Fallreepspforte, als zwei schlaffe Gestalten hindurchgereicht wurden. Den ersten erkannte er nicht, einen bezopften Matrosen, dessen einer Arm so übel verbrannt war, daß er nicht mehr menschlich aussah.

Loveys war auf den Knien und tastete Pascoes Körper ab, während seine Gehilfen hinter ihm warteten. Mit ihren großen Schürzen sahen sie wie Schlächter aus.

Bolitho beobachtete, wie sich der Brustkorb seines Neffen mühsam hob und senkte, während ihm Seewasser unter den geschlossenen Wimpern hervorlief, als seien es Tränen. Seine Kleider waren ihm bei der Explosion vom Leibe gerissen worden, den der Arzt nun nach inneren Verletzungen abtastete.

Schließlich sagte Loveys: »Er ist jung und kräftig und scheint gesund. Jedenfalls ist nichts gebrochen. Er hat Glück gehabt.« Dann wandte er sich dem Matrosen zu und sagte: »Nun lassen Sie sich mal anschauen.«

Der Matrose murmelte undeutlich: »Ich hab' nichts gehört. Plötzlich schrie der Käpt'n was von Feuer.« Er schüttelte den Kopf und zuckte zusammen, als Loveys seinen verbrannten Arm berührte. »Plötzlich war ich tief unter Wasser. Im Untergehen. Ich kann nicht schwimmen, wissen Sie?« Er bemerkte Bolitho und Herrick und stammelte: »Verzeihung, Sir.«

Bolitho lächelte. »Macht nichts. Was geschah dann?«

»Unser Dritter Offizier, Sir, Mr. Pascoe, war auf einmal da und zog mich auf irgendein Stück Treibholz. Dann versuchte er das gleiche mit meinem Kumpel, dem Arthur. Aber der starb, bevor uns das Boot erreichte. Es waren nur noch Mr. Pascoe und ich, Sir. Alle anderen sind tot!«

Als der Matrose ins Schiffslazarett getragen wurde, öffnete Pascoe die Augen. Überraschenderweise lächelte er, als er mit schwacher Stimme sagte: »Ich bin doch zurückgekommen, Onkel.« Dann verlor er wieder die Besinnung.

XVII Das Hauptziel

Bolitho saß mit gezückter Feder an einem kleinen Tisch in der Kajüte vor seinem Bericht. Irgend jemand würde ihn lesen, dachte er grimmig; Logbücher und schriftliche Berichte schienen immer zu überleben, was auch geschah.

Ihm war so seltsam zumute, als ob er in einem verlassenen Haus säße. Das gesamte Mobiliar war in Räume unterhalb der Wasserlinie gebracht worden, und ohne daß er vom Tisch aufblickte, wußte er, daß die Bedienungen der nächststehenden Neunpfünder den Raum mit ihm teilten. Sämtliche Vorhänge waren abgenommen und das Schiff vom Bug bis zum Heck in Gefechtsbereitschaft versetzt worden, während es sich langsam wieder der dänischen Küste näherte.

Anders als Nelsons Flotte war Bolithos Geschwader während der Nacht unterwegs gewesen. Er hatte seine kleine Streitmacht in Kolonnen geteilt, weil sie auf diese Weise mehr sahen, als wenn sie in Kiellinie gesegelt wären.

Matrosen und Seesoldaten hatten im ständigen Vierstundenwechsel Kriegswache geschoben und dazwischen ein paar Stunden neben ihren Kanonen ausgeruht, mit unverdünntem Rum und trockenem Hartbrot als einziger Ernährung. Das Kombüsenfeuer war aus Sicherheitsgründen schon lange gelöscht worden, denn innerhalb von Minuten mußte jedes Schiff des Geschwaders gefechtsbereit sein.

Bolitho las noch einmal durch, was er über Midshipman Penels, zwölf Jahre und neun Monate alt, geschrieben hatte, der am Tag zuvor in verzweifeltem Heldentum sein Leben geopfert hatte. Woran mochte der Junge zuletzt gedacht haben? An Pascoe, den er in die Affäre Babbage hineingezogen hatte? Oder an seinen Admiral, der sich seiner angenommen und ihn Browne zugeteilt hatte, als alle anderen nichts mehr von ihm wissen wollten?

Bolithos sorgfältig abgefaßter Bericht würde vielleicht der Mutter des Jungen helfen, wenn sie schließlich die Nachricht in Cornwall erhielt. Bolitho zweifelte nicht daran, daß auch Herrick es vermeiden würde, irgend etwas von Babbage zu erwähnen, um sie damit nicht zu belasten.

Allday trat an eine der offenen Stückpforten und lehnte sich hinaus, um aufs Wasser zu schauen, das kalt und grau im Licht des frühen Morgens dalag. Die *Nicator*, der Inchs *Odin* dichtauf folgte, stand in zwei Kabellängen Entfernung querab und brachte etwas Leben in die trübe Szene.

Er sagte: »Nicht mehr lange, Sir.«

Bolitho wartete, daß Yovell den Umschlag versiegelte, und erwiderte: »Nelsons Angriff wird in zwei Stunden beginnen, wenn alles programmgemäß verläuft.« Er blickte das Deck entlang, und da es keinen Vorhang mehr gab, konnte er vom Dunkel unter der Hütte bis zum Achterdeck hindurchschauen, auf dem lebhafte Tätigkeit herrschte.

»Unser Teil der Aufgabe kann jederzeit losgehen.« Er stand auf und belastete vorsichtig sein Bein. »Holen Sie meinen Säbel, bitte.«

Wie still es im Schiff war, dachte er. Die Aufregung über die Eroberung der *Ajax* war durch den Verlust von Peels *Relentless* und ihr schreckliches Ende durch die Entzündung ihrer Pulverkammer gedämpft. *Lookout* hatte insgesamt zehn Überlebende aufgefischt. Hinzu kamen Pascoe und der Seemann mit dem verbrannten Arm, die sie selber gerettet hatten. Das hieß, daß über zweihundert Matrosen und Seesoldaten ihr Leben verloren hatten, ein viel zu hoher Preis für diesen Erfolg.

Bolitho hatte seinen Neffen mehrmals während der Nacht besucht. Jedesmal war Pascoe hellwach, entgegen Loveys Vorhaltungen, daß er schlafen und seine Kräfte schonen solle. Vielleicht standen ihm die Augenblicke im Wasser noch zu lebhaft vor Augen, daß er fürchtete, nie wieder aufzuwachen, wenn er einschlief, und daß sein Überleben nur ein Teil eines Alptraumes wäre.

Pascoes Bericht, so knapp er war, rundete das Bild vom Verlust der *Relentless* auf schreckliche Weise ab.

Besonders tragisch daran war, daß Peel eigentlich schon gesiegt hatte. Aber in letzter Verzweiflung hatte die *Ajax* auf ihren Gegner zugedreht, und so waren die beiden Fregatten – Bugspriet gegen Bugspriet – zusammengestoßen. Durch die Gewalt des Aufpralls war der Kreuzmast des Franzosen von oben gekommen und hatte viele Männer von den Füßen gerissen.

Pascoe erinnerte sich dunkel, daß Peel etwas von Rauch geschrien hatte, als die Männer der *Relentless* sich schon mit Hurrageschrei daranmachten, den Feind zu entern.

Er selber war auf dem Achterdeck gewesen, weil der Zweite Offizier schon bei einer der ersten Breitseiten tödlich getroffen worden war. Im nächsten Augenblick fühlte er, wie er durch die Luft flog und dann ins Wasser geschleudert wurde, in das er zunächst tief eintauchte.

Pascoe hatte sich nach oben gearbeitet und war auf eines der herumtreibenden Boote zugeschwommen, als im selben Augenblick eine der Maststengen der *Relentless* wie die Lanze eines Riesen vom Himmel fiel und das Boot und die darin Rettung Suchenden zerschlug.

Was eigentlich explodiert war, hatte Pascoe nicht mitbekommen. Es hatte die Sechsunddreißig-Kanonen-Fregatte zwar in Stücke zerrissen, doch er hatte nichts gehört.

Wahrscheinlich hatte der Zusammenstoß der beiden Schiffe einige Männer unter Deck von den Füßen gebracht. Eine Lampe war dabei umgefallen, Pulver, das von den Munitionsträgern unwissentlich verstreut worden war, hatte sich entzündet und die Pulverkammer selber in Brand gesetzt. Vielleicht war auch ein brennender Rohrpfropf des Feindes schuld gewesen – es gab viele Möglichkeiten, wie es zur Explosion der Pulverkammer gekommen sein konnte.

Bolitho trat langsam unter der Hütte hervor und duckte sich automatisch, um nicht an die Decksbalken zu stoßen. Gesichter wandten sich ihm im Vorbeigehen zu, die ihm nach fast sieben Monaten gemeinsamen Lebens an Bord nicht mehr fremd waren.

Die Gestalten auf dem Achterdeck gewannen Leben, als er in das Morgenlicht hinaustrat. Er sah Herrick, der sein Teleskop über die Netze auf die *Lookout* gerichtet hielt, die Backbord voraus in dem befohlenen Abstand vor ihnen segelte.

Die See hob und senkte sich in langsamem Rhythmus, ohne daß sich die Wellenkämme überschlugen. Um sie herum lag noch leichter Dunst, weiter vor ihnen war er leicht grün getönt: eine optische Täuschung. Der Dunst war echt, aber die grüne Schicht voraus war Land: Dänemark.

Herrick bemerkte Bolitho und berührte seinen Hut.

»Der Wind hat um weitere zwei Strich geraumt, Sir. Mehr, als ich gehofft hatte. Ich werde auf diesem Nordnordost-Kurs durchhalten, bis ich eine klare Landpeilung habe.« Etwas vom alten, unsicheren Herrick kam wieder hervor, als er hinzufügte: »Wenn Sie einverstanden sind, natürlich.«

»Aye, Thomas. Das ist genau richtig.«

Bolitho schlenderte zu den Finknetzen und schaute in die entgegengesetzte Richtung. Da, etwas achteraus, segelte die *Styx*, allein und wachsam, bereit, heranzubrausen und zu helfen, wenn es erforderlich wurde.

Der Kommandant der *Ajax* hatte die *Relentless* wahrscheinlich für die *Styx* gehalten, dachte Bolitho, und das hatte ihn zu größter Leistung angespornt, um sich für den Überfall bei Gotland zu rächen.

Midshipman Keys, der Browne half, rief aufgeregt: »Signal von *Lookout*, Sir: ›Zwei fremde Segel in Nordwest‹.«

Männer wühlten geschäftig in einem Wirrwarr von Flaggen, als das Signal durch die Linie bis zur entfernter stehenden *Styx* wiederholt wurde.

»Zwei Segel? Hm.« Herrick rieb sich das Kinn.

Bolitho sagte »Signal für alle, bitte: ›Klar Schiff zum Gefecht‹!«

Wolfe kicherte und zeigte zur querabstehenden *Nicator* hinüber. »Hören Sie, Sir? Die brüllen vor Begeisterung.«

Browne meldete: »Signal ist durch!«

Bolitho fing seinen Blick auf. »Alles in Ordnung?«

Der Flaggleutnant lächelte etwas gequält. »Besser, Sir. Ein bißchen besser.«

»An Deck! Feind in Sicht! Zwei Linienschiffe!«

Wolfe marschierte auf und ab, wobei seine großen Füße wunderbarerweise weder an Ringbolzen im Deck noch an die mit Ansetzern und Handspaken hinter ihren Kanonen hockenden Geschützbedienungen stießen.

»Ohne Fregatten also? Das ist seltsam!«

Herrick straffte sich und richtete sein Teleskop nach Backbord voraus. »Hab' sie!«

Bolitho hob sein eigenes Glas und sah, wie die beiden turmhohen Leinwandpyramiden aus dem Dunst hervortraten, als die Schiffe sich ihnen auf konvergierendem Kurs näherten.

Es waren Zweidecker, jeder an der Gaffel mit einer großen, sich im Winde blähenden Flagge, rot mit weißem Kreuz, der Flagge Dänemarks.

Die Breitfock der *Benbow* wölbte sich wie ein gewaltiger Busen, als eine frische Brise über das träge Wasser fegte.

Bolitho sagte: »Die halten ihren Kurs durch, Thomas. Seltsam, da sie uns doch stark unterlegen sind.«

Herrick grinste. »Mal was anderes, Sir. Sonst sind immer wir in der Minderzahl gewesen.«

Bolitho dachte an den Mann in dem büchergefüllten Raum im Schloß von Kopenhagen. Was er jetzt wohl tat? Ob er sich noch an ihr kurzes Zusammentreffen mit Inskip im Hintergrund erinnerte?

Irgend jemand kicherte, und dieser Laut wirkte völlig unangebracht in der allgemeinen Spannung, die über dem Achterdeck lag. Als Bolitho sich umdrehte, sah er Pascoe aus der Hütte kommen, sehr blaß, aber entschlossen, sich keine Unsicherheit anmerken zu lassen. Er trug eine geliehene Uniform, die ihm viel zu groß war.

Er tippte an seinen Hut und sagte mit schwacher Stimme: »Melde mich zum Dienst, Sir.«

Herrick starrte ihn an. »Mein Gott, Mr. Pascoe, was fällt Ihnen ein?«

Aber Bolitho sagte: »Schön, daß du wieder da bist.«

Pascoe gab den grinsenden Matrosen ein Lächeln zurück. »Der Rock gehört Mr. Oughton, Sir. Er ist etwas größer als ich.«

Bolitho nickte. »Wenn dir schwach wird, sage es.«

Er konnte Pascoes Drang, an Deck zu kommen, verstehen. Nach seinem Erlebnis auf der *Relentless* würde er es kaum unten im Orlopdeck aushalten können.

Pascoes sagte bescheiden: »Ich habe von Penels gehört, Sir. Ich fühle mich mitschuldig. Als er das erste Mal zu mir kam . . .«

Herrick unterbrach ihn. »Sie hätten nichts verhindern können. Wenn etwas falsch gemacht wurde, dann trifft mich genausoviel Schuld. Penels brauchte Rat und Führung, und ich habe ihn wegen seiner einen unbedachten Handlung verurteilt.«

»An Deck!« Der Ausguck stockte, als traue er sich nicht zu melden, was er sah. »Galeeren! Zwischen den beiden Linienschiffen!« Seine Stimme überschlug sich vor ungläubigem Staunen. »So viele, daß ich sie nicht zählen kann!«

Bolitho senkte sein Glas in dem Augenblick, als an den Rahen der *Lookout* eine neue Reihe von Signalen hochging. Er brauchte sie nicht abzulesen. Zwischen den beiden auf sie zukommenden Schiffen war eine ansehnliche Flottille von rudergetriebenen Fahrzeugen zu erkennen. Wie rote Flügel hoben und senkten sich die Blätter der Riemen in gleichmäßigem Takt, und über die verdeckt sitzenden Ruderer und die schwere Kanone, die jedes Fahrzeug am Bug trug, wehte bei dem achterlichen Wind eine riesige Flagge nach vorn aus.

»Lassen Sie laden und ausrennen, Kapitän Herrick!« Bolithos betonte Förmlichkeit beendete das plötzliche Nachlassen der allgemeinen Spannung. »Das obere Batteriedeck mit Schrapnells und Stangenkugeln laden!«

Er wandte sich an die Offiziere der Seesoldaten. »Major Clinton, es gibt heute Arbeit für Ihre Scharfschützen.«

Die beiden Offiziere machten eine knappe Ehrenbezeigung und eilten zu ihren Männern.

Bolitho sprach seine Gedanken laut aus. »Sie werden versuchen, uns voneinander zu trennen. Signalisieren Sie *Styx* und *Lookout,* daß sie den Feind im Rücken angreifen, sobald wir im Gefecht stehen.«

Der junge Midshipman, der den Platz des toten Penels' eingenommen hatte, schrieb kratzend auf seiner Schiefertafel und wartete dann mit halboffenem Mund, als bekäme er nicht genug Luft.

Bolitho sah ihn gedankenverloren an und erfaßte in diesen wenigen Sekunden, wie jung, wie voller Hoffnung und Vertrauen er war.

»Jetzt können Sie Signal Nummer sechzehn setzen, Mr. Keys! Und sorgen Sie dafür, daß es wehen bleibt.«

Ein Ruck ging durch den Jungen, und dann rannte er zurück zu seinen Signalgasten. »Los, Steward!« hörte man ihn brüllen, »Setzen Sie das Signal ›Ran an den Feind‹!«

Keys war schätzungsweise vierzehn. Wenn er den heutigen Tag überlebte, würde er sich dieses Augenblicks zeitlebens erinnern, dachte Bolitho.

Langsam und unerbittlich kamen sich die beiden Formationen näher. Es war, als würden sie von irgendeiner übermächtigen Kraft gezogen, und als seien ihre Befehlshaber der wachsenden Gefahr gegenüber blind oder ahnungslos.

Herrick fragte: »Sollen wir die Schlachtlinie bilden, Sir?«

Bolitho antwortete nicht sofort. Er richtete sein Glas nacheinander sorgsam auf jedes seiner Schiffe und registrierte, daß alle ihre Geschütze ausgefahren hatten, die nun wie drohende Gebisse aussahen, während ihre Rahen und Segel unverändert standen.

Die Nacht über hatte sich Bolithos Geschwader genau an den sorgfältig bedachten Plan gehalten. Nachdem sie sich von Kopenhagen abgesetzt hatten, hatte das Geschwader langsam Kurs geändert und dabei von der Windänderung profitiert, die es ihnen erlaubte, wieder näher an die Küste heranzugehen. Wie es schien, hatte sich ihr Plan glänzend bewährt. Hier waren die Galeeren, die mit nördlichem Kurs auf Kopenhagen zuhielten, um ihre mächtige Unterstützung anzubieten, sobald der britische Admiral Anstalten zum Angriff machte. Bolitho konnte sich jetzt entweder in einen Nahkampf mit ihnen einlassen, oder er konnte in gebührendem Abstand folgen und ihnen auf dem Weg zu ihrem eigentlichen Ziel möglichst großen Schaden zufügen.

Die Anwesenheit der beiden Linienschiffe dritten Ranges irritierte ihn. Größere Kriegsschiffe waren im Zusammenwirken mit schnellen Ruderbooten meist nutzlos. Ihre unterschiedliche Beweglichkeit und Feuerkraft hatten sich bisher eher als hinderlich denn als nützlich erwiesen.

Vielleicht wollten die Dänen diese Schiffe auch nur als Verstärkung nach Kopenhagen schicken und benützten den Schwarm der Galeeren als Begleitschutz dorthin.

Er sagte: »Nein. Wir bleiben in zwei Kolonnen. Ich bin mir über die Absichten des Feindes noch nicht sicher. In einer festen

Schlachtlinie wären wir noch gefährdeter.«

Herrick schien überrascht. »Sie werden doch nicht wagen, uns anzugreifen, Sir! Ich würde es mit der *Benbow* allein gegen diesen Haufen aufnehmen.«

Bolitho senkte sein Fernrohr und wischte sich das Auge. »Haben Sie jemals erlebt, wie Galeeren angreifen?«

»Nein, ich selber habe damit keine Erfahrung, aber . . .«

Bolitho nickte. »Aye, Thomas, aber.«

Er dachte an das Bild, das er gerade durch sein Fernrohr gesehen hatte: zwei, möglicherweise drei Reihen von Galeeren, die zwischen den beiden großen Kriegsschiffen vorwärts marschierten. Es hatte etwas Entnervendes, dieses unaufhaltsame Vordringen. So ähnlich mußte es in alten Zeiten bei Actium und Salamis gewesen sein.

Er sagte: »Wir wollen ihre Reichweite prüfen. Die vordersten vier Geschütze der unteren Batterie feuern mit größter Erhöhung, Thomas. Mal sehen, ob sie das abschreckt.«

Herrick winkte einen Midshipman heran. »Meine Empfehlung an Mr. Byrd, und sagen Sie ihm, er solle das Feuer mit vier Probeschüssen eröffnen. Geschütz für Geschütz, so daß ich beobachten kann, wie die Aufschläge liegen.«

Der Midshipman verschwand nach unten, und Bolitho konnte sich vorstellen, wie sich die Männer von ihren geladenen Zweiunddreißigpfündern umdrehten, als sie ihn zu dem befehlshabenden Offizier eilen sahen. Das untere Batteriedeck war seit eh und je ein unheimlicher Ort. Wegen der Feuergefahr waren sämtliche Laternen gelöscht, und das einzige Licht fiel durch die Stückpforten ein, die aber mit den Kanonen fast ausgefüllt waren. Von den Geräuschen und Ereignissen oben an Deck waren die Männer hier unten so gut wie ausgeschlossen. Die Wände ihrer Räume waren rot gestrichen, um der Schlacht etwas von ihrem Schrecken zu nehmen, wenn auch nicht den Verwundeten ihre Schmerzen.

Einige Leute an Oberdeck jubelten, als die erste Kanone unter der Back Feuer und Rauch ausspie.

Herrick kommentierte: »Ziemlich nahe.«

Bolitho beobachtete, wie die zweite Kugel von der Wasseroberfläche abprallte und schließlich vor dem Schiff, das am weitesten rechts stand, ins Wasser plumpste.

Grubb knurrte ungemütlich: »Die lassen sich nicht beirren, die

Kerle.«

»Weiter feuern, Sir?« Herrick beobachtete die breiter werdende Linie der Angreifer und erwartete immer noch, daß sie ihren Kurs änderten.

»Nein.«

Bolitho richtete sein Glas auf die Galeeren. Sie waren immer noch zu weit weg, als daß er Einzelheiten hätte genau unterscheiden können, außer der Genauigkeit ihres Ruderschlags, der so leicht und mühelos erschien, als ob es nicht Menschenhände wären, die ihn ausführten. Und dann erkannte er über jedem Bug die Kanone, die wie ein Elefantenrüssel hervorragte, das einzig Häßliche an dem sonst schönen Bild.

Er zuckte zusammen, obwohl er darauf vorbereitet war, als die führenden Galeeren einen Augenblick in wirbelndem Rauch verschwanden.

Dann kam der Ton, ein kreischendes Geheul, anschwellend und unheildrohend, während die großen Kanonen auf ihren Schlitten zurückrutschten.

In den wenigen verbleibenden Sekunden hörte Bolitho den ärgerlichen Schrei der Möwen, die sich nach den Schüssen der *Benbow* gerade erst wieder auf dem Wasser niedergelassen hatten.

»Verflucht und zugenäht!« Wolfe trat vor Erstaunen einen Schritt zurückt, als die See vor ihnen in einem vulkanartigen Ausbruch von Gischt und Raum emporstieg. »Hast du das gesehen, um alles in der Welt?«

Herrick rief: »Das war verdammt nahe, Sir. Es müssen Zweiunddreißigpfünder sein, wenn nicht noch größere.«

Browne meldete: »Die dänischen Linienschiffe ändern Kurs, Sir.«

Bolitho beobachtete sie. Wie schwerfällige Ballettänzerinnen drehten die dänischen Schiffe langsam nach Backbord und zeigten nun auf nordöstlichem Kurs ihre Breitseiten. Vor, zwischen und hinter ihnen schwärmten die Galeeren in Gruppen zu dreien oder vieren aus.

»Verringern Sie den Abstand, Thomas. Luven Sie zwei Strich an, wenn Sie können.«

Danach schwieg er und wartete ab. Als die dänischen Kanonen wieder feuerten, zählte er die Sekunden und fühlte, wie der Schiffsrumpf zitterte, als die Kugeln dicht neben der Bordwand einschlugen und Kaskaden von Spritzwasser aufwarfen, die hoch über die Laufbrücke und bis an die hart angebraßten Rahen schlugen.

Bolitho rief sich Alldays Worte in Erinnerung. Die Feinde konzentrierten ihr Feuer offensichtlich auf das Flaggschiff. Er sagte: »Mr. Browne, geben Sie an *Nicator*: ›Die Leekolonne greift noch nicht ein‹!«

Er warf einen Blick auf die Segel, die heftig flatternd gegen die Kursänderung protestierten. Die *Benbow* lag so hoch am Wind, wie Grubb es ermöglichen konnte, aber die Dänen waren noch immer im Vorteil, ihre Leinwand stand prall und wurde ausgezeichnet bedient.

Herrick beobachtete eine Gruppe von Galeeren, die in keilförmiger Aufstellung hinter dem führenden Linienschiff hervorpreschten.

Er sagte: »Diese Teufel wollen uns von vorn angreifen, wenn wir es dazu kommen lassen.«

Bolitho nickte. »Dagegen können wir im Augenblick nichts tun. Wenn wir Kurs nach Lee ändern, um beweglicher zu werden, beharken die dänischen Linienschiffe unser Heck. Selbst auf diese Entfernung würde uns das schwer schaden, bevor wir selber zurückschlagen könnten.«

Während er sprach, erkannte er die Absicht des dänischen Befehlshabers. Wie Haifische um einen hilflosen Wal konnten die Galeeren die *Benbow* bis auf die Knochen abnagen, ohne einen einzigen Mann zu riskieren.

Mit rauher Stimme befahl er: »Signal an *Lookout*: ›Angreifen!‹«

Herrick wandte sich Wolfe zu, der gerade weitere Leute an die Leebrassen schickte.

Er weiß, was dieser Befehl bedeutet, dachte Bolitho bitter. *Lookout* war schnell und beweglich, aber ihr schnittiger Rumpf war schweren Geschossen nicht gewachsen.

Browne rief: »Sie hat das Signal bestätigt, Sir.«

Bolitho beobachtete, wie die Korvette ihre Bramsegel setzte und herumschwenkte, wobei ihre Stückpforten auf der Leeseite fast unter Wasser gerieten. Er erinnerte sich an sein erstes selbständiges Kommando, und mit welchen Hoffnungen er es angetreten hatte. Nun sah er Veitch, den Kommandanten dieser Korvette, vor sich und betete im stillen, daß er all seine Erfahrungen nutzen und das Schicksal der *Relentless* aus seinen Gedanken verbannen würde.

Das Geschützfeuer nahm zu und breitete sich aus, als die *Indomitable* ihre erste gut gezielte Breitseite auf den Feind losließ. Eine weitere purpurrote Kolonne von Galeeren ruderte hinter dem Geschwader herum, aber offensichtlich mit weniger Zuversicht, als die *Styx* Kurs änderte und sich ihr entgegenstellte.

Die Wasseroberfläche war nun mit dahinziehenden Wolken von Pulverqualm bedeckt, und die Luft dröhnte von dem fast unaufhörlichen Geheul und anschließendem Einschlag der schweren Eisenkugeln.

Während einer kurzen Feuerpause hörte Bolitho ein tieferes, gewaltigeres Geräusch, das unter der Wasseroberfläche entlangzulaufen und den Kiel seines Schiffes anzuheben schien.

Grubb ging zur Logkladde. »Schätze, daß die Flotte jetzt angreift, Sir.«

Wolfe wandte sich um und lächelte grimmig. »Wird auch verdammt Zeit, Mr. Grubb! Ich habe es satt, immer das Hauptziel zu sein.«

Ein Ruck lief durch den Schiffsrumpf, als eine Kugel tief unten in der Bilge einschlug. Bolitho hörte, wie der Bootsmann einige seiner Reserveleute zur Hilfeleistung hinunterschickte.

»*Lookout* ist in Schwierigkeiten, Sir!«

Bolitho schaute hinüber zur Korvette und erstarrte, als er ihren Fockmast umsinken sah, während allerlei Trümmer an ihrer Gefechtsseite außenbords herumhingen. Die Galeeren kamen ihr immer näher und hämmerten so schnell sie nachladen konnten mit ihren Kanonen auf sie ein. Eine war zu waghalsig gewesen und wurde wie ein Jagdhund vom verfolgten Eber hochgeworfen. Menschen und Riemen fielen aus ihrem zertrümmerten Rumpf ins Wasser, bevor er selber versank.

Irgend jemand rief: »*Styx* hat zwei von ihnen geknackt!«

Schreie und Flüche kamen von unten, als eine weitere schwere Kugel wie ein Rammbock die Bordwand durchschlug.

Bolitho hörte Wolfe durch sein Sprachrohr kommandieren: »Geschützführer in der Aufwärtsbewegung feuern!«

Die Männer der oberen Batterie warteten in Hockstellung wie Statuen, blind und taub gegen alles außer dem Befehl zum Feuern.

Wolfe schrie: »Feuer!«

Bolitho beobachtete den führenden dänischen Zweidecker. Der

Mund wurde ihm trocken, als die gesammelte Ladung von Schrapnells und Stangenkugeln durch die Takelage des Gegners fegte. Erst kamen Segel und allerlei Tauwerk, dann die Stenge des Großmastes selber wie eine alles vernichtende Lawine von oben. Mit den Stangenkugeln – Massen von halbkugeligen Eisenstükken, die durch kurze Stangen miteinander verbunden waren – ließ es sich schlecht zielen, aber wenn sie trafen, dann konnten sie die Takelage eines feindlichen Schiffes in Sekunden zu Fetzen zerreißen.

Der Erfolg der Breitseite ermutigte die Geschützbedienungen, die von der überlegenen Taktik und Beweglichkeit der Dänen etwas eingeschüchtert waren. Sie wischten ihre Kanonenrohre aus, schufteten und fluchten in dem undurchdringlichen Pulverqualm wie die Dämonen, während ihnen der Schweiß trotz der Kälte an Armen und Rücken herunterrann.

»Feuer!«

Bolitho ging weiter nach achtern – die Augen fest auf das führende Schiff gerichtet, das unter dem mörderischen Feuer der *Benbow* nach Lee abtrieb.

Jetzt zahlten sich die Wochen und Monate harten Drills seiner Geschützbedienungen aus. Nur ein paar ferne Wassersäulen zeugten von Fehlschüssen, die meisten aber – ob Kugeln oder Stangen – fanden ihr Ziel. Die vordere Bramstenge des Dänen fiel und drehte sich dabei wie betrunken, als sie mit dem Zug der Wanten und Stage kämpfte, bevor sie mit Donnergetöse und in einem riesigen Wasserschwall über die Seite fiel.

Die *Benbow* steckte einen weiteren Treffer ein, der von irgendwoher voraus kam, und Bolitho bemerkte zwei Galeeren, die auf das Schiff zuhielten und dabei, so schnell sie konnten, feuerten. Sein Herz krampfte sich zusammen, als er die *Lookout* jenseits des wogenden Qualms sah. Ihr Kreuzmast war verschwunden, und sie trieb dahin, hilflos dem Bombardement der Galeeren ausgesetzt; nur noch einige ihrer Kanonen antworteten.

»Versuchen Sie, diese Galeeren mit den Buggeschützen zu erwischen!«

Bolitho fühlte, wie ihn der große Zorn packte: kein Zorn aus Verzweiflung oder Enttäuschung, sondern etwas viel Schlimmeres, das sein Inneres wie ein Schraubstock packte, als er auf die kämpfenden Schiffe ringsum sah.

Plötzlich war ihm alles klar: die Bemühungen Admiral Damerums, ihn und sein Geschwader hierher zu schicken. Sein Versuch, Pascoe durch einen bezahlten Duellanten töten zu lassen. Und nun dies. Doch die plötzliche Drohung einer Niederlage hatte eher anspornende als umgekehrte Wirkung.

»Signal an *Nicator*: Sie soll das andere Linienschiff angreifen!« Er fühlte, wie Metall über seinen Kopf hinwegpfiff und krachend in die Hütte einschlug. »*Styx* soll *Nicator* und *Odin* unterstützen!«

Er wandte sich nach den nächststehenden Galeeren um, während der dänische Zweidecker hilflos achteraus trieb und von der *Indomitable*, die ihre Position hinter dem Flaggschiff hielt, behämmert wurde.

»Volle Breitseite, Thomas. Wir ändern Kurs nach Steuerbord und schießen nach beiden Seiten.« Er beobachtete, wie die *Nicator* und dann die *Odin* sein Signal bestätigten, und befahl dann: »Neuer Kurs Ostnordost!«

Männer rannten von der einen auf die andere Seite, als beide Batterien sich auf die nächste Salve vorbereiteten.

Bolitho rief: »Wir müssen uns sehr beeilen, sonst sind die Galeeren aus unserem Bestreichungswinkel heraus, bevor wir sie richtig ins Visier bekommen haben.«

Durch die Drehung nach Lee und damit weg von dem übriggebliebenen feindlichen Zweidecker schien es, als wolle die *Benbow* sich aus dem Kampf zurückziehen. Indem er Keen und Inch befohlen hatte, den Rest der feindlichen Formation anzugreifen, ging er das Risiko ein, sie und alle von ihnen Befehligten zu opfern.

Aber er mußte unbedingt die beiden Galeeren vernichten und das Selbstvertrauen der übrigen untergraben, sonst wurde sein ganzes Geschwader von ihnen überwältigt. Auf Damerum würde dadurch kein schlechtes Licht fallen, denn das Ostsee-Geschwader hatte dann eben seine Aufgabe in der Selbstaufopferung erfüllt. Nelson stand vor den Toren Kopenhagens, und weder die Galeeren noch sonst jemand konnte das noch verhindern.

Bolitho sah Pascoe zwischen den Kanonen auf und ab gehen. Sein geborgter Hut war verschwunden, und das schwarze Haar fiel ihm ins Gesicht, als er mit einigen Matrosen sprach. Er hatte den Schock seines Erlebnisses offenbar noch nicht überwunden, denn selbst auf die Entfernung einer ganzen Deckslänge fiel Bolitho auf, wie unnatürlich steif sich sein Neffe hielt.

Er hörte Herrick Wolfe und Grubb seine Absicht erklären, sah

Matrosen an die Brassen eilen und zu den durchlöcherten Segeln aufschauen.

»Achterdecksmannschaft, Achtung!«

Weitere Treffer erschütterten das Schiff, aber in der allgemeinen Spannung schrie niemand auf.

Die Geschützbedienungen standen an ihren Vorholtaljen bereit, die Stückmeister hielten die Abzugsleinen in der Hand und ihr Ziel im Auge.

»Jetzt! Ruder hart Steuerbord! Hol' die Backbord, fier die Steuerbordbrassen! Hiert rund, Jungs!«

Bolitho spürte, wie das Deck sich seitlich neigte, sah eine umgestürzte Pütz ihr Wasser über das Deck ergießen, als die *Benbow* wieder einmal gehorsam den Befehlen ihrer Herren folgte.

»Die Galeeren formieren sich neu, Sir!« Browne hatte es geschafft, sich durch den Pulverqualm der unaufhörlich feuernden Oberdecksgeschütze verständlich zu machen.

Bolitho trat an die Finknetze und sah, wie die *Nicator* und *Odin* sich dem zweiten dänischen Schiff näherten. Galeeren umschwärmten sie und wurden mit gleichmäßigen Ruderschlägen mit Vorwärts- oder Rückwärtsfahrt so vorzüglich geführt, als ob sie mit ihren Kanonen zu einer Einheit zusammengewachsen wären.

Rauch drang seitlich aus der Hütte der *Odin*, aber Keens *Nicator* feuerte unbeirrt auf Kernschußweite auf ihren Widersacher. Als wieder eine volle Breitseite in das dänische Schiff einschlug, schien es, als würde es wie von einer gewaltigen Welle umgeworfen.

Die Kursänderung hatte die *Benbow* nicht nur von ihrem Geschwader entfernt, sondern hatte sie auch zwischen den Galeeren isoliert. Ihre erste geschlossene Breitseite nach dem Abdrehen hatte die Galeeren total überrascht. Sieben von ihnen waren gesunken oder bis zur Unkenntlichkeit zerstört. Menschen strampelten zwischen treibenden Holzplanken und zerbrochenen Spieren. Bolitho nahm an, daß einige davon Überlebende der *Lookout* waren, die untergegangen war, ohne daß jemand es beobachtet hatte.

Bolithos Blick schweifte über das Oberdeck und über die Matrosen und Soldaten, die seit Beginn des Gefechtes unaufhörlich schufteten, Tote und Verwundete beiseite zogen und immer wieder Rohre auswischten, luden und schossen. Wieder und wieder wurde der Schiffsrumpf getroffen, und trotz des Getöses war hin und wieder das Klicken der Pumpen zu hören.

»Signal von *Odin*, Sir! ›Brauche Unterstützung‹!«

Bolitho warf Herrick einen Blick zu und sagte: »Inch muß aushalten, Thomas.«

Er wandte sich ab, als neben ihm ein Mann, von einem Eisensplitter getroffen, zu Boden fiel und an seinem eigenen Blut zu ersticken schien.

Irgend jemand hatte noch Luft für einen Hurraruf, als eine weitere Galeere von einer vollen Ladung Kugeln und Schrapnelle getroffen wurde und kenterte.

Die *Indomitable* war weit hinter ihr Flaggschiff zurückgefallen und wehrte sich gegen Angriffe von Galeeren, die von vorn und achtern kamen, wobei die schweren Geschosse in Längsrichtung durch die Decks sausten, Geschütze umwarfen und die Bedienungen zwangen, irgendwo Schutz zu suchen.

Herrick blinzelte, barhäuptig und eine Pistole in der Hand, durch den Qualm und brüllte: »Zwei von ihnen nähern sich von achtern!«

Es gab einen Schlag, und Grubb schrie: » Ruder ist ausgefallen, Sir!«

Ein wild schlagender Schatten schwebte herab, und Bolitho fühlte sich energisch zur Seite gezogen, als die Besanstenge mit allem Drum und Dran an Rundhölzern und stehendem wie laufendem Gut von oben kam und krachend über die Backbordseite fiel. Es kam ihm jetzt vor, als wären sie nackt. Kanonen donnerten und rollten zurück wie bisher, aber als die *Benbow* steuerlos herumdrehte, verloren die Geschützführer ihr Ziel aus den Augen. Viele Männer lagen unter dem großen Haufen von heruntergefallenem Tauwerk begraben, andere krochen wie erschreckte Hunde auf Händen und Füßen herum. Dazwischen lagen viele Tote, unter ihnen auch Marston, der Leutnant der Seesoldaten. Eine umgekippte Kanone hatte ihm Brust und Magen zu blutigem Brei zerschmettert.

Swale, der Bootsmann, war schon mit seinen Männern bei der Arbeit. Äxte blitzten, als sie sich bemühten, ihr Schiff von dem längsseits hängenden und wie ein Treibanker wirkenden Gestrüpp zu befreien.

Herrick half Bolitho auf die Füße und rief gleichzeitig mit wildem Blick seinem Ersten Offizier zu: »Schicken Sie einen Steuermannsmaaten nach unten, Mr. Wolfe. Er soll das Reserve-Rudergeschirr anschlagen!«

Bolitho nickte Allday zu, der ihn weggezogen hatte, als die Maststenge herunterfiel.

Major Clinton eilte an der Spitze einiger Seesoldaten nach achtern, um seine dort postierten Leute zu verstärken, da sich vier oder fünf Galeeren dem ungeschützten Heck der *Benbow* näherten. Wieder und wieder zitterte und bebte das Deck, als Kugel auf Kugel in Heckgalerie und Achterschiff einschlugen. Dagegen klangen die Schüsse von Clintons Musketen kümmerlich und nutzlos.

Eine Drehbasse spuckte Kartätschenladungen vom Großtopp, und Bolitho bemerkte, daß das erste dänische Linienschiff, das von den Breitseiten der *Benbow* außer Gefecht gesetzt worden war, auf sie zutrieb und kaum noch fünfzig Yards entfernt war. Schüsse wurden über den immer kleiner werdenden Wasserstreifen ausgetauscht; die Scharfschützen auf beiden Seiten bemühten sich, die Offiziere des Gegners zu treffen und damit zum allgemeinen Durcheinander und Untergang beizutragen.

Midshipman Keys stolperte und fiel zur Seite, aber Allday fing ihn auf, bevor er das Deck berührte. Er schaute starr über Bolitho und Allday hinweg, und seine Augen wurden glasig, als er mit letzter Kraft herausbrachte: »Nummer . . . Sechzehn . . . weht . . . noch . . . Sir!« Dann starb er.

Bolitho riß sich von dem Anblick los und schaute nach oben, wo ein anderer Midshipman, der eine Konteradmiralsflagge wie ein Banner hinter sich her zog, aufenterte, um sie an der Bramstenge des Großmastes zu befestigen.

Wolfe sprang zurück, als der Rest der abgeschlagenen Takelage des Besanmastes über das Achterdeck schleifte und über die Seite verschwand. Aber er drehte sich wieder schnell um, als Major Clinton rief: »Sie entern uns, Sir!«

Herrick fuchtelte mit seiner Pistole herum, aber Bolitho rief: »Kümmern Sie sich um Ihr Schiff, Thomas!« Dann winkte er den Geschützbedienungen der Feuerleeseite zu und rief: »Mir nach, Männer!«

Keuchend und brüllend wie die Wahnsinnigen stürmten sie durch das Hüttendeck und den halb zerschossenen Niedergang hinunter. Stahl traf im Halbdunkel auf Stahl, bald überzogen Säbel und Enterbeile Deck und Bordwände mit schimmernden Mustern von Blut.

Eine Pistole knallte, und durch die zertrümmerten Heckfenster der Offiziersmesse sah Bolitho, wie immer mehr Männer aus den Galeeren, die sich am Heck der *Benbow* eingehakt hatten, hochkletterten und sich ihren Weg nach binnenbords erkämpften. Viele fielen Major Clintons Musketen zum Opfer, aber immer neue erschienen schreiend und fluchend, als sie mit den Männern der *Benbow* handgemein wurden. Denn auch in diesem grausigen Chaos waren sie sich der Tatsache bewußt, daß ihre einzige Überlebenschance darin bestand, zu siegen.

Leutnant Oughton richtete seine Pistole auf einen dänischen Offizier, zog den Abzugshebel und starrte entgeistert auf die Waffe, als sich kein Schuß löste.

Der dänische Offizier schlug das Entermesser eines Matrosen beiseite und stieß seine Klinge einmal und dann blitzschnell noch einmal in Oughtons Magen, bevor der überhaupt aufschreien konnte. Als Oughton fiel, sah der dänische Offizier dahinter Bolitho, und seine Augen weiteten sich, als er in diesem kurzen Moment dessen Rang und Stellung erkannte.

Bolitho fühlte, wie die Klinge des Dänen an seiner entlangstrich, und sah die Entschlossenheit im Blick des Mannes Verzweiflung Platz machen, als er, wie er es so oft getan hatte, seine Waffe mit einer kurzen Drehung des Handgelenks zum entscheidenden Stoß löste.

Aber als er sein Körpergewicht auf das verwundete Bein verlagerte, schien es unter ihm nachzugeben. Heftiger Schmerz durchfuhr ihn, und sein augenblicklicher Vorteil war dahin. Keuchend fiel er gegen die Männer, die von hinten drängten, zurück.

Alldays großes Entermesser blitzte vor seinen Augen auf und schlug in die Stirn des Offiziers ein wie die Axt in einen Holzblock. Allday riß es mit einem Ruck zurück und schwang es gegen einen Mann, der sich an ihm vorbeizudrücken versuchte. Der Mann schrie auf und fiel unmittelbar unter die Füße der kämpfenden und keuchenden Männer, die mit wildem Eifer ihre Stellung zu halten versuchten.

»Wir sind fast längsseits beim Feind, Sir!«

Er sah die Hand eines Mannes aus dem Dunkel hervorlangen und nach einer heruntergefallenen Pistole angeln. Sein großer Fuß nagelte das Handgelenk des Mannes an Deck fest, und mit fast geringschätziger Gelassenheit hieb Wolfe mit seinem Säbel nach unten und schnitt den Schrei des Mannes ab, bevor er überhaupt begonnen hatte.

Bolitho keuchte: »Lassen Sie ein paar Leute hier!«

Er hörte Allday hinter sich, als er den Niedergang hochstürmte, sah, wie ein Schatten auf die Bedienungen der vorderen Geschütze fiel, als das steuerlose feindliche Schiff langsam auf sie zutrieb. Aber sie fuhren fort zu feuern, zu schreien und zu fluchen und hatten nichts anderes vor Augen als die durchlöcherte feindliche Bordwand. Um die Geschütze herum lagen Tote und Sterbende, aber für die Lebenden zählte nur das Schiff. Taub, halbblind und im Rausch des Tötens hatten sie nicht einmal bemerkt, daß ihr Schiff beinahe von achtern geentert worden wäre.

Bolitho ging über das zerschossene Achterdeck, den Blick fest auf den Feind gerichtet. Männer feuerten mit Musketen, Drehbassen und Pistolen, während andere ihre Entermesser und Spieße drohend gegen die Dänen schüttelten. Herrick hielt eine Hand im Rockausschnitt, und Blut tropfte von seinem Gelenk.

Browne lag auf den Knien und verband das Bein des diensttuenden Leutnants Aggett, das von einem Holzsplitter aufgerissen worden war.

»Auf die Enterer!«

Mit knirschendem Geräusch stießen die beiden Schiffsrümpfe wie zu einer letzten Umarmung zusammen. Rahen und Tauwerk verstrickten sich, und die Mündungen der Kanonen zeigten aneinander vorbei, als die beiden Schiffe, hilflos ineinander verschlungen, nach Lee abtrieben.

Clinton schwang seinen Stock. »Auf sie, Soldaten!«

Die rotröckigen Seesoldaten schritten zum Angriff, stachen mit ihren aufgepflanzten Bajonetten in die Enternetze, in die dänische Seeleute von der anderen Seite Löcher zu schlagen versuchten. Männer fielen aufschreiend zwischen die beiden Bordwände und wurden – menschliche Fender – von den in der Dünung gegeneinanderstoßenden Schiffskörpern zerquetscht. Andere versuchten zu entkommen und wurden von ihren Kameraden zertreten oder – kurz bevor sie sich in Sicherheit wähnten – in den Rücken geschossen. Ein Pike stieß durch das Netz und verfehlte nur knapp Alldays Brust. Browne hatte sie zur Seite gestoßen und schlug nun dem Angreifer mit dem Degen quer über das Gesicht, bevor er ihm mit einem kräftigen Stoß den Rest gab.

Wie gerettete Schiffbrüchige auf einem Felsen standen Grubb

und seine Männer um das nutzlos gewordene Steuerrad, feuerten mit Pistolen auf die Gestalten auf der feindlichen Laufbrücke und Hütte, während ihre verwundeten Genossen, so schnell sie konnten, ihre Waffen nachluden.

Pascoe kam mit den Bedienungen der Karronaden nach achtern gerannt, sein Säbel blinkte matt im Pulverqualm.

Schliddernd hielt er an, wobei Blut an seinen Füßen hochspritzte, und schrie: »Sir, die *Indomitable* hat ein Signal gesetzt!«

Herrick fluchte und feuerte seine Pistole auf den Kopf eines Mannes ab, der gerade über die Hängemattsnetze klettern wollte. »Signale? Gottverdammich, dafür haben wir jetzt keine Zeit.«

Browne wischte sich mit dem Handrücken die Augen und senkte seinen Degen. »Die *Indomitable* wiederholt ein Signal von der Flotte, Sir. Es ist Nummer neununddreißig und heißt: ›Gefecht abbrechen‹!«

Bolitho schaute über den schwer mitgenommenen Rumpf und die nachgeschleppten Wanten der *Indomitable* hinweg. Eine Fregatte, eine von Nelsons Flotte, stand außerhalb der auf dem Wasser liegenden Wolken von Pulverqualm, als wolle sie ihnen zu Hilfe kommen, aber an ihren Rahen flatterten die Signalflaggen: ›Feuer einstellen!‹

Wolfe wies mit seinem Säbel auf das längsseits liegende Schiff, als die dänischen Seeleute nacheinander ihre Waffen fallen ließen und mit gebeugten Köpfen dastanden wie Kreaturen, für die alles zu Ende ist.

Herrick befahl: »Nehmen Sie unsere Prise in Besitz, Mr. Wolfe!« Er wandte sich um und suchte nach dem anderen Linienschiff und den übriggebliebenen Galeeren, die gerade im Rauch verschwanden, um in ihrem Hafen Schutz zu suchen.

Die See war bedeckt mit Treibgut aller Art. Freund und Feind arbeiteten Hand in Hand, um einander zu helfen und Überlebende zu retten, ohne sich darum zu scheren, wer nun eigentlich gewonnen hatte. Es gab auch viele Leichen, und Inchs *Odin* lag so tief im Wasser, daß es schien, als würde sie jeden Augenblick kentern. Nur die *Styx* machte den Eindruck, als sei sie unbeschädigt, aber es war wohl nur die Entfernung, die ihre Wunden verbarg. Auch sie nahm nun Segel weg, um zwischen dem Treibgut nach Überlebenden zu suchen.

Bolitho legte den Arm um die Schulter seines Neffen und fragte: »Möchtest du noch immer eine Fregatte kommandieren,

Adam?«

Aber die Antwort ging in dem Jubelgeschrei unter, das immer lauter und wilder von Schiff zu Schiff übersprang und in das selbst die Verwundeten mit krächzenden Stimmen einfielen, dankbar, daß sie noch lebten, daß sie wieder einmal – oder auch das erste schreckliche Mal – davongekommen waren.

Herrick sammelte seinen Hut auf und schlug ihn über dem Knie aus. Dann setzte er ihn auf und sagte: »Die *Benbow* ist ein gutes Schiff. Ich bin stolz auf sie.«

Bolitho lächelte seinem Freund zu. Er spürte die Müdigkeit und Erschöpfung der Männer mit den rauchgeschwärzten, grinsenden Gesichtern, die ihn umstanden.

»Männer, nicht Schiffe entscheiden, sagten Sie einmal, Thomas. Erinnern Sie sich?«

Grubb schneuzte sich geräuschvoll und sagte dann: »Wir haben wieder Steuerwirkung, Sir.«

Bolitho schaute Browne an. Es war nahe dran gewesen, und er war nicht sicher, wie die Sache geendet hätte, wenn die Fregatte nicht erschienen wäre. Vielleicht waren die Engländer und die Dänen einander ähnlich, wenn sie kämpften. Wenn es so war, dann wäre bei Anbruch der Dunkelheit wohl niemand mehr am Leben gewesen.

Browne fragte mit heiserer Stimme: »Ein Signal, Sir?«

»Aye. Signal an alle: ›Geschwader Linie bilden vor oder hinter Flaggschiff, wie es kommt‹.«

Die Flagge ›Ran an den Feind‹ sank von der Rah herunter, und als sie von der Flaggleine abgesteckt war, nahm Allday sie und deckte sie über den toten Midshipman.

Bolitho beobachtete das; er sagte ruhig: »Wir kehren zur Flotte zurück, Kapitän Herrick.«

Sie sahen einander an: Bolitho, Herrick, Pascoe und Allday. Jeder hatte jedem während der Schlacht Kraft gegeben. Und diesmal gab es auch für die Zukunft einiges zu erhoffen.

Selbst wenn das Wetter dem zerzausten und ausgebluteten Geschwader freundlich gesonnen blieb, war viel zu tun. Kontakte von Schiff zu Schiff mußten hergestellt, Tote bestattet und wichtigste Reparaturen vor der Heimfahrt ausgeführt werden.

Aber für diesen einen kostbaren Augenblick lohnte es sich, mit neuer Hoffnung nach vorn zu schauen.

Epilog

Der offene Kutschwagen machte auf dem Scheitelpunkt der Anhöhe eine Pause, während der die Pferde wieder zu Atem kamen und der Staub sich ringsum niederschlug.

Bolitho nahm seinen Dreispitz ab und erlaubte der Junisonne, sein Gesicht zu bescheinen. Er hörte das Summen der Insekten in der Hecke und das ferne Muhen der Kühe – ländliche Geräusche, die er lange entbehrt hatte.

Adam Pascoe, der neben ihm saß, schaute nach vorn auf die Dächer von Falmouth und darüber hinweg auf das glitzernde Wasser von Carrick Roads. Auf dem gegenüberliegenden Sitz, die Füße fest auf verschiedene Seekisten gestellt, schaute Allday zufrieden in die Runde. In diesem friedlichen Augenblick nach der seit Plymouth anhaltenden Durchrüttelei war er in seine Gedanken versunken.

Die Fahrt über das Moor und an einsamen Bauernhöfen und winzigen Dörfern vorbei war wie eine innere Reinigung gewesen, dachte Bolitho. Nach all den Wochen und Monaten auf See und schließlich nach diesem mörderischen Kampf, bevor Nelson die Feuereinstellung befohlen und einen Waffenstillstand abgeschlossen hatte, wurden Bolitho und seine Gefährten von der friedlichen Landschaft Cornwalls aufs tiefste berührt.

Die *Benbow* lag jetzt, zusammen mit den anderen Veteranen des Ostseegeschwaders, in Plymouth vor Anker. Mit Ausnahme von Inchs *Odin*, die es wegen ihrer schweren Unterwasserschäden nur bis zur Nore geschafft hatte.

Es war erst zwei Monate her, seit sie die feuerroten Galeeren wie ertappte Attentäter in ihre Häfen zurückgejagt hatten, und schon jetzt war es schwer zu glauben, was sich da ereignet hatte. Die grünen Hügel, die weißen Punkte der Schafe auf ihren Hängen, das Kommen und Gehen von Bauernkarren und Erntewagen waren so völlig verschieden vom leidvollen und disziplinierten Leben an Bord eines Kriegsschiffes.

Nur das auffallende Fehlen von jungen Männern in den Dörfern und auf den Feldern gab einen Hinweis darauf, daß Krieg war; sonst schien alles so, wie Bolitho es in fernen Ländern und auf fremden Meeren vor Augen gehabt hatte.

Die Schlacht von Kopenhagen, wie sie jetzt genannt wurde, wurde als großer Sieg gepriesen. Durch ihre entschlossene Aktion hatten die britischen Geschwader Dänemark völlig handlungsunfähig gemacht. Zar Pauls Hoffnungen auf eine machtvolle Allianz waren dahin.

Der Preis, den sie dafür hatten zahlen müssen, war allerdings hoch, obwohl er in der Presse und im Parlament kaum erwähnt wurde. Die Briten hatten mehr Tote und Verwundete verloren als in der Schlacht von Abukir. Die Verluste der Dänen an Toten, Verwundeten und Gefangenen war – abgesehen vom Verlust ihrer zerstörten oder gekaperten Schiffe – jedoch dreimal so hoch.

Bolitho dachte an die Gesichter, die er nie wieder sehen würde, an Veitch, der mit seiner Korvette *Lookout* untergegangen war, an Kaverne, gefallen im letzten Stadium des Gefechts an Bord seiner *Indomitable*, an Peel von der *Relentless* und an die vielen anderen.

Und jetzt, während Herrick sich um die Ausbesserung seines Schiffes kümmerte und hoffte, daß seine Frau ihm dabei Gesellschaft leisten würde, waren Bolitho und sein Neffe heimgekommen.

Die Kutsche setzte sich wieder in Bewegung, bergab diesmal, und die Pferde nickten im Takt mit den Köpfen, als ob sie wüßten, daß Futter und Stallruhe mit jeder Umdrehung der Räder näherrückten.

Bolitho dachte an Leutnant Browne. Nachdem er noch diese Kutsche für ihre Reise nach Falmouth organisiert hatte, war er allein nach London gefahren. Bolitho hatte ihm ganz klar gesagt: Wenn er auf seinen Posten zurückkehren wollte, würde er – sobald die *Benbow* wieder fahrbereit war – mehr als willkommen sein. Aber wenn er lieber in London blieb und seine Begabung mit Aussicht auf besseren Erfolg nutzen wollte, würde Bolitho das völlig verstehen. Bolitho bezweifelte allerdings, daß Brownes Lebensauffassung nach solch einer Feuertaufe mit Blut und Tod noch die gleiche war wie früher.

Zwei Landarbeiter, Spaten über der Schulter, lüfteten ihre Hüte, als die Kutsche an ihnen vorbeifuhr.

Ein Lächeln zog über Bolithos ernstes Gesicht. Die Nachricht von seiner Ankunft würde schnell verbreitet sein, wenn das graue Haus auf der Landspitze heute nacht Licht in den Fenstern zeigte.

Ein Bolitho war wieder daheim.

Pascoe sagte plötzlich: »Ich hätte nie gedacht, daß ich das alles wiedersehen würde, Onkel.« Es klang so überzeugt, daß Bolitho gerührt war.

Er antwortete: »Das Gefühl kenne ich, Adam.« Er berührte seinen Arm. »Wir wollen das Beste aus unserem Aufenthalt machen.«

Auf dem letzten Stück ihrer Fahrt sprachen sie wenig. Bolitho war unruhig und irgendwie besorgt, als die Räder über das harte Kopfsteinpflaster der Stadt klapperten.

Er sah sich nach bekannten Gesichtern um, als die Leute sich ihnen zuwandten und beobachteten, wie der Wagen mit den beiden Seeoffizieren über ihren Marktplatz rollte, der eine so jung, der andere mit den blitzenden Epauletten auf den Schultern.

Ein Mädchen, das in der Tür einer Wirtschaft das Tischtuch ausschüttelte, sah Allday und winkte ihm zu. Bolitho lächelte. Allday zumindest war erkannt und willkommen geheißen.

Die Straße verengte sich zu einem Weg, der an jeder Seite von vermoosten Steinmauern gesäumt war. Blumen bewegten sich kaum in der warmen Luft, und das graue Haus schien aus dem Boden emporzusteigen, als die Pferde das letzte Stück Wegs bis zum offenen Tor hinaufstampften.

Bolitho befeuchtete seine Lippen, als er Ferguson, den einarmigen Verwalter, auf den Wagen zurennen sah, seine Frau, der die Freudentränen herunterrannen, dicht hinter sich.

Er straffte sich. Der erste Augenblick war immer der schwerste, trotz der warmherzigen Begrüßung und des bezeigten guten Willens.

»Zu Hause, Adam. Du ebenso wie ich.«

Der Junge sah ihn mit großen Augen forschend an. »Darüber möchte ich mit dir sprechen, Onkel. Über alles. Nach dem Untergang der *Relentless* glaube ich nicht, daß ich jemals wieder so viel Angst haben werde.«

Allday winkte ein paar Leuten am Torhäuschen zu, und sein Gesicht war zu einem breiten Grinsen verzogen. Aber es klang ernst, als er sagte: »Ich finde es immer noch falsch und verdammt unfair, Sir, und niemand wird mich vom Gegenteil überzeugen.«

Bolitho sah ihn mit müdem Blick an. »Warum?« Er wußte zwar, was kam, aber es war besser, Allday sich aussprechen zu lassen. So konnte er die Heimkehr auf seine Weise genießen.

Allday packte den Türgriff, als die Kutsche sich im Bogen der Steintreppe näherte.

»All die anderen, Sir, haben Lob und Ruhm eingeheimst, aber für Sie haben sie sich lange genug in Schweigen gehüllt. Sie hätten einen Adelstitel verdient, wenn es nach mir ginge!« Er schaute Zustimmung heischend Pascoe an. »Hab' ich nicht recht?«

Dann bemerkte er Pascoes eigenartigen Gesichtsausdruck und wandte den Kopf zur Tür oberhalb der Stufen.

Bolitho hielt den Atem an, als traue er seinen Sinnen nicht.

Sie stand regungslos da, ihre schlanke Figur, ihr kastanienbraunes Haar vor dem dunklen Hintergrund des Hausinnern wie in einem Bilderrahmen. Sie streckte ihm eine Hand entgegen, als könne sie damit die letzten wenigen Meter überbrücken.

Bolitho sagte ganz ruhig: »Danke, Allday, alter Freund, aber jetzt weiß ich, daß ich eine weit größere Belohnung bekommen habe.«

Er kletterte aus der Kutsche und nahm sie in die Arme. Dann gingen sie, von Pascoes und Alldays freudigen Blicken begleitet, ins Haus hinein. Zusammen.

Alexander Kent – Die Bolitho-Romane

Der Brander
Admiral Bolitho im
Kampf um die Karibik
Roman, 368 Seiten
Ullstein TB 23927

Donner unter der Kimm
Admiral Bolitho und
das Tribunal von Malta
Roman, 312 Seiten
Ullstein TB 23648

Die Seemannsbraut
Sir Richard und die Ehre der Bolithos
Roman, 320 Seiten
Ullstein TB 22177

**Mauern aus Holz,
Männer aus Eisen**
Admiral Bolitho am Kap
der Entscheidung
Roman, 304 Seiten
Ullstein TB 24730

Das letzte Riff
Admiral Bolitho - verschollen
vor Westafrika
Roman, 384 Seiten
Ullstein TB 23783

**Dämmerung über
der See**
Admiral Bolitho im
Indischen Ozean
Roman, 432 Seiten
Ullstein TB 23921

Dem Vaterland zuliebe
Admiral Bolitho vor
der Küste Amerikas
Roman, 384 Seiten
Ullstein TB 24181

Unter dem Georgskreuz
Admiral Bolitho im
Kampf um Kanada
Roman, 384 Seiten
Ullstein TB 24409

Die Feuertaufe/ Strandwölfe
Zwei Romane, 384 Seiten
Ullstein TB 23405

Der junge Bolitho
Die Feuertaufe/Strand-
wölfe/Kanonenfutter
Drei Romane, 514 Seiten
Ullstein TB 20913

Bolitho in den Tropen
Kanonenfutter/Zerfetzte Flaggen
Zwei Romane, 560 Seiten
Ullstein TB 23527

Bolitho wird Kapitän
Klar Schiff zum Gefecht!/
Die Entscheidung/
Zerfetzte Flaggen
Drei Romane, 626 Seiten
Ullstein TB 22016

Fregattenkapitän Bolitho
Bruderkampf/Der Piratenfürst
Zwei Romane, 640 Seiten
Ullstein TB 22097

Ullstein Taschenbuch